本书受到以下课题资助：

国家社会科学基金重点项目"大都市中产化进程与政策研究"（17ASH003）

江苏高校优势学科建设工程四期项目（南京大学城乡规划学）

朱喜钢　孙　洁　朱天可　著

中 国 式 中 产 化

南京大学出版社

图书在版编目（ＣＩＰ）数据

中国式中产化／朱喜钢，孙洁，朱天可著 . -- 南京：
南京大学出版社，2023.11
ISBN 978-7-305-27433-6

Ⅰ . ①中… Ⅱ . ①朱… ②孙… ③朱… Ⅲ . ①中等资
产阶级—研究—中国 Ⅳ . ① D663.6

中国国家版本馆 CIP 数据核字（2023）第 217209 号

出版发行　南京大学出版社
社　　　址　南京市汉口路 22 号　　　　邮　编　210093

书　　名　中国式中产化
　　　　　ZHONGGUOSHI ZHONGCHANHUA
著　　者　朱喜钢　孙洁　朱天可
责任编辑　巩奚若　　　　　　　　编辑电话　025-83595840

照　　排　南京新华丰制版有限公司
印　　刷　南京凯德印刷有限公司
开　　本　718mm×1000mm　1/16　印张 18.5　　字数 395 千
版　　次　2023 年 11 月第 1 版　2023 年 11 月第 1 次印刷
ISBN　978-7-305-27433-6
定　　价　145.00 元
网址：http://www.njupco.com
官方微博：http://weibo.com/njupco
微信服务号：njupress
销售咨询热线：（025）83594756

朱喜钢

博士，南京大学建筑与城市规划学院教授、博士生导师，南京大学城市规划设计研究院总规划师，南京大学中国中产化研究中心主任，住房与城乡建设部特聘专家。曾获得"全国优秀城市规划工作者"称号，国际城市与区域规划师学会"规划卓越奖"，中国建筑学会"全国人居经典建筑"规划设计、环境设计双金奖等。

孙　洁

博士，南京大学建筑与城市规划学院助理研究员。主要研究方向为城市社会地理学、绅士化以及住房发展，发表研究论文30多篇，主持国家自然科学基金青年项目1项。曾入选2019年江苏省"双创博士"人才计划。

朱天可

博士，南京大学建筑与城市规划学院副研究员。主要研究方向为中国郊区化、城市治理、社区治理、绅士化、住房发展等，发表SSCI/CSSCI研究论文10余篇，主持国家自然科学基金青年基金项目1项，主持规划研究项目8项。曾入选2020年江苏省"双创博士"人才计划，获2020年南京市高层次人才科技贡献奖励。

序 言

　　"羞答答的玫瑰静悄悄地开"，这首曾经的流行歌曲可以用来比喻中国的中产化进程。与工业化、城镇化的一些表征——潮起潮落的民工群、昼出夜伏的炒房团、穿金戴银的土豪等相比，中国的中产化进程几乎没有能够作为符号或标志的事件与故事，因而从来没有受到过特别的关注与讨论。但客观的事实是，中国的中产阶层规模已经超过欧洲国家人口的总和，在一些发达地区的大城市，社会阶层结构已经由原来的"宝塔型"演变成"橄榄型"。中国式的中产化在工业化和城镇化的陪伴中，在我们的不经意间，悄无声息地来到人世间。

　　何为中产化？与社会学研究阶层结构、阶层流动等不同，本书所关注的是中产阶层在成长过程中的经济文化诉求和消费行为所产生的各种社会空间效应，这种效应正越来越明显地影响整个社会的发展进程，城乡的社会空间秩序与空间结构等亦因此而重构。从这一意义上说，有人将中产化视为城镇化的"下半场"亦不为过。

　　既然关注与研究社会空间效应，那么中国的"中产化"与西方的"绅士化"有何不同？本人及团队的研究最初就是从西方的绅士化开始，从概念、理论框架到实例研究，随着研究的深入，我们越来越清醒地认识到，必须结合中国的国情建构自己的话语体系，西方的绅士化研究成果可以参考借鉴，但不能用来指导我们的实践。萌生这一想法后，很快得到了全国哲学社会科学工作办公室、中国社会科学杂志社等机构的支持与鼓励，这使得本人及南京大学团队很快在国内成为这一新领域的先驱。在此，需要特别感谢一路上支持与帮助我们的领导、专家与学者们。

在首届中国中产化国际学术研讨会上，崔功豪教授的发言获得大家的高度认可。崔教授认为，中国梦实际上是中产梦。当我们消灭了绝对贫困后，我们的目标就是实现中产，如果这个社会大部分人都处于中产阶层时，中国的高质量发展目标就能够顺利实现。在城镇化的红利日趋萎缩的大背景下，推动城乡社会不断前行的动力需要由持续的中产化来提供，否则，"中等收入陷阱"就会等着我们。

"扩大中等收入群体"已经成为党中央的一项重要国策，一些城市的决策者亦已经清醒地认识到，中产化战略与策略能够为产业转型、城市更新、乡村振兴、社会治理等提供一系列抓手，这亦是本书研究中一个值得分享的成果。

朱喜钢

于南大鼓楼校区

二〇二三年春

前　言

　　中产化（gentrification）是发达国家后郊区化阶段流行的一种全球化语境，是继城镇化（urbanization）后，又一个被国际热烈讨论的社会现象与问题。中产化最早是指在英国伦敦内城中，原先的低收入家庭住区被高收入阶层所取代的社会空间变迁现象，是中产阶层迁居引起的社区人口演替以及社会阶层置换的变化。而在中国，中产阶层成长与大都市中产化发展具有时空共轭性。中产化既是中产阶层成长为中国社会主体的社会结构演化过程，也是资源再配置和城乡物质空间重构过程。相较于西方语境中的"gentrification"，中国中产化发展具有扩大中产阶层队伍、巩固中产阶层身份认同、发挥中产阶层社会责任担当、释放中产阶层社会经济效能的积极意义。习近平总书记在《国家中长期经济社会发展战略若干重大问题》中指出："要把扩大中等收入群体规模作为重要政策目标。"没有中产阶层的真正壮大及其中坚力量的切实发展，中国落入"中等收入陷阱"的可能性将成为现实。要实现总书记指出的这一伟大目标，必须充分认知中国中等收入群体的社会空间特征，开展中产化的发展路径与实践政策研究。本书立足中国国情和发展阶段，科学梳理中国大都市中产化发展进程，剖析典型中产化现象的特征与发生机理，辨析中产化的综合社会经济效应，探索推动中产化发展的策略与路径。本书旨在透视在社会主义现代化建设新时期，中国中产阶层群体成长所驱动的社会空间重构及其趋势、价值，不仅将丰富社会分层与社会结构的理论研究，而且将为实施新型城镇化、乡村振兴、城市更新等重大战略提供实践参考。

本书包括中产化理论研究、中产化实证研究和中产化政策研究三个部分，分别对应上、中、下三篇。上篇分三章展开，第一章主要论述提出重构中产化概念与话语体系的原因、必要性以及中产化研究的重要意义，并总结创新点和成果价值。在本书中，提出了"中产化从负面走向正面的语境转变"这一重要观点。第二章主要梳理中产化研究的历史脉络和内容体系，并结合当前世界百年未有之大变局和社会经济新形势，展望未来中国中产化研究的主要方向。本书认为，如果没有中产化的发展，中国城镇化发展有可能止步于中低发展水平。中产化发展不仅有助于推动产业结构转型升级，是倒逼供给侧改革和扩大内需的"一帖良药"，更是一种现代性建构，对于中国大都市融入全球化、提高吸引力和辐射力，具有"基础设施建设"般的重要意义。第三章主要梳理进入后工业社会，纽约、伦敦这两个全球性大都市的中产化进程、中产化策略及其对当前中国城市更新的启示，并尝试总结当代中国大都市中产化的独特模式与路径，比较中西方大都市中产化模式的异同。

中篇分为第四至八章，分别从乡村中产化、商业中产化、旅游中产化、学生化、环境中产化五个方向展开，通过十个实证案例研究，透视当代大都市典型类型的中产化现象，剖析其多维特征、形成机理，进而揭示中产化对大都市社会经济转型发展的显著作用与影响。实证研究案例主要来自南京、重庆、厦门三个城市，研究区域涵盖大都市中心区、郊区及新城，包含居住社区、商业街、村庄等不同社会空间形态，研究对象包括富裕中产家庭、边缘中产阶层、大学生、"创意底层"等中产阶层，生动展示了中产阶层群体成长壮大与大城市社会空间重构的相互促进作用，同时指出城市城镇化发展政策存在的不足。

下篇为第九章，是有关中产化政策的研究，也是本书对中国推进大都市中产化发展的建议。当前，中国城镇化发展进入"下半场"，推动中产化将成为"双循环"格局下中国大都市高质量发展的重要策略。积极推进大都市中产化，需要从根本上发挥市场在资源配置中的决定性作用，更好地发挥政府作用；坚持以人为本，强调人人参与、人人尽力以及人人享有；平衡不同群体利益，并充分保障中低收入群体利益。本书从住房发展和产业园区转型两个案例入手，总结推动中产化目标的一系列实践策略；从城乡规划视角，探索积极推进乡村中产化、商业中产化、旅游中产化、学生化以及环境中产化的实践路径，为大都市高质量发展提供可行参考。

总体来看，本书依据"概念重构—现象分析—机制剖析—模式总结—实践指导"的路线，遵循由表及里、由点到面、理论研究与实证研究相结合的原则，勾勒中国大都市典型中产化现象的特征，剖析中产化的发展过程与机制，总结中产化的基本模式，并基于新型城镇化战略实施和城乡治理现代化的视角，将传统城市社会学、城市地理学和城乡规划学等学科对中产化的研究范式提升为科学的社会空间治理研究。本书创新和建树主要体现在重构中国语境的中产化概念与内涵、系统扎实推进中产化的实证研究、基于社会空间治理视角提出响应中产化的实践策略以及多种研究方法综合运用这四个方面。

本书是国内首次聚焦中国大都市中产化发展的研究成果，就中产化概念重构、类型总结、机制与效应分析进行深入探讨，揭示了中国大都市社会空间重构的新特征与趋势。本书研究成果是国内学术研究对中产化认知的一次大胆突破，肯定了站在社会整体发展的高度正视中产化的积极意义，对中国社会空间理论研究具有补充和推进意义。此外，本书成果结合扩大中等收入群体规模的伟大目标，阐述积极推动中产化与实现更高质量发展的内在一致性，总结中产阶层群体成长面临的阻力和障碍，反思城乡发展与治理能力的不足，对于新型城镇化、乡村振兴、城市更新以及青年友好城市建设具有重要启示。

本书研究团队主办的首届中国中产化国际学术研讨会受到新华网、中国城市规划网、澎湃新闻等媒体报道，社会反响热烈；多个研究成果被学术同行下载引用、被学术期刊公众号推送，达到国内该研究领域领先水平。此外，研究团队已将研究成果运用于多个地方政府委托的实践课题，切实发挥理论研究的实践指导作用。

目　录

中篇　中产化实证研究

上篇　中产化理论研究

第一章 中产化的概念重构

第一节 重构"gentrification"

中产化（又有称"绅士化"）概念来源于西方社会学和地理学领域的"gentrification"。1964年，英国社会学家鲁斯·格拉斯（Ruth Glass）在《伦敦：变化的诸多方面》（*London: Aspects of Change*）中首次提出该词[①]（图1-1），用来描绘伦敦市中心工人阶层社区所发生的一种显著变化：

> 伦敦的工人阶层社区被中产阶层一个一个占领了。楼上楼下各两间房间、条件不佳的公寓，当租约到期，工人阶层租客就被中产阶层租客取代……一旦绅士化（gentrification）过程开始便进展迅速，一直到绝大部分原本的工人阶层租客被撤换，整个地区的社会属性改变。

作为一个马克思主义学者，鲁斯·格拉斯从阶层矛盾的角度将"原住居民被迫迁移"视为城市空间的争夺，中产阶层战胜并驱逐低收入的工人阶层。随着西方大城市中心区的更新，"gentrification"在社会学、城市研究等领域中广泛传播，甚至成为媒体和市民日常谈论的主题之一。学者们将"gentrification"定义为城市或乡村某一地区社会空间的高级化重构，以土地租金或（和）房价上涨、物质空间景观更新、人口社会阶层升级、地方文化变迁为基本特征。[②] "gentrification"揭示了在西

[①] GLASS R. London: aspects of change[M]. London: MacGibbon & Kee, 1964.

[②] ATKINSONR. Gentrification in a global context: the new urban colonialism[M]. London: Routledge, 2004: 24-30.

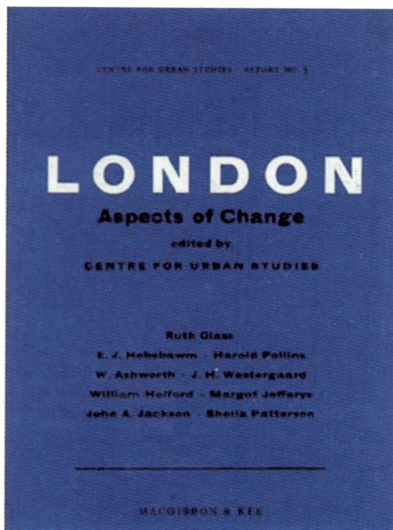

图 1-1 《伦敦：变化的诸多方面》书籍封面

方新自由主义改革下，资本空间扩张和中高收入阶层消费驱动的地区变化。

当中产阶层进入一个个老旧社区，不仅改变社区原有的社会结构和形态，引起房屋租金上涨、生活成本攀升，还将其审美倾向与消费习惯一并带入，导致在此长期生活的原住居民不得不搬走，地方文化的原真性被逐步毁灭。这些变化让租客、小生意人、少数族裔、穷人、老年人充满担忧和愤怒。[①]因此在西方语境中，"gentrification"不是什么值得称道的事情，它往往不可避免地造成流离失所、隔离、排斥等一系列社会后果，甚至与贫富极化、种族冲突、暴力驱逐等种种社会撕裂也只有一步之遥。

但是，类似社会空间高级化重构从欧美发达国家扩散到全球，成为大都市发展战略的蓝本（gentrification blueprint）被大规模复制生产。1996年，英国地理学家尼尔·史密斯在《新城市前沿》（*The New Urban Frontier: Gentrification and the Revanchist City*）一书中直接指出："没错，这是一个肮脏词语（dirty word）"[②]（图1-2），足见西方学术界与公共舆论对"gentrification"长期累积的深深敌意和反抗。

---

① 理查德·佛罗里达. 新城市危机——不平等与正在消失的中产阶级[M]. 吴楠，译. 北京：中信出版社，2019.

② 尼尔·史密斯. 新城市前沿：士绅化与恢复失地运动者之城[M]. 李晔国，译. 南京：译林出版社，2018.

图 1-2 *The New Urban Frontier: Gentrification and the Revanchist City*
封面（左）与《新城市前沿：士绅化与恢复失地运动者之城》封面（右）

在全球化浪潮的推动下，从大都市到乡村，从北半球到南半球，"gentrification"现象已经遍及世界绝大多数国家和地区。在快速城镇化和城市更新的推动下，中国的大城市，如北京、上海、成都、南京等，老旧胡同、里弄和传统街区被改造为时髦、潮流、文艺的商业街，成为文化创意产业基地和"网红打卡地"。这些与西方经典"gentrification"类似的"变化"让城市废旧空间被重新利用，带来新业态、新社群以及新活力。这种转变是大城市现代化进程中不可缺少的环节，也是大都市的独特魅力所在。然而，这些"变化"是否也造成同样的社会后果：低收入群体被驱逐、贫富极化、种族矛盾加深、地方原真性消逝？

事实证明，由于中西方体制以及基本国情的根本差异，不能简单认为西方对"gentrification"的批判在中国完全适用。经过长期的观察与研究，本书在开篇就坚定地认为，学术研究必须从国家现代化与大都市长期发展的角度辩证看待这种社会空间高级化重构的正面价值。因此，我们必须基于中国特色社会主义制度、中国所处的社会主义初级阶段以及新时代发展重任，重构"gentrification"的概念。主要原因包括以下两个方面：

首先，中国特色社会主义制度优势在于，始终把消灭贫困和缩小区域与城乡发展差距作为中国共产党执政的首要目标之一。改革开放四十多年来，社会主义市场经济鼓励少数人先富起来，但并不是要扩大贫富差距，而是要通过"先富"带动全体人民共同富裕。《中华人民共和国国民经济和社会发展第十四个五年规划和2035年远景目标纲要》提出，到2035年，要"人均国内生产总值达到中等发达国家水平，中等收入群体显著扩大，基本公共服务实现均等化，城乡区域发展差距和居民生活水平差距显著缩小"，要"人民生活更加美好，人的全面发展、全体人民共同富裕取得更为明显的实质性进展"。当前，中国已成长为世界第二大经济体，经济总量仅次于美国。但由于中国人口众多，按人均国内生产总值计算，仍然属于发展中国家，发展水平和发展程度同发达国家仍有差距。因此，我们必须提高人均发展水平，注重人民生活水平的提高。同时，中国需要加速向"橄榄型"社会人口结构迈进，中低收入群体特别是贫困人口必须显著缩小。只有中低收入群体规模逐步缩小并达到中等收入水平，中等收入群体才能扩大、占人口多数。中国城镇住房保障政策、金融政策、税收政策、民族团结政策等一系列相关政策，实证中国始终把保障民生和稳定发展放在首位。因此，中西方体制的显著差异决定了西方语境里对"gentrification"的价值判断很难不加修正就应用于中国。

其次，当前中国城镇化率已超过65%，标志着我们已经进入城镇化中后期。在新的国际、国内发展形势下，转换发展动能，提高发展质量，是新时期发展的目标和重任。中产阶层群体的不断壮大对社会经济的持续稳定发展意义重大，因此以吸引和培育中产阶层为目的的社会空间重构应被视为实现现代化发展目标的重要路径。尤其是，中国特色社会主义进入新时代，中国社会主要矛盾已经转化为人民日益增长的美好生活需要和不平衡不充分的发展之间的矛盾，稳步推动中产阶层成长，对为经济增长、社会治理、科技创新和文化繁荣赋能意义重大。因此，无论从远景发展目标还是近期发展策略看，无论从理论研究目标还是实践政策看，均有必要建构新的话语体系。

2016年，南京大学朱喜钢教授在《中国社会科学》（内刊）发表《中产化的中国实践与启示》一文，正式提出"中产化"这一概念，强调对待中产化的态度理应由狭义推向广义，从负面批判转向正面肯定。文章指出，中产化为城市历史文化的保护与传承提供了自下而上的民间机制，促进城乡活力空间的再造与整体产业业态的发展，引领社会的转型与创新，为城乡文明的重构提供价值取向。在此基础上，文章认为中产化具有两方面内涵：第一，中产阶层群体的规模不断壮大，并且占总人口规模的比例不断提升，成为社会结构的主体；第二，中产阶层的生活方式、价值观念、文化趣味以及群体意识，成为推动社会运行和发展的基本逻辑和内在动力。①中产化进程是城乡物质空间重构与社会阶层再造的统一过程，既是中产阶层成长为社会主体的社会结构演化过程，也是资源再配置和物质空间重构过程。在共同富裕的目标指引下，中产化具有扩大中产阶层队伍、提高中产阶层比重、发挥中产阶层社会责任和担当的内涵延伸。相较于西方语境中的"gentrification"，中产化以培育和扩大中产阶层群体为目标，以巩固中产阶层身份认同、建构良好文化品位和社会责任意识、实现人的全面发展为最终目标。

本书认为，中产化概念和话语体系重构的宏观背景主要有三点。

第一，中产阶层成长和壮大是中国社会发展的突出特征。社会学中将具有一定收入水平、受过较高等级教育、从事专业技能型职业，并且具有一定经济、政治地位和生活方式的群体划分为中产阶层（middle class）。改革开放以来，在城镇化、市场化和高等教育扩招三种力量作用下，中国中产阶层群体逐渐壮大。当前，中国中等收入人口已达4亿，绝对规模世界最大；大城市中产阶层规模达到总人口的四到五成，不断壮大的中产阶层群体对社会经济各领域的影响日益突出。②③④⑤2021年，社会学家李强教授及其团队的最新研究认为，中国中产阶层大约占全体就业者的25%，高于之前学者们研究得出的21%⑥、15%⑦或10%⑧的判断，进而说明中国中产阶层群体规模在持续稳步增长。建党百年之际，中国历史性地解决了绝对贫困问题，全面建成小康社会，同时正努力推动更多低收入群体跨入中产阶层行列，为实现中华民族伟大复兴的中国梦而努力奋斗。

第二，中产化是中国大城市社会空间重构的显著趋势。作为"消费前卫、政治后卫"的社会中间阶层⑨，中产阶层群体是消费社会市场和媒体紧密瞄准的消费

① 朱喜钢. 中产化的中国实践与启示[J]. 中国社会科学（内部文稿），2016(4): 131–145.
② 陆学艺. 当代中国社会阶层研究报告[M]. 北京：社会科学文献出版社，2002.
③ 李强. 关于中产阶级的理论与现状[J]. 社会，2005(1): 28–42.
④ 周晓虹. 中国中产阶层调查[M]. 北京：社会科学文献出版社，2005.
⑤ 李春玲. 如何定义中国中产阶级：划分中国中产阶级的三个标准[J]. 学海，2013(3): 62–71.
⑥ 李强. 中产过渡层与中产边缘层[J]. 江苏社会科学，2017(2): 1–11.
⑦ 同④.
⑧ 同②.
⑨ 同④.

者，是扩大内需、转变经济发展方式的主力军。高品质住房、时尚购物中心、旅游综合体、酒店、餐厅等，无不以满足中产阶层群体日益增长的美好生活需要为目的。社会稳定和文化复兴同样依赖于中产阶层，他们受过高等教育，拥有稳定体面的工作和广泛的社会网络，因而具有较高经济资本、社会地位以及较高的文化资本，是影响社会空间重构的能动主体。中产化对于促进城市更新、乡村振兴、产业升级和治理现代化具有积极推动作用。

第三，中产化是中国特色社会主义奋斗的伟大目标。庞大的中产阶层和"橄榄型"社会结构曾是西方发达国家在一定时期内社会经济繁荣发展的坚实基础；反之，绝大多数欠发达国家则长期深陷贫富两极化、种族隔离以及不均衡发展的恶性循环。中产阶层是拉动消费、刺激经济增长的主力军，也是维护社会稳定的中坚力量，是树立文化形象和推动科技创新的先锋队，因此扩大中产阶层群体的规模是优化整个社会阶层结构、提高社会经济韧性的必然选择。尽管任何变化都不可避免地存在积极和消极两方面影响，但是由于中国特色社会主义道路和集体主义体制的制度优势，中产化的效应总体利大于弊，因此适度、主动地推动中产化，是当代中国大城市响应日益扩大的中产阶层群体的需求和培育中产阶层身份认同的重要路径。在朝着第二个百年奋斗目标前进的新征程上，推动中产化与实现全体中国人民共同富裕的伟大目标具有一致性。

第二节　中产化的研究意义

虽然"消费前卫"的中产阶层驱动了1990年代中国大都市的"消费革命"，但是时至今日，中国中产阶层的美好生活需要仍受到供给不均衡、不充分的制约，在住房、教育、医疗等领域的消费不平等成为社会不平等的再生产机制[1][2][3]。教育、专业技术和市场是改革开放以来中国城市中产阶层形成的"三条道路"，但受到资

---

① 仇立平. 家庭—学校—工厂：中国社会阶层再生产[M]. 北京：中国社会科学出版社，2015.
② 朱迪. 品味与物质欲望——当代中产阶层的消费模式[M]. 北京：社会科学文献出版社，2013.
③ GOODMAN D G. The new rich in China: future rulers, present lives[M]. London and New York: Routledge, 2008.

源垄断、机会不公平等制度阻碍，社会流动的渠道仍不通畅[1][2][3][4][5]。另外，中国中产阶层面临更加复杂的内外环境，制度保障不健全导致中产阶层的自我认同普遍偏下，中产阶层的地位尚不稳定，相对剥夺感、生存焦虑感反而突出。

同时，中产阶层的"政治冷漠"态度和保守主义倾向明显，虽然群体规模日渐壮大，但是社会"稳定器"的作用还未能充分发挥。[6][7][8][9]此外，广告媒体将新生代中产阶层的认知引向"追逐时髦"和"符号生活"的道路，中产阶层的文化品位和群体意识仍待确立。[10]中产阶层空间化如同"羞答答的玫瑰静悄悄地开"，已成为中国大都市转型与重构的突出特征。[11][12][13][14]一方面，中产化与城乡文明重构、文化传承、环境保护以及技术创新相互促进，但另一方面，中产阶层依靠经济能力制造空间区隔，导致公共资源私有化、领域化。

"中产阶层"是一个经济学概念，同时也是一个政治概念、文化概念；是一种意识形态，也是一种生活方式。李强认为，中产阶层并非仅仅是构成社会的中等收入群体，而且建构一种属于中间社会阶层的"公共领域"、公共生活空间和生活

---

① 李培林，张翼. 中国中产阶级的规模、认同和社会态度[J]. 社会, 2008(2): 1−19+220.

② 李培林，朱迪. 努力形成橄榄型分配格局——基于2006—2013年中国社会状况调查数据的分析[J]. 中国社会科学, 2015(1): 45−65+203.

③ 李强. 关于中产阶级的理论与现状[J]. 社会, 2005(1): 28−42.

④ 李强. 中产过渡层与中产边缘层[J]. 江苏社会科学, 2017(2): 1−11.

⑤ 李春玲. 寻求变革还是安于现状：中产阶级社会政治态度测量[J]. 社会, 2011(2): 125−152.

⑥ 周晓虹. 中国中产阶层调查[M]. 北京: 社会科学文献出版社, 2005.

⑦ TOMBA L. Residential space and collective interest formation in Beijing's housing disputes[J]. The China quarterly, 2005, 184: 934−951.

⑧ HEIMAN R, FREEMAN C, LIECHTY M. The global middle classes: theorizing through ethnography[M]. Santa Fe: School for Advanced Research Press, 2012.

⑨ MEIER L, LANGE H. The new middle classes: globalizing lifestyles, consumerism and environmental concern[M]. New York: Springer, 2009.

⑩ 张海东，姚烨琳. 市场化与市场能力：中国中产阶层的生成机制——以北京、上海、广州为例[J]. 吉林大学社会科学学报, 2016, 56(5): 105−115+190.

⑪ 薛德升. 西方绅士化研究对我国城市社会空间研究的启示[J]. 规划师, 1999(3): 109−112.

⑫ 孟延春. 旧城改造过程中的中产阶层化现象[J]. 城市规划汇刊, 2000(1): 48−51+80.

⑬ 朱喜钢，周强，金俭. 城市绅士化与城市更新——以南京为例[J]. 城市发展研究, 2004(4): 33−37.

⑭ 朱喜钢. 中产化的中国实践与启示[J]. 中国社会科学（内部文稿）, 2016(4): 131−145.

社群，进而形成一种与其公共领域相匹配的文化创造力、生活方式和价值体系。①
社会学家周晓虹曾警示，成熟的"中产社会"必然伴随着中产阶层全面、理性地发
展，否则单纯规模的成长非但不能带来"橄榄型社会"的形成，相反，可能因为
它内部的分化而带来社会两极分化。②显然，当代中国中产阶层突出地体现为被市
场青睐的消费阶层，"社会地位不稳、流动渠道不畅、阶层意识不强、文化形象
不明"的缺陷使其尚未真正成为社会文化发展的中坚力量。理想的"中产社会"
不仅仅意味着中产阶层群体的规模占主体，更重要的是中产阶层的生活方式、价值
观念、文化趣味以及群体意识成为推动社会运行和发展的基本逻辑和内在动力。③
而现实中，当代中国大都市中产化的进程才刚开始，稳步扩大中产阶层规模是迈向
"中产社会"目标的前提和基础，但更重要的是如何突破困境，促进中产化效应的
有序释放，因此探索中国特色中产化的实现路径成为学术研究和实践发展的核心
议题。

自"十三五"开始，中共中央就提出扩大中等收入群体的重大战略，习近平
总书记详细阐释了扩大中等收入群体的具体措施：第一，必须坚持有质量有效益的
发展，保持宏观经济稳定，为人民群众生活改善打下更为雄厚的基础；第二，必须
弘扬勤劳致富精神，激励人们通过劳动创造美好生活；第三，必须完善收入分配制
度，坚持按劳分配为主体、多种分配方式并存的制度，把按劳分配和按生产要素分
配结合起来，处理好政府、企业、居民三者分配关系；第四，必须强化人力资本，
加大人力资本投入力度，着力把教育质量搞上去，建设现代职业教育体系；第五，
必须发挥好企业家作用，帮助企业解决困难、化解困惑，保障各种要素投入获得回
报；第六，必须加强产权保护，健全现代产权制度，加强对国有资产所有权、经营
权、企业法人财产权保护，加强对非公有制经济产权保护，加强知识产权保护，增
强人民群众财产安全感。④

中产化正在成为中国城镇化"下半场"的最大动能，也将成为"双循环"格
局下中国高质量发展的强有力支撑。但是，学术研究指出，当前中国中产阶层队伍

① 李强. 当代中国社会分层[M]. 北京: 生活·读书·新知三联书店, 2019.
② 周晓虹. 中国中产阶层调查[M]. 北京: 社会科学文献出版社, 2005.
③ 朱喜钢.《首届中国中产化论坛南大宣言》[J]. 城乡规划, 2017(6): 4-5.
④ 习近平. 习近平谈治国理政[M]. 北京: 外文出版社, 2014.

中大部分人并不处在地位稳定的中产核心阶层，而是处于中产边缘层，具有不稳定性[1]。在市场形势等不确定因素的影响下，这一群体极容易下沉。因此培育和扩大中产阶层群体必须持续深化改革，破除体制机制障碍，进一步提供优质和公平的教育渠道、市场机遇以及规范和法治化的经营环境。此外，培养中产阶层的主观认同感、社会责任感、幸福感，也必须进一步提供充足与均衡的公共服务资源、物质生活保障、精神文化氛围等。

国家"十四五"规划提出，坚持走中国特色新型城镇化道路，深入推进以人为核心的新型城镇化战略，坚持人民主体地位，坚持共同富裕方向，始终做到发展为了人民、发展依靠人民、发展成果由人民共享。[2]中产化既是践行以人为核心的发展理念的重要基础，也是实现以人为核心的发展目标。在不稳定性、不确定性增加的国内外形势下，稳步推动中产化既是转变发展方式、提高发展质量的关键之举，也是全面支撑社会主义现代化强国建设的决胜之要。没有中产阶层的真正壮大及其中坚力量的切实发挥，中国落入"中等收入陷阱"的可能性也将成为现实。因此，立足新的发展阶段，中产化研究理应成为政府和学界高度关注的重大议题。

中产化是中国大城市发展进入城乡一体化和存量更新时代的重要路径。2020年党的十九届五中全会、中央经济工作会议，2021年国家"十四五"规划纲要，均明确提出要"实施城市更新行动"。在新时期"双循环"发展格局下，城市更新更是被赋予了扩大内需、刺激消费、改善民生福祉、推动高质量发展的重要使命。在物理层面上，城市更新是对存量土地、建筑以及其他资源要素的修复和再配置，是实现土地价值、促进资本循环的有效途径。而在社会层面上，城市更新则是利益重新分配的机会，如何分配关乎整个社会阶层结构的变化。城乡规划作为一门空间实践学科，以空间资源配置为抓手，可以实现资本流动与增值、利益平衡与博弈的目的。因此，城乡规划本质上具有推动社会阶层结构变化的能力。如何依靠规划实践之手，通过空间资源均等化配置和市场化盘活，实现共同富裕和现代化，正是"中产化"的核心要义，更是中国特色社会主义的伟大理想。

---

① 李强. 共同富裕的核心议题与基础条件[J]. 探索与争鸣, 2021(11): 15-17+177.
② 中华人民共和国国家发展和改革委员会发展战略和规划司. 中华人民共和国国民经济和社会发展第十四个五年规划和2035年远景目标纲要[EB/OL]. (2021-03-13)[2023-05-19]. https://www.gov.cn/xinwen/2021-03/13/content_5592681.htm.

因此，本书关注进入城镇化"下半场"中国大都市中产化的进程与政策，旨在透视当前中产阶层群体成长所形成的社会空间重构的趋势以及价值，不仅将丰富社会分层与社会结构的理论研究，而且对于实施新型城镇化、乡村振兴、城市更新等重大战略具有现实指导意义。

第三节　研究的主要内容

本书分为上中下三篇（图1-3）。

上篇分三章展开，第一章主要论述提出重构中产化话语体系的原因、必要性以及中产化选题研究的意义，并总结本书创新和成果的价值。

第二章主要梳理国际、国内中产化研究的历史脉络和主要内容，并结合百年未有之大变局和宏观社会经济新形势，展望未来中国中产化研究的主要方向。

第三章主要梳理进入后工业社会的纽约、伦敦这两个全球性大都市的发展与中产化进程、中产化策略及其对当前中国大都市更新的启示，并尝试总结当代中国大都市推动中产化的独特模式与路径，比较中西方大都市中产化模式的异同。

中篇分为第四至八章，分别从乡村中产化、商业中产化、旅游中产化、学生化、环境中产化五个方向展开，通过十个实证案例研究，透视当代大都市多种类型的中产化现象，剖析其多维特征、形成机理，进而揭示中产化对大都市社会经济发展转型的显著作用与影响，剖析阻碍中产化发展的现实因素，最后对城市更新、乡村振兴、创意城市发展以及青年友好城市发展提出可行建议。

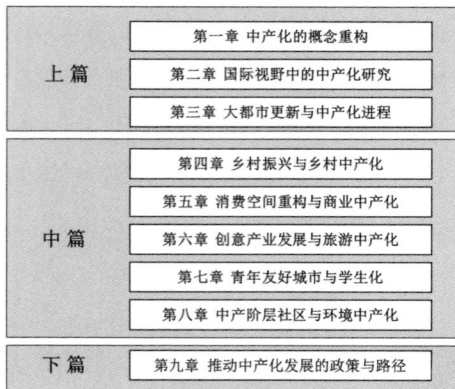

上 篇	第一章　中产化的概念重构
	第二章　国际视野中的中产化研究
	第三章　大都市更新与中产化进程
中 篇	第四章　乡村振兴与乡村中产化
	第五章　消费空间重构与商业中产化
	第六章　创意产业发展与旅游中产化
	第七章　青年友好城市与学生化
	第八章　中产阶层社区与环境中产化
下 篇	第九章　推动中产化发展的政策与路径

图 1-3　本书章节体系

实证研究案例来自南京、重庆、厦门三个城市，研究区域涵盖大都市中心区、郊区及新城，包含居住社区、商业街、村庄等不同社会空间形态。研究对象包括富裕中产家庭、边缘中产阶层、大学生、"创意底层"等各中产阶层。

下篇第九章是中产化政策研究，也是本书对中国推进大都市中产化发展的建议。当前，中国城镇化发展进入"下半场"，推动中产化将成为"双循环"格局下中国大都市高质量发展的重要策略。积极推进大都市中产化，需要从根本上发挥市场在资源配置中的决定性作用，更好发挥政府作用；坚持以人为本，强调人人参与、人人尽力以及人人享有；平衡不同群体利益，并充分保障中低收入群体利益。从城乡规划视角，积极探索推进乡村中产化、商业中产化、旅游中产化以及环境中产化的实践路径，为大都市高质量发展提供可行参考。

第二章 国际视野中的中产化研究

本章首先梳理中产化研究的历史和进程，评述国际视野中的中国或以中国为代表的全球东部（Global East）中产化研究动态。其次，总结中产化实证研究的类型谱系，并评述商业中产化、乡村中产化、学生化以及环境中产化四种细分领域的重要研究成果。最后，基于当代对新自由主义的批判与反思，展望中国中产化研究的未来方向和要点，为总结中国特色城市社会空间理论奠定基础。

第一节 中产化研究的历程与展望

半个世纪以来，中产化打破多重时空尺度和边界，从西方大城市的邻里变迁发展为遍及全球的社会空间高级化重构，并被称为"行星中产化"（planetary gentrification）。[①]进入多元并进的中产化地理学研究阶段，欧美国家中产化研究体系和理论框架基本完备。由于中产化引发社会空间重构的表现形式、空间载体、地域范围、驱动因素逐渐复杂多样，其概念逐步延伸，从经典中产化中不断演变出新建中产化[②]、乡村中产化、超级中产化、学生化[③④⑤]、交通诱发的中产化、旅游中

---

① GLASS R. London: aspects of change[M]. London: MacGibbon & Kee, 1964.

② DAVIDSON M, LEESL. New-build 'gentrification' and London's riverside renaissance[J]. Environment and planning a: economy and space, 2005, 37(7): 1165-1190.

③ SMITH D P. 'Studentification': the gentrification factory?[M]//ATKINSONR, BRIDGEG. Gentrification in a global context: the new urban colonialism. London: Routledge, 2004: 73-90.

④ SMITH D. The politics of studentification and '(un)balanced' urban populations: lessons for gentrification and sustainable communities?[J]. Urban studies, 2008, 45(12): 2541-2564.

⑤ HUBBARD P. Regulating the social impacts of studentification: a loughborough case study[J]. Environment and planning a: economy and space, 2008, 40(2): 323-341.

产化①、环境中产化②③、商业中产化④等丰富的衍生概念和研究体系，逐步形成系统的中产化地理学（geography of gentrification）。

虽然中产化因概念泛化而引起学术争议，但其始终是国际城市研究的热点领域，经久不衰。随着研究对象范围和研究视角的扩大，似乎形成一种"X and gentrification"的思维模式，而这正揭示在新自由主义经济发展模式下，资本再生产对形形色色资源的渗透、宰割以及垄断，持续不断地侵蚀社会公平和正义。同时，在全球化影响下，亚洲、拉美、非洲的发展中国家也出现类似西方国家的社会空间重构现象，其独特的中产化现象特征和机制也吸引了全球学者的关注，为中产化研究拓展视角和理论创新提供重要新语境⑤。

一、国内中产化研究历程

国内中产化研究起步于20世纪末，截至当前，中国中产化研究经历了从概念引入到实证研究再到理论重构探索的三个阶段。1990年代末，地理学者薛德升最早将"gentrification"引入中国，后被翻译成"绅士化""士绅化""中产阶层化""缙绅化"。1999年，中国出现了第一篇有关中产化的研究。⑥2000年后，有关中产化的文献综述与实证研究开始出现，学者们运用西方中产化理论解释大规模的旧城更新过程中的"拆旧建新"现象，实证地域包括南京、上海、广州、北京、成都等大城市。2000—2007年，仅少数学者关注中产化研究，有关中产化的研究文章数量极少。2008年之后，国内城市社会空间领域的研究迎来一波热潮，关于中产化研究的成果数量增长较快，研究内容的深度和广度均有明显拓展（图2-1）。究其原

---

① GOTHAM K F. Tourism gentrification: the case of New Orleans' vieux care (French Quarter)[J]. Urban studies, 2005, 42(7): 1099-1121.

② BUNCE S. Developing sustainability: sustainability policy and gentrification on Toronto's waterfront[J]. Local environment, 2009, 14(7): 651-667.

③ LIM H, KIM J, POTTER C, et al. Urban regeneration and gentrification: land use impacts of the Cheonggye Stream restoration project on the Seoul's central business district[J]. Habitat international, 2013, 39: 192-200.

④ ZUKIN S. Consuming authenticity: From outposts of difference to means of exclusion[J]. Cultural studies, 2008, 22(5): 724-748.

⑤ WU Q, ZHANGX, WALEY P. Jiaoyufication: when gentrification goes to school in the Chinese inner city[J]. Urban studies, 2016, 53(16): 3510-3526.

⑥ 薛德升. 西方绅士化研究对我国城市社会空间研究的启示[J]. 规划师, 1999(3): 109-112.

因，一方面，2008年中国政府为应对全球金融危机，制定了"四万亿救市一揽子计划"，其中很大一部分投资流入房地产市场，掀起新一轮城市土地开发的热潮；另一方面，中国城市规划开始转型，特大城市如深圳，开始编制新一轮总体规划，提出"从增量规划到存量规划，以优化存量空间"为城市发展目标。自此，城中村和棚户区改造、环境整治、历史文化遗产保护行动迅速开展，随之而来的便是大规模中产化现象。[①]

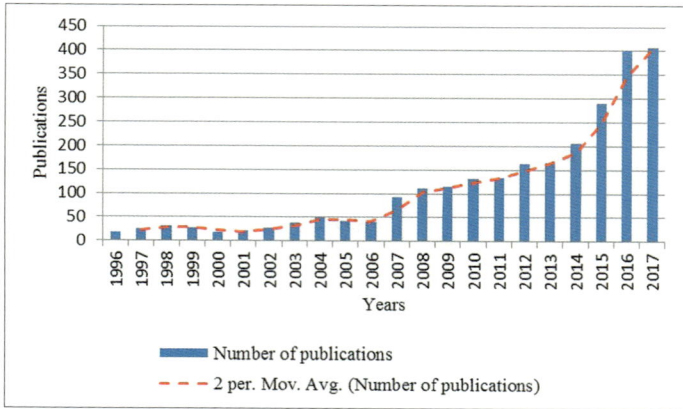

图2-1 国内中产化研究成果数量统计

2010年之后，中产化研究进入多元并进期。中产阶层丰富的空间偏好引发多种中产化现象，中产化表现出更加多元、复杂且异质的地景特征。中产化现象超越古典中产化关注的内城空间界限，蔓延至旅游地、工业遗产空间、商业零售空间、滨水地区、乡村以及学校周边等不同地域。[②]不同地方特色资源被重新开发利用，以迎合中产阶层居住和消费需求，形成高档化社会空间转变。实证研究也拓展到多种类型中产化的探索，涵盖历史街区保护，工业遗产活化，房地产开发，封闭社区、城中村和棚户区改造，创意产业，旅游业，乡村建设等诸多具体领域（图2-2）。例如，居住区沿街传统零售商业被咖啡馆、健身房、酒吧等更高价值的高档消费

---

① MA Z, LI C, LIU Y, etal. The transformation of traditional commercial blocks in China: characteristics and mechanisms of youthification[J]. City, cultural and society, 2018(14): 56−63.

② 何深静，刘玉亭. 市场转轨时期中国城市绅士化现象的机制与效应研究[J]. 地理科学，2010, 30(4): 496−502.

场所逐渐取代的商业中产化现象，文化消费驱动的高校周边局部地区商业中产化重构和邻里活力再生①。城市中心城区空间更新中出现空间奢侈化的"超级中产化"变迁趋势。在北京、武汉等大城市边缘的乡村地区，以及广西巴马盘阳河流域长寿乡村等环境舒适地，中产阶层休闲和康养需求推动乡村中产化发生。②权力、资本和创意集群在联合激发老工业区中产化空间生产和修复转型的同时，士绅群体作为嵌入者在创意街区的社会建构中引发社会分化与文化重塑，造成创意街区异化和创意城市发展悖论。③④2015年，吴启焰教授基于中国大城市"学区房"现象的观察与研究，首次提出"学区中产化"（jiaoyufication）概念，并认为这种优质教育资源驱动的中产化是一种极具中国特色的中产化类型。⑤该研究成果发表于国际顶级城市研究学术期刊Urban Studies，这是中国学者在中产化研究领域的重大突破，也标志着中国学者在中产化研究领域达到国际先进水平。长春郊区"房地产+名校"模式，促进中产阶层和优质教育资源向特定社区集聚，教育设施的差序格局引发城市居住空间分异的细化，学区中产化成为重构中国城市社会空间的特殊力量。⑥生态环境改造成为城市开发策略，吸引中高收入阶层迁入，引发物质环境更新。⑦度假区、温冷景区和乡村等旅游地，因自驾车的旅游活动产生旅游中产化效应。⑧⑨

---

① 孙洁，朱喜钢，宋伟轩，等. 文化消费驱动的高校周边地区商业绅士化研究——以南京大学与南京师范大学老校区为例[J]. 城市规划，2018, 42(7): 25−32.

② 卢松，张海，饶小芳. 西方乡村绅士化研究进展[J]. 人文地理，2019, 34(3): 1−6.

③ 王兰，邱松，廖舒文. 创意产业园区周边绅士化：基于上海案例的实证研究[J]. 现代城市研究，2019(2): 69−77.

④ 吴淑凤. 迁入者与创意街区的社会建构——基于一种绅士化的视角[J]. 城市规划，2019, 43(6): 90−96.

⑤ WU Q, ZHANG X, WALEY P. Jiaoyufication: when gentrification goes to school in the Chinese inner city[J]. Urban studies, 2016, 53(16): 3510−3526.

⑥ 胡述聚，李诚固，张婧，等. 教育绅士化社区：形成机制及其社会空间效应研究[J]. 地理研究，2019, 38(5): 1175−1188.

⑦ 姚娜，李诚固，王梁. 基于绿色消费观下的生态绅士化及其效应研究——以长春南溪湿地公园周边社区为例[J]. 现代城市研究，2019(3): 19−27.

⑧ 赵玉宗，寇敏，卢松，等. 城市旅游绅士化特征及其影响因素——以南京"总统府"周边地区为例[J]. 经济地理，2009, 29(8): 1391−1396.

⑨ 徐玉梅，王朝辉，张婷婷，等. 国内外旅游绅士化研究综述与展望[J]. 人文地理，2019, 34(2): 8−16+104.

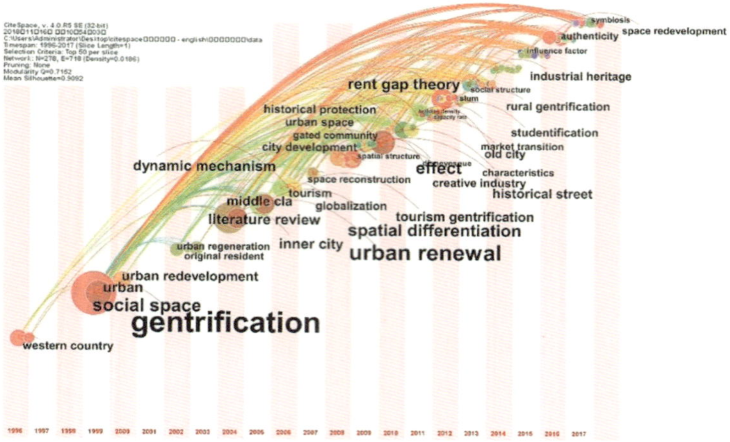

图 2-2 国内中产化研究的细分主题

　　中国中产化发展可以归纳为"拆旧—新建"和"国家主导"两个突出特征，其中，新建中产化成为超越英美语境的中国本土式中产化经验。在城市开发与再开发过程中，将破旧衰败建筑推倒重建或在闲置用地上新建高收入阶层使用的居住空间，同时伴随着低收入阶层直接或间接的失所过程被称为新建中产化。伴随着经济的高速增长和城市化的快速推进，中国城市面貌经历翻天覆地的改变。He的研究指出，与欧美传统中产化中现有住房存量市场的人口置换过程不同，中国的第一波中产化主要是采取大规模的住房再开发模式的新建中产化。[①]西方国家二战后曾经历几十年的大拆大建时期，而后城市更新运动便转向社区尺度的小规模邻里复苏。在此背景下，其提出的中产化理论研究主要针对"修缮改造型"的住房更新，其社会空间重构呈现"侵入—接替"的特征。然而，中国的新建中产化以"拆旧—建新"实现住房更新重建、建成环境改善和社会结构跃升。例如，上海1990—2005年拆除中心城区58.7%的旧房，并在内城和近郊新建1亿平方米住宅。原本低收入社区被高档封闭社区及现代公寓所取代，这一过程便是中国第一波中产化现象在物质形态上的呈现。

　　中国中产化发展的另一个显著特征就是政府在该过程中发挥重要推动作用。

---

　　① HE S. State-sponsored gentrification under market transition: the case of Shanghai[J]. Urban affairs review, 2007, 43(2): 171-198.

与西方成熟的市场经济制度不同，1978年以来，为实现从计划经济向社会主义市场经济的转变，中国采取一系列体制和制度的政策改革。这些改革对城市发展的影响具体表现在三个方面：第一，1994年进行分税制财税体制改革后，地方政府获得更高的地方发展和建设规划的决策权；第二，土地制度改革为原来价值被掩盖的城镇土地重新赋值；第三，住房制度改革刺激房地产市场的发育，引导中产群体对中高档住房、封闭社区等高端居住环境的消费需求。在此背景下，土地和住房的开发成为城市政府财政收入的重要来源，因而地方政府采取积极干预的政策，加大对建成环境和基础设施建设的资金投入，促进城市开发与更新。由于独特的历史和制度原因，中国城市中存在大量土地所有权和房屋所有权分离的复杂产权关系。城市政府通过土地征用、拆迁安置等措施，克服产权破碎化问题，使得中产化过程中的土地整合和大规模改造得以实现。

然而，绝大多数国内中产化研究仍然沿用西方式研究框架和理论视角，结合具体案例进行中西方中产化特征与形成机理的比较分析，但是鲜有学者真正从理论层面批判性反思中产化概念的适用性。近年来，越来越多的学者强调深入辨析中西方国情的诸多差异，如中产化的前提条件、结构性动力以及社会制度的差异，从而构建基于中国背景的中产化理论，而这需要方法论、认识论的重新选择。[①]因此，本书从中国特色社会主义道路、文化、理论和制度与西方的根本差异出发，对中产化概念的内涵进行重构，在一定程度上可以视为对过去二十年中产化研究的创新探索，一改中产化研究立场的"拿来主义"，大胆肯定社会空间高级化重构的实践价值。同时，本书坚持认识论的重新选择，强调未来研究的理论视角亟需"从狭义的中产化走向广义的中产化"；从整个城市更高质量发展和提升城市竞争力的目标出发，探索有序推动中产化的政策与路径。

二、国际视野下的中国中产化

随着亚洲国家在新一轮全球化中的地位上升，中国大都市中产化的现象也逐渐获得国际学者关注。英国地理学者Paul Waley在"Speaking Gentrification in the Languages of the Global East"一文中提出，应站在全球东方的视角分析全球中产化

---

① 黄幸, 刘玉亭. 中国绅士化研究的本土实践：特征、议题与展望[J]. 人文地理, 2021, 36(3): 5−14+36.

的新动态。^①Waley用Global East指代东亚地区、亚太地区以及环太平洋地区，主要包括中国、日本、韩国、柬埔寨、新加坡等国家和地区。一直以来，学术界认为东亚地区是国家支配型市场经济，是很强的发展型国家。Waley认为，使用"Global East"一词旨在校准西方语境的中产化认知思维，因为东亚地区发生的城市社会空间演变过程同以伦敦或纽约为中心的全球北部所认为的中产化完全不同。区域视角的语境化将有助于研究认知视野的拓宽、杂交，而非固化。正如Lees等人所言：

> 我认为，中产化的区域研究可以培育出一种背景明确但在理论上相互联系的比较城市主义，在独特地方背景和普遍化理论之间提供一个适当的接触点，促进比较城市主义研究。在这个过程中，我试图在一定程度上动摇中产化的概念，然后将其重新定位于全球东方。任何比较练习都不是一个简单的过程，相反，它充满认识论、理论和方法论上的障碍；各个地区范围都很不稳定，而且往往各不相同；多样性很难按照理论线索来包装和标记；研究方法在不同背景下更加难以把握。但这是一项值得进行的工作，区域尺度是一个中间层级，它允许地方特殊性勾连全球普遍性趋势，同时全球趋势也找到当地接口。我列出了东亚地区一些可识别的中产化类型，然后使用"全球东方中产化"来超越区域，同时跨越全球南北二元结构，并希望丰富城市理论构建，对行星中产化的学术讨论做出贡献。

Waley指出，在东亚地区尤其是中国和日本，可能有四种类型的中产化发生。第一种是"贫民窟改造式的中产化"（slash-and-build gentrification），通过在内城的驱逐而实现的大规模积累的过程，通常是国家主导和新建中产化的结合^②，在北京、上海、广州、首尔都很显著，以拆旧建新的房地产开发项目为特征；第二种是有选择地将有特色的地方住房改造为时尚商业与消费地区，以咖啡馆、酒吧、精品店出现为特征，这些审美化的项目可能被称为"使中产化东方化"（orientalising

---

① WALEY P. Speaking gentrification in the languages of the Global East[J]. Urban studies, 2016, 53(3): 615-625.

② HE S. State-sponsored gentrification under market transition: the case of Shanghai[J]. Urban affairs review, 2007, 43(2): 171-198.

gentrification），因为它试图使用一种审美的，更反讽的是某些时候是殖民地时期的建筑形式来"售卖过去"，是对文化和历史遗产的商品化；第三种是"摩天大楼式的中产化"（Tower-block gentrification），出现在城市中心区和内城，以及城市边缘地区；第四种是"稻田中产化"（rice-paddy gentrification），出现在城市边缘地区，把大量农田转变为房地产项目和城市建筑，而大量农民则被剥夺了土地并被驱逐。第一种中产化也是更广泛的行星中产化（planetary gentrification）叙述的东亚经验，突出体现为国家是中产化过程的主导角色；第二种中产化可以被认为是已经遍及全球的零售中产化和旅游中产化的实例；第三种中产化是因为政府对规划管控的松懈以及土地租差支配下的城市高强度再开发；第四种中产化主要出现在城市郊区，与其城镇化的发展阶段有关。

本书认为，东亚国家和地区的中产化现象具有一定共性形成机理，包括国家主导作用、独特的地产文化（私人的购房偏好、房地产企业的高牟利性）。这两个特征也是目前全球中产化的演变趋势：国家对经济增长的渴求超过社会公正以及资本对土地和房地产这两个营利性领域的青睐。但是，相比全球北部，东亚地区有时会出现大规模甚至是暴力驱逐的行为，然而抵制中产化的现象却更少出现；社会和学界对中产化的议论相对极少，反而更聚焦于城市更新的议题。Waley以及绝大多数城市地理学者仍然戴着西方人看待中产化的"眼镜"审视东亚国家和地区的城乡社会空间重构。

三、中产化的研究展望

当今世界正处于百年未有之大变局，民族主义、大国对抗、战略脱钩、保护主义进一步兴起，世界经济重心、政治格局、全球化进程都在发生重大变化。2020年，全球新冠肺炎疫情暴发，给世界各国经济、社会发展带来深刻影响，联合国秘书长古特雷斯认为"这是第二次世界大战以来最严重的全球性危机"。2021年，《中国社会科学院国际形势报告（2021）》将当前乃至更长时期的全球世界格局发展趋势总结为：世界经济有望实现恢复性增长，世界多极化格局进一步显现，一些国家内部政治极化、社会分化趋势加剧，国际互动中以意识形态划界的观念沉渣泛起，美国挑起的大国博弈由对抗为主转向竞争与合作并举，国际治理由区域一体化为主转向多边与区域并行。新冠肺炎疫情暴发以来，全世界已经看到美国、印度等国家内部社会分化的趋势进一步加剧，以及愈演愈烈的社会不平等和脆弱性。有色人种感染和死亡比例更高，低薪服务业人员大规模失业，一次又一次的游行、抗议、暴乱、枪杀等行为，无不说明这些国家政治极化、种族冲突和贫富差距已经走到了极其危险的境地，而这些现象在一定程度上均可视为资本主义国家不充分、不均衡发展的后果。

幸运的是，这些危机并没有在中国出现。在抗击新冠肺炎疫情的过程中，中国共产党充分发挥集中统一领导和"新型举国体制"的优势，通过强大的政治领导力、组织动员力和资源统筹力迅速把各方面的力量凝聚起来，发挥了较高的危机管理水平，取得抗击新冠肺炎疫情斗争重大战略成果，创造了人类同疾病斗争史上又一个英勇壮举。但是，疫情防控期间，中国工业、交通、旅游、餐饮、商业、房地产等行业均受到了巨大冲击，大量小微企业和商户、流动人口、老年人、贫困人口以及残疾人等，无疑承受了更大的负面影响。另外，新冠肺炎疫情也暴露出中国城市应急管理、公共卫生设施布局、就业与失业保障、公共住房等领域的严重短板，凸显出区域发展和城乡发展的差距。从社会阶层结构角度看，中产阶层群体占比较大的社会无疑具有更强的"社会韧性"。因此，进入新时期，应建立更加具有韧性、可持续性的社会经济发展模式，同时也是绿色、协调、开发、创新、共享的社会经济发展模式。

中产化研究既要继承现有对中产阶层研究的理论和方法，又要超越对中产阶层特征的局部性研究，基于整体主义思想，形成覆盖历史、政治、文化等更广泛的研究内容体系；同时，还要跳出简单线性逻辑，将中产阶层规模扩大和促进中产阶层中坚力量释放合二为一，构建相互联动、相互渗透的话语体系和实践策略。更重要的是，中产化研究必须扎根中西方发展历史、文化、体制以及当代国情的根本差异，站在中国特色社会主义"四个自信"的立场之上，强化中产化研究的本土化和中国化。着力实现理论创新、语境创新与学科创新，初步构建具有中国特色的中产化理论体系。立足解决现实问题和矛盾，提出积极主动响应中产化的综合发展策略与措施。

第二节　中产化的主要类型

中产化演进形成乡村中产化、新建中产化、学生化、商业中产化等不同类型，进而推动中产化学术概念的扩展、衍化，按照中产化发生地点、驱动因素或诱因、主导群体、发生形式的不同[1]，本书初步归纳出中产化类型谱系（表2-1）。首先，随着城市更新以及房地产开发的空间扩张，中产化现象发生地点从大都市内城扩展到外围的广袤乡村，也从传统的工人阶层邻里扩散到贫民窟地区、农田。其次，中产化现象不仅有由建筑改造、修缮以及居住置换形成的经典中产化，而且出现了由大规模推倒重建、荒废闲置用地再开发形成的新建中产化、塔楼中产化以及拆建中产化。再次，中产化发生的触媒要素不再停留在住房或居住置换，已经发展到商业、旅游业、创意产业等第三产业，优质环境、教育资源、绿地以及独特气候等稀缺性发展要素均逐渐成为驱动城市社会空间重构的动因。同时，环境因素、商业因素、教育资源等要素相互叠加，共同作用愈发明显。最后，士绅群体从年轻中产阶层不断细分为在校大学生（潜在中产阶层）、中产阶层家庭、跨国中产阶层、移民，甚至包括位居社会顶层的超级富豪，所以中产阶层群体或士绅群体内部的分化不仅形成中产化现象的多样化表征，而且其相互之间的空间争夺与排斥也浮出水面。

表 2-1　中产化类型谱系

关注重点	中产化类型
发生地点：内城、乡村、贫民窟、田地	经典中产化（classic gentrification）、乡村中产化（rural gentrification）、贫民窟中产化（slum gentrification）、稻田中产化（rice-paddy gentrification）
驱动因素或诱发因素：商业、旅游业、教育资源、环境品质、绿地、气候、交通等因素	商业中产化（commercial gentrification）、旅游中产化（tourism gentrification）、教育中产化（education-led gentrification）、绿色中产化（green gentrification）、环境中产化（environmental gentrification）、气候中产化（climate gentrification）、产业中产化（industrial gentrification）、交通诱发的中产化（transit-induced gentrification）
主导群体：超级富豪阶层、全球精英、跨国移民或跨国游客、大学生	超级中产化（super gentrification）、跨国中产化（transnational gentrification）、移民中产化（immigrant gentrification）、学生化（studentification）
建成环境变化方式	新建中产化（new-built gentrification）、塔楼中产化（Tower-block gentrification）、拆建中产化（slash-and-build gentrification）

① 陈培阳. 西方绅士化研究进展[J]. 城市规划, 2021, 45(1): 94-104.

作为一种受社会阶层影响的综合性城市改造工具，当前中产化发展越来越以商业、娱乐、消费为基础。因此，本节重点聚焦商业中产化、乡村中产化、学生化以及环境中产化四种典型中产化类型，进行中西方研究评述，以期为后续实证研究做好理论铺垫。

一、商业中产化

在浩如烟海的中产化研究文献中，居住中产化（residential gentrification）始终占据主导地位，即研究围绕居住领域展开，以住房更新或新建和居住人口阶层置换作为中产化现象的辨识标志及分析对象。然而，以商业业态和消费文化升级、商业经营者和消费群体高级化置换以及物质空间改造更新为表征的商业中产化现象（commercial gentrification）却容易被忽略，并且多被视为居住中产化的伴随过程和副产物。[①]商业中产化最早出现在1990年代至2000年代的纽约等欧美大城市，早期表现为艺术画廊、精品零售、异域餐馆等时尚商业机构（也被称为"ABC类型商店"）在内城的衰败邻里出现，并伴随着城市更新、消费群体变化、租金上涨以及消费文化升级等显著变化（图2-3）。[②]由于该现象仅零星出现，并且邻里商业置换缺乏可靠数据和方法支撑，因而未被研究重视。即使Zukin正式提出商业中产化的概念，该概念也仅被视为中产化的派生词之一。[③]

然而，随着新自由主义城市更新加速，全球中产化进入第三波，商业中产化呈现出扩张化与多样化趋势。露天集市、建筑遗产地、少数族裔贫民街、旧工业区、地铁站周边以及滨水地区等，皆在城市更新后蜕变为"高大上"的购物、餐饮和旅游目的地。[④]从现象特征看，商业中产化不仅包含了零售业中产化（retail

① ZUKIN S, KOSTAE. Bourdieu off-broadway: managing distinction on a shopping block in the east village[J]. City & community, 2004, 3(2): 101-114.

② ZUKIN S, TRUJILLO V, FRASE P, et al. New retail capital and neighborhood change: boutiques and gentrification in New York City[J]. City & community, 2009, 8(1): 47-64.

③ ZUKIN S. Consuming authenticity: from outposts of difference to means of exclusion[J]. Cultural studies, 2008, 22(5): 724-748.

④ GONZALEZ S, WALEY P. Traditional retail markets: the new gentrification frontier?[J]. Antipode, 2013, 45(4): 965-983.

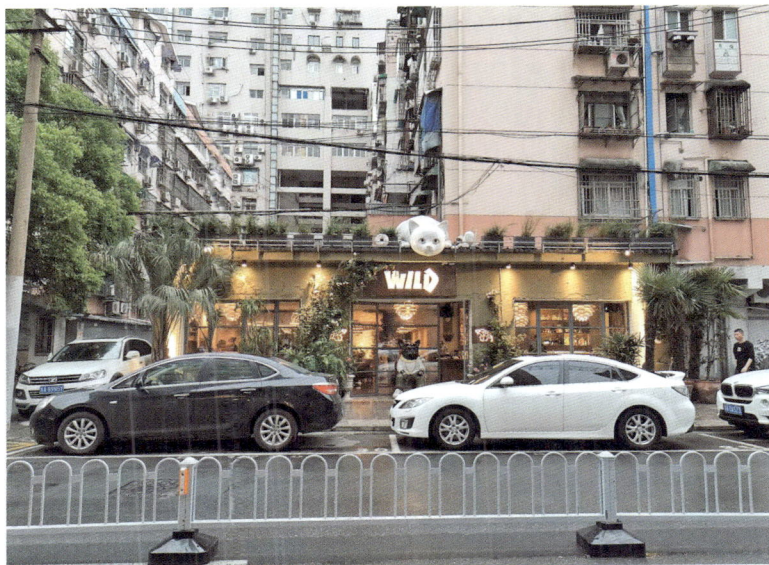

图 2-3　南京市新街口地区街道改造后新开的咖啡馆和酒吧

gentrification）[1][2]，而且与旅游中产化、产业中产化等高度交叉。Kosta认为商业中产化是当前城市变化的首要驱动力[3]；Hubbard认为商业变化已成为中产化发生的关键战场[4]。商业中产化不仅为中产社区提供时尚、高品质的物品与服务，而且刺激旅游、文化创意和房地产业高歌猛进，吸引中产阶层再集聚，实现商业空间价值的激活与增值，是进一步中产化的前沿。[5]于是，随着商业中产化现象的全球化、普

---

① SULLIVAN D M, SHAWS C. Retail gentrification and race: the case of Alberta street in Portland, Oregon[J]. Urban affairs review, 2011, 47(3): 413-432.

② MELTZER R, CAPPERISS. Neighbourhood differences in retail turnover: evidence from New York City[J]. Urban studies, 2017, 53(13): 3022-3057.

③ KOSTA E B. Commercial gentrification indexes: using business directories to map urban change at the street level[J]. City & community, 2019, 18(4): 1101-1122.

④ HUBBARD P. The battle for the high street: retail gentrification, class and disgust[M]. London: Palgrave Macmillan, 2017.

⑤ SMITH N. New globalism, new urbanism: gentrification as global urban strategy[J]. Antipode, 2002, 34(3): 427-450.

遍化，2010年代以来商业中产化逐渐被视为一个独立主题，重获研究重视。①②③④

关于商业中产化为何形成，学者们沿用中产化研究经典的"生产端—消费端"分析框架进行解析。早期研究认为，市场对于原真性、象征价值的需求刺激了新业态的出现，并将商业中产化视为士绅群体（gentrifiers）特定消费需求和审美偏好的结果。⑤⑥⑦Ley指出，咖啡馆、画廊、酒吧等具有识别性的消费空间满足了白领代表的新中产阶层对文化消费以及身份建构的渴望。⑧2000年代后，零售商业导向的城市更新进入高潮，大型高档购物中心取代地方性商业街。同时，文化艺术成为政府推动城市再生的关键策略，废弃建筑等被改造为文化型消费空间。⑨故随着全球中产化的持续蔓延与加深，商业中产化现象大规模出现，研究视角逐渐从消费端转向生产端，更加侧重分析全球化、国家、地方政府、资本等结构性力量对产业转型和城市空间重塑的作用。学者认为，商业业态演替、土地利用改变（工改商、居改商等）一方面受租差（rent gap）、市场竞争驱使，是资本增值积累驱动城市空间修复的必然结果，另一方面国家采取了支持与干预的态度，政府对公共设施的投

① GONZALEZ S, WALEY P. Traditional retail markets: the new gentrification frontier?[J]. Antipode, 2013, 45(4): 965-983.

② ZUKIN S, KASINITZP, CHENX. Global cities, local streets: everyday diversity from New York to Shanghai[M]. New York: Routledge, 2016.

③ PASTAK I, KINDSIKO E, TAMMARU T, et al. Commercial gentrification in post-industrial neighborhoods: a dynamic view from an entrepreneur's perspective[J]. Journal of economic and human geography, 2019, 110(5): 588-604.

④ TUTTLE S. Producing diverse and segregated spaces: local businesses and commercial gentrification in two Chicago neighborhoods[J]. City & community, 2019, 19(4): 845-869.

⑤ LEY D. Artists, aestheticisation and the field of gentrification[J]. Urban studies, 2003, 40(12): 2527-2544.

⑥ BRIDGE G, DOWLINGR. Microgeographies of retailing and gentrification[J]. Australian geographer, 2001, 32(1): 93-107.

⑦ 布尔迪厄. 区分：判断力的社会批判[M]. 刘晖, 译. 北京: 商务印书馆, 2015.

⑧ LEY D. The new middle class and the remaking of the central city[M]. Oxford: Oxford University Press, 1996.

⑨ ZUKIN S. Consuming authenticity: from outposts of difference to means of exclusion[J]. Cultural studies, 2008, 22(5): 724-748.

资、制定的产业发展政策以及城市规划，也发挥了重要推动作用。[1][2][3]研究发现，轨道交通、创意产业、历史文化保护、旅游业及国际移民等，均成为商业中产化的触媒。[4]另外，少数学者从全球零售资本跨国流动与重组的宏观视角，解释了商业中产化空间生产与扩张的必然性。[5][6]Pastak等基于微观视角，指出文创企业和小资本商家通过技术模仿、创新以及空间集聚，自下而上地推动了旧工业区的商业中产化。[7]此外，Ernst和Doucet认为媒体对特定品牌商品符号价值的宣传操控了消费者的理性，对商业中产化起到推波助澜的作用。[8]

国外针对商业中产化效应的研究肯定了其对城市复兴功不可没。[9][10][11][12]有学者认为，相比居住中产化，商业中产化具有更广泛的积极效应，具体表现为：再造城市品质与城市文化活力，重新吸引资本投资；创造多样化消费空间，为创意产业和旅游业提供了沃土；为世界主义（cosmopolitanism）提供物质基础，成为吸引全球

① ZUKIN S. Consuming authenticity: from outposts of difference to means of exclusion[J]. Cultural studies, 2008, 22(5): 724−748.

② ZUKIN S, KASINITZ P, CHEN X. Global cities, local streets: everyday diversity from New York to Shanghai[M]. New York: Routledge, 2016.

③ RANKINK N, MacleanH. Governing the commercial streets of the city: new terrains of disinvestment and gentrification in Toronto's inner suburbs[J]. Antipode, 2015, 47(1): 216−239.

④ LIN J, YANG S. Proximity to metro stations and commercial gentrification[J]. Transport policy, 2019, 77:79−89.

⑤ HUBBARD P. The battle for the high street: retail gentrification, class and disgust[M]. London: Palgrave Macmillan, 2017.

⑥ GONZALEZ S, WALEY P. Traditional retail markets: the new gentrification frontier?[J]. Antipode, 2013, 45(4): 965−983.

⑦ PASTAK I, KINDSIKO E, TAMMARU T, et al. Commercial gentrification in post−industrial neighborhoods: a dynamic view from an entrepreneur's perspective[J]. Journal of economic and human geography, 2019, 110(5): 588−604.

⑧ ERNST O, DOUCET B. A window on the (changing) neighborhood: the role of pubs in the contested spaces of gentrification[J]. Journal of economic and human geography, 2014, 105(2): 189−205.

⑨ ZUKIN S, TRUJILLO V, FRASE P, et al. New retail capital and neighborhood change: boutiques and gentrification in New York City[J]. City & community, 2009, 8(1): 47−64.

⑩ BURNETT K. Commodifying poverty: gentrification and consumption in Vancouver's downtown eastside[J]. Urban geography, 2014, 35(2): 157−176.

⑪ FERM J. Preventing the displacement of small businesses through commercial gentrification: are affordable workspace policies the solution?[J]. Planning practice & research, 2016, 31(4): 402−419.

⑫ GUIMARÃES P P C. The transformation of retail markets in Lisbon: an analysis through the lens of retail gentrification[J]. European planning studies, 2018, 26(7): 1450−1470.

流动资本和跨国精英的磁石。[1][2][3]然而，在此同时，研究也批评商业中产化导致多尺度、多维度的社会阶层不平等与空间驱逐，如传统小生意被迫关门、全球性品牌和产品取代本土商业[4][5]，少数族裔、传统民族、移民等低收入弱势群体和非正规零售商贩遭遇空间排斥、剥夺。此外，商业中产化加速公共空间商品化、景观同质化，导致历史遗产的原真性受到挑战[6][7][8]，而过度的商业化破坏了当地社会关系和地方感，造成隐形的疏离感、文化排斥及置换压力[9][10][11]。Kosta等甚至指出，商业中产化不仅是居住中产化的结果，更是其向更高层次演进的驱动力。[12][13][14]应该指出，

① HUBBARD P. The battle for the high street: retail gentrification, class and disgust[M]. London: Palgrave Macmillan, 2017.

② KEATINGE B, MARTIND G. A 'Bedford Falls' kind of place: neighbourhood branding and commercial revitalisation in processes of gentrification in Toronto, Ontario[J]. Urban studies, 2015, 53(5): 867−883.

③ LANGEGGER S. Right−of−way gentrification: conflict, commodification and cosmopolitanism[J]. Urban studies, 2016, 53(9): 1803−1821.

④ SCHLACK E, TURNBULLN. Emerging retail gentrification in Santiago de Chile: the case of Italia−Caupolicán[M]//LEES L, SHIN H B, LÓPEZ−MORALESE. Global gentrifications: uneven development and displacement. Bristol: Bristol University Press, 2015.

⑤ SAKIZLIOĞLU B, LEESL. Commercial gentrification, ethnicity, and social mixedness: the case of Javastraat, Indische Buurt, Amsterdam[J]. City & community, 2020, 19(4): 870−889.

⑥ GONZÁLEZ S R, LOUKAITOU−SIDERIS A, CHAPPLE K. Transit neighborhoods, commercial gentrification, and traffic crashes: exploring the linkages in Los Angeles and the Bay Area[J]. Journal of transport geography, 2019, 77:79−89.

⑦ MARTÍNEZ P G. Authenticity as a challenge in the transformation of Beijing's urban heritage: the commercial gentrification of the Guozijian historic area[J]. Cities, 2016, 59: 48−56.

⑧ ÖZDEMIRD, SELÇUKI. From pedestrianisation to commercial gentrification: the case of Kadıköy in Istanbul[J]. Cities, 2017, 65: 10−23.

⑨ GUIMARÃES P P C. The transformation of retail markets in Lisbon: an analysis through the lens of retail gentrification[J]. European planning studies, 2018, 26(7): 1450−1470.

⑩ BANTMAN−MASUME. Unpacking commercial gentrification in central Paris[J]. Urban studies, 2019, 57(15): 3135−3150.

⑪ SULLIVAN D M, SHAW S C. Retail gentrification and race: the case of Alberta street in Portland, Oregon[J]. Urban affairs review, 2011 , 47(3): 413−432.

⑫ KOSTA E B. Commercial gentrification indexes: using business directories to map urban change at the street level[J]. City & community, 2019, 18(4): 1101−1122.

⑬ PASTAK I, KINDSIKO E, TAMMARU T, et al. Commercial gentrification in post−industrial neighborhoods: a dynamic view from an entrepreneur's perspective[J]. Journal of economic and human geography, 2019, 110(5): 588−604.

⑭ TUTTLE S. Producing diverse and segregated spaces: local businesses and commercial gentrification in two Chicago neighborhoods[J]. City & community, 2019, 19(4): 845−869.

我们需要保护商业街等公共空间，更多地关注经营者的潜力和局限性；给小微零售业提供技术帮助，帮助其获得房产所有权，为其提供强化社区组织等中产化的"缓和措施"。①

二、乡村中产化

乡村中产化的概念最早由英国学者Parsons提出，用来指代城市中产阶层向乡村聚落迁移以寻求居住与休闲空间，进而造成乡村社会结构重构、住房紧张以及原居民被迫搬迁的现象。②乡村中产化的本质在于通过对乡村土地、建筑以及其他要素的再投资，满足中产阶层对乡村自然环境、乡村生活方式以及乡村文化氛围的体验与消费。研究主要集中在英、美等西方发达国家，重点关注乡村中产化过程中三个方面的转变特征：第一，城市中产阶层迁入乡村后，乡村住房紧缺和房价上涨迫使乡村低收入原住居民迁离，导致乡村阶层结构发生改变③，而"返乡"群体主要为成年中产阶级家庭以及退休老人；第二，乡村发生住房修缮、新建等一系列乡村物质景观变迁以及文化内涵重构④；第三，投资主体多元化与住房市场结构变化⑤。值得注意的是，在乡村研究中大多数学者忽视了中产阶层和中产化的概念，而以其他专业名词如乡村重构（rural restructuring）、乡村转型（rural demographic change）、乡村移民（rural migration）等代之。

研究普遍认为，乡村中产化发生在逆城市化阶段。研究发现，中产化群体从城市返回乡村的原因在于对乡村环境、淳朴民风、简单生活方式的喜爱，以及渴望回归自然、对生命追根溯源，并希望以此构建中产阶级的文化身份与文化品位。同时，中产阶层亦将自身的文化身份和文化审美嵌入其中，又进一步推动乡村物质环

---

① ZUKIN S, KASINITZ P, CHEN X. Global cities, local streets: everyday diversity from New York to Shanghai[M]. New York: Routledge, 2016.

② PARSONS D. Rural gentrification: the influence of rural settlement planning policies[M]. Brighton: University of Sussex, 1977.

③ PHILLIPSM. Rural gentrification and the processes of class colonization[J]. Journal of rural studies, 1993, 9(2): 123−140.

④ NELSON P B. Rural restructuring in the American west: land use, family and class discourses[J]. Journal of rural studies, 2001, 17(4): 395−407.

⑤ PHILLIPSM. Differential productions of rural gentrification: illustrations from North and South Norfolk[J]. Geoforum, 2005, 36(4): 477−494.

境和文化内涵的重构。学者认为，乡村已成为一种符号与象征，而乡村空间与生活方式正在被城市居民"审美化"。乡村中产化过程的经济本质是体验经济的蓬勃发展，也是一种审美化的消费（图2-4）。Ley和Mills认为，中产阶层可能更关心一种特定的生活方式的消费与体验，而不是意识到任何被低估的资本资产。[①②]他们消费的对象不仅包括原生态的自然田园环境，也包括一种对小型乡村社区自然、质朴的生活方式与社会交往方式的喜爱。[③④⑤]这种对已经逝去的传统乡村生活方式的渴望，不仅表达了中产阶层对城市异化生活的逃避，追求自然的差异化的空间，还隐含着再现时间、消费历史的意图。

图2-4 乡村新建的度假民宿（南京市江宁区云水涧）

① LEY D. The new middle class and the remaking of the central city[M]. Oxford: Oxford University Press, 1996.

② MILLS C A. "Life on the upslope": the postmodern landscape of gentrification[J]. Environment and planningd: society and space, 1988, 6(2): 169−190.

③ HINES J D. Rural gentrification as permanent tourism: the creation of the 'New' West Archipelago as postindustrial cultural space[J]. Environment and planning d: society and space, 2010, 28(3): 509−525.

④ HINES J D. The post−industrial regime of production/consumption and the rural gentrification of the New West Archipelago[J]. Antipode, 2012, 44(1): 74−97.

⑤ PHILLIPS M. Differential productions of rural gentrification: illustrations from North and South Norfolk[J]. Geoforum, 2005, 36(4): 477−494.

乡村变迁除了受中产阶层文化消费的驱动，同样受到经济资本的驱动。从乡村中产化的供给端视角来看，有研究认为，随着社会经济的发展和乡村农业生产作用的下降，乡村通过整体系统（环境、住房、服务业）的改变重新实现土地价值，即寻求潜在的地租。Phillips运用中产化研究中的"租差"概念，剖析乡村中产化过程中经济生产和资本循环的意义，认为随着农业生产价值的不断降低以及乡村建成环境和景观对资本吸引力的下降，乡村与城市空间形成极大的"租差"，而中产化对乡村自然环境、住房、商业服务等领域的资源开发与消费成为填补乡村经济租差的重要途径。①

因此，乡村中产化过程被认为是西方进入后生产主义（post-productivism）社会后，乡村土地脱离农业生产实现再开发的有效手段，是刺激乡村经济复兴的重要方式。

三、学生化

2002年，英国地理学者史密斯（Darren P. Smith）提出学生化（studentification）概念，其包括四个方面内涵：第一，流动、年轻、单身的大学生群体取代或置换原有居民；第二，具有相同文化、生活方式和消费习惯的年轻人在空间上聚集，引发特定零售和服务设施的增加；第三，地区物质景观的升级或衰退；第四，房价上升、住房供需平衡改变，导致邻里租户和合租房比例升高，拥有产权的住户比例下降（图2-5）。②在该概念提出之后，学生化研究在全球范围大量涌现，成为城市地理学研究的新热点。学生住房市场（开发商、媒体、租房中介等）在对学生消费习惯的引导下诞生，并意味着大学生生活方式的愈发商品化。

学生化虽然是一种微观的社会空间演变现象，但却是一系列宏观结构因素转型的结果。从国家角度看，为了适应全球化竞争、知识经济崛起和产业转型，20世纪西方发达国家相继开始进行高等教育扩张，以培养更多的知识型人才③。然而，

---

① PHILLIPS M. The production, symbolization and socialization of gentrification: impressions from two Berkshire villages[J]. Transactions of the Institute of British Geographers, 2002, 27(3): 282−308.

② SMITH D P. Patterns and processes of 'studentification' in Leeds[J]. The regional review, 2005, 12:14−16.

③ CHATTERTON P. University students and city centres −the formation of exclusive geographies: the case of Bristol, UK[J]. Geoforum, 1999, 30(2): 117−133.

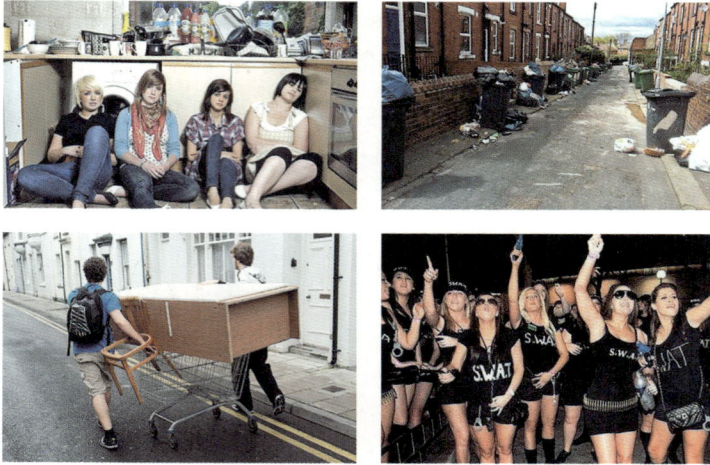

图 2-5　英国大学生的租房和夜生活 [①]

分权化、市场化改革使得国家给予大学的财政拨款反而逐渐减少，大学经费越来越依赖于学生学费，于是大学开始扩大招生规模。从个体角度来看，高等教育是社会阶层的"提升机"，越来越多的人渴望通过高等教育获得社会阶层升迁，接受高等教育的需求显著扩大，因而高等教育机构数量与学生数量大幅增长，大学提供的宿舍愈发供不应求，因此学生住房高度依赖于市场。这时在新自由主义经济政策导向下，政府抵押贷款政策的宽松刺激了"贷款买房再租赁"（buy to let）业务，并且随着私人租房领域管制的放松，一些私人房主、小投资人也开始从事有利可图的租房生意。[①②③]

此外，从家庭角度看，家庭经济的支持使得富裕学生（包括留学生）通常更愿意支付高租金房租，能够住在中产化地区。[④⑤]而这正是中产阶层的社会再生产策

① HALL F. Don't blame students for 'studentification'[EB/OL]. (2008-09-26)[2017-09-17]. https://www.theguardian.com/education/mortarboard/2008/sep/26/studenthousing.studentfinance.

② RUGG J, RHODES D, JONES A. Studying a niche market: UK students and the private rented sector[J]. Housing studies, 2002, 17(2): 289-303.

③ 饶燕婷. 美国大学与城市在房地产开发上的冲突与合作[J]. 清华大学教育研究, 2013, 34(2): 43-49.

④ SAGE J, SMITHD, HUBBARDP. New-build studentification: a panacea for balanced communities?[J]. Urban studies, 2013, 50(13): 2623-2641.

⑤ HUBBARD P. Geographies of studentification and purpose-built student accommodation: Leading separate lives?[J]. Environment and planning a: economy and space, 2009, 41(8): 1903-1923.

略——以高经济资本换取子女接受高等教育的机会，待其毕业后再转化为经济、文化与社会资本，从而造就下一代中产阶层。[1][2][3]因此，可以将学生化的动力机制理解为西方国家产业转型需求、去管制化、市场化、高等教育机构企业化，以及新自由市场积极响应大学生住房需求的共同作用的结果，同时也是社会阶层分化、隔离与再生产的空间投影。[4]

就学生化的社会空间效应而言，一方面，大学生在特定地区聚集，人口密度越来越高，对地区物质环境造成了直接破坏，显著推高了地方房屋价格与租金，造成可支付性住房减少；另一方面，学生群体的生活方式对社区原住民日常生活造成干扰，同时导致生活设施减少、社区稳定性下降，因此学生群体聚集的地区常被称为"学生贫民窟"（student ghetto）。学生化不仅造成学生与非学生的居住隔离，而且加深学生群体内部的分化与隔离。尽管大学城（镇）的经济与文化发展强烈依赖于大学和大学生，但是住房、设施、公共空间等资源竞争导致的利益不平衡也加深原住民与学生、大学与社区之间的紧张关系，这一点在一些典型的大学城尤为突出，甚至上升为严峻的政治性议题。

因此，学生化研究不仅可以揭示由学生群体引发空间重构的内在机制，还可以从大学生城市空间消费群体的独特视角，透视当前越来越突出的居住隔离、住房商品化以及阶层不平等问题。

四、环境中产化

环境中产化是指以环境品质提升为导向，以环境设施（environmental amenities）为载体，在特定地区的绿色转向导致的城市社会空间重构，是一种由环境资源的空间配置引起的城市社会空间"高级化"过程。环境中产化产生的本质

① SMITH D P, HOLT L. Studentification and 'apprentice' gentrifiers within Britain's provincial towns and cities: extending the meaning of gentrification[J]. Environment & planning a: economy and space, 2007, 39(1): 142−161.

② SMITH D P. Patterns and processes of 'studentification' in Leeds[J]. The regional review, 2005, 12: 14−16.

③ LAIDLEY T M. The privatization of college housing: poverty, affordability, and the U.S. public university[J]. Housing policy debate, 2014, 24(4): 751−768.

④ ACKERMANN A, VISSER G. Studentification in Bloemfontein, South Africa[J]. Bulletin of geography socio−economic series, 2016, 31: 7−17.

原因是城市中绿地空间配置不均衡，进而导致的社会群体隔离和社会分异加剧，相近的概念还有绿色中产化（green gentrification）①②③④⑤、生态中产化（ecological gentrification）⑥⑦。环境中产化肇始于中产阶层对"绿色空间"的消费偏好，对绿色、自然、生态居住氛围的偏好，进而引发其对城市绿地、河畔、湖滨等环境优越地带的占有（图2-6）。但是，环境中产化发展起来更大的社会背景是，21世纪以来欧美发达国家进入去工业化时代，城市中心人口逐渐减少，物质景观持续衰退，大量工业用地亟待更新。于是，在闲置或废弃的土地上兴建绿色基础设施成为振兴地区经济、引导城市复兴的重要战略。如许多城市市中心区域的废弃铁路被改建为线性公园（rail to trail），其典型案例有纽约的"高线公园"⑧、亚特兰大的"绿环"⑨以及芝加哥的"606公园"⑩等。

这类环境提升项目的积极效应在于吸引新的投资进入城市衰败地区，促进当地的拆迁、重建和建成环境的改造。当环境改善之后，周边地区出现房产增值、产业置换、物价攀升等衍生效应。富裕阶层有能力承担高品质住房并从中受益，而原本

① GOULD K A, LEWIST L. From green gentrification to resilience gentrification: an example from Brooklyn[J]. City & community, 2018, 17(1): 12−15.

② RIGOLONA, NÉMETH J. Green gentrification or 'just green enough': do park location, size and function affect whether a place gentrifies or not?[J]. Urban studies, 2019, 57(2): 402−420.

③ ANGUELOVSKI I, CONNOLLY J J T, COLE H, et al. New scholarly pathways on green gentrification: what does the urban 'green turn' mean and where is it going?[J]. Progress in human geography, 2019, 43(6): 1064−1086.

④ ANGUELOVSKI I, CONNOLLY J J T, MASIP L, et al. Assessing green gentrification in historically disenfranchised neighborhoods: a longitudinal and spatial analysis of Barcelona[J]. Urban geography, 2018, 39(3): 458−491.

⑤ CONNOLLY J J T. From Jacobs to the just city: a foundation for challenging the green planning orthodoxy[J]. Cities, 2019, 91: 64−70.

⑥ BLACK K J, RICHARDS M. Eco−gentrification and who benefits from urban green amenities: NYC's high line[J]. Landscape and urban planning, 2020, 204: 103900.

⑦ QUASTEL N. Political ecologies of gentrification[J]. Urban geography, 2009, 30(7): 694−725.

⑧ MILLINGTON N. From urban scar to 'park in the sky': Terrain vague, urban design, and the remaking of New York City's high line park[J]. Environment & planning a: economy and space, 2015, 47(11): 2324−2338.

⑨ IMMERGLUCK D, BALANT. Sustainable for whom? Green urban development, environmental gentrification, and the Atlanta Beltline[J]. Urban geography, 2018, 39(4): 546−562.

⑩ HARRIS B, SCHMALZ D, LARSON L, et al. Contested spaces: intimate segregation and environmental gentrification on Chicago's 606 Trail[J]. City & community, 2020, 19(4): 933−962.

图 2-6　大型公园带动周边高档住房项目开发

饱受环境污染的原住民则被迫搬离，被逐渐边缘化。[①]以纽约为例，马库斯·加维公园（Marcus Garvey Memorial Park）的修复导致随后的高端豪华公寓开发价格远高于历史平均水平，使房地产开发商和上层居民受益。然而，原本饱受污染的原住民在环境"高级化"改造后，面临房贷加重、就业机会减少的压力，被迫搬迁到其能够支付得起生活成本的边缘社区，成为第一批被置换的人。边缘社区往往存在环境质量较差、缺少公共交通工具、附近公园绿地品质较差等问题，最终，旨在提升全民"绿色福利"的城市绿化改善过程，却加剧了"绿色福利"在社会群体之间的不均衡配置。

　　Quastel将政治生态学的分析引入中产化研究，认为国家政策方针、政府权威机构的环境管治都会影响到物质关系与资源的不平等消耗。[②]Pearsall认为，资本主义发展的高级阶段将生态意识与环境活动融入城市的再开发之中。[③]在可持续发展议题下，环境中产化在物质和话语双重政治正确的基础之上，服务于高档空间的再开

　　① CHECKER M. Wiped out by the "greenwave": environmental gentrification and the paradoxical politics of urban sustainability[J]. City & society, 2011, 23(2): 210-229.

　　② QUASTEL N. Political ecologies of gentrification[J]. Urban geography, 2009, 30(7): 694-725.

　　③ PEARSALL H. From brown to green? Assessing social vulnerability to environmental gentrification in New York City[J]. Environment and planning c: government and policy, 2010, 28(5): 872-886.

发。在许多情况下，政府权威机构、企业行动者和利益集团利用重新分区条例和税收优惠来重新开发闲置土地，然后将其转变为与绿地相邻的高端住宅。[1]但是许多绿化项目在设计和实施过程中，却对社会弱势群体的可负担性议题视而不见。[2]环境提升过程的背后，展现的是不同参与群体（actor）在城市自然物质和环境资源排布中的权力关系（power relations）。广义中产化的本质是"为更富裕的居民生产空间"，而对环境中产化的理解则是"为更富裕的居民生产绿色空间"。

此外，进一步深入研究发现，绿地面积对环境中产化潜力造成显著影响。大部分研究表明，小面积的城市绿地使得居民可以更好地享有绿色服务[3]，而大型绿色空间则为大范围空间再开发的大规模资本进入提供了契机。特别是在中国，大型公园往往具备齐全的功能、有力的政府支持、精心的设计和严格的管理维护，更容易触发环境中产化。[4][5]Ngom指出，与正方形绿地相比，线性结构的绿地能够更好地改善绿地空间社会效益的分配公平性，他们往往能穿透原有城市空间结构，提供更多接近绿地的通道，进而提升绿地可达性，使邻近地区土地和财产增值的潜力增大，并更好地改善周边社区的居住环境。[6]能够步行或骑行这类具有积极交通功能的公园绿地[7]，以及靠近市中心、滨海岸线周边、旧工业区及历史悠久的邻里片区等城市特殊区域的新建绿地，更易诱发中产化进程；在大多数经济萧条地区和工薪

① BUNCE S. Developing sustainability: sustainability policy and gentrification on Toronto's waterfront[J]. Local environment, 2009, 14(7): 651−667.

② PEARSALL H. From brown to green? Assessing social vulnerability to environmental gentrification in New York City[J]. Environment and planning c: government and policy, 2010, 28(5): 872−886.

③ ANGUELOVSKI I, CONNOLLY J J T, MASIP L, et al. Assessing green gentrification in historically disenfranchised neighborhoods: a longitudinal and spatial analysis of Barcelona[J]. Urban geography, 2018, 39(3): 458−491.

④ CHENY, XUZ, BYRNEJ, et al. Can smaller parks limit green gentrification? Insights from Hangzhou, China[J]. Urban forestry & urban greening, 2021, 59: 127009.

⑤ 姚娜, 李诚固, 王梁. 基于绿色消费观下的生态绅士化及其效应研究——以长春南溪湿地公园周边社区为例[J]. 现代城市研究, 2019(3): 19−27.

⑥ NGOMR, GOSSELINP, BLAISC. Reduction of disparities in access to green spaces: their geographic insertion and recreational functions matter[J]. Applied geography, 2016, 66:35−51.

⑦ RIGOLON A, BROWNING M, JENNINGS V. Inequities in the quality of urban park systems: an environmental justice investigation of cities in the United States[J]. Landscape and urban planning, 2018, 178: 156−169.

阶层社区，住房存量较少，与市中心的距离更远，绿化程度的提升也会使得弱势群体选择居住于此的倾向性增加[①]。

　　环境中产化的结果是导致城市特定区域土地利用类型的转变、物质景观的升级、社会阶层的重组和居住空间的分异，造成部分社会群体享有绿色福利特权、低收入阶层被直接或间接驱逐/置换（displacement）等负面影响。因为可能发生的置换效应，公园绿地等绿色基础设施甚至被缺乏绿色空间的当地居民拒绝，成为地方"不欢迎用地类型"（locally undesirable land uses, LULUs），引发新一轮的环境抗议运动。例如，老年群体和依靠政府补助的租户抗议纽约的棕地再开发，因为打着"紧凑发展"或者"精明增长"旗号的市政工程项目已经显现出对居民住房可负担性的影响。[②]在波特兰，北威廉姆斯大道的绿道改造工程遭到社区居民拒斥，许多少数族裔将绿道视为一种新的邻避因素，认为自行车道会成为白人迁入该社区的诱因，可能会对当地的社区氛围构成威胁。[③]此外，环境中产化的进程往往与零售变革并肩而行，原本服务于本地居民的小型零售商逐渐消失，更多倾向于中产阶层消费需求的商品和服务不断涌现。

---

　　① IMMERGLUCK D, BALAN T. Sustainable for whom? Green urban development, environmental gentrification, and the Atlanta Beltline[J]. Urban geography, 2018, 39(4): 546−562.

　　② ROSAN C D. Can PlaNYC make New York City "greener and greater" for everyone? Sustainability planning and the promise of environmental justice[J]. Local environment, 2012, 17(9): 959−976.

　　③ HAGERMAN C. Shaping neighborhoods and nature: urban political ecologies of urban waterfront transformations in Portland, Oregon[J]. Cities, 2007, 24(4): 285−297.

第三章　大都市更新与中产化进程

第一节　伦敦：城市更新驱动的中产化

第二次世界大战后，郊区化导致伦敦传统城市中心逐渐衰落，为振兴城市中心区活力，英国政府于20世纪60年代提出实施城市更新行动计划。持续半个世纪的城市更新改造活动，不断驱动大城市社会空间的中产化。

一、英国城市更新历程

英国的城市更新历程受政党更迭的影响显著，在不同阶段城市更新的战略与方向差异明显，总体上可以分为五个时期。

（一）1960年代至1970年代：福利型城市更新

这一时期，英国城市更新的目的在于振兴因人口郊区化和产业去工业化而衰退的城市中心区。城市更新计划主要由国家主导，以公共财政投资为主要手段，聚焦内城的贫困社区，重点进行社区物质环境的更新和再开发。英国政府相继出台了一系列内城振兴计划，如城市救援计划（Urban Aid Program）、社区开发规划计划、内城计划等。其中，英国政府于1968年提出的城市救援计划，旨在通过改善建成环境、提供就业培训机会以及支持社会组织工作等方式，缓解内城紧张的社会局势，吸引人口重新回到内城。由于该计划强调实验性与自助性，最终缩小为规模较小的社区福利项目和社会计划。①作为城市救援计划的一部分，1969年英国提出社区开

---

① ATKINSON R. Narratives of Policy: The construction of urban problems and urban policy in the official discourse of British government 1968−1998[J]. Critical social policy, 2000, 20(2): 211−232.

发规划计划——由地方社区行动团队和地方大学研究团队来动员贫困社区居民进行社区环境的自我改善。后由于实施成效不明显，该计划于1978年宣告结束。

1972年，英国环境部（Environment Agency）秘书处发起内城计划，试图为多种城市问题提供一个系统的解决方案。在大量研究基础上，英国政府于1977年发布城市白皮书《内城政策》，旨在探讨内城衰落的综合原因，并从经济、社会、环境等诸多方面提出推动城市更新的策略指引。次年，《内城地区法》正式出台，成为英国城市更新历史上首部最重要的法律文件。[1]虽然《内城地区法》将英国衰败最严重的七个地区纳入"内城合作伙伴关系"（Inner City Partnerships），强调政府各部门以及国家与地方政府通力合作，促进城市更新。但是，从总体来看，这一时期由于政府力量薄弱和公共资金紧缩，城市更新行动进展缓慢。

（二）1980年代：房地产导向型城市更新

1979年，英国保守党上台并认为，过去城市更新之所以失败，原因在于国家干预过多而自由市场受到限制。[2]因此，这一时期英国城市更新开始强调自由市场的力量，认为城市更新应该依靠私人开发商和企业，并采用企业化的管理模式，故城市更新逐渐转向以房地产开发为核心的企业化运作模式。政府则通过财政政策和制度设计激励私人部门进行城市土地再开发，其中企业区（Enterprise Zone）制度最有代表性——政府在衰败的内城地区设立企业区，区域内实行减免税收、放松开发限制、减少政府干预等特殊政策以鼓励企业再投资。[3]同时，英国环境部在《地方政府、规划与土地法》授权下建立城市开发公司（Urban Development Company），并成为城市企业区内具体更新项目的主要推动者。城市开发公司属于半官方机构，由中央任命的理事会运营，大多数成员为当地企业代表，关注地方发展而非区域性事务。其利用中央政府的财政拨款和公共基金，凭借一系列优先开发权限，进行城市土地（再）开发。

这一时期的城市更新凭借房地产开发取得显著的成效，新建一批又一批办公大楼和中高档住房，极大改变中心城区的破败邻里的面貌。然而，由于房地产开发活

---

① 阳建强. 西欧城市更新[M]. 南京: 东南大学出版社, 2012.

② LAWLESSP. Britain's inner cities[M]. London: Paul Chapman, SAGE Publications, 1989.

③ BROMLEY R D F, MORGAN R H.The effects of enterprise zone policy: evidence from Swansea[J]. Regional studies the journal of the regional studies association, 1985, 19(5): 403–413.

动的碎片化和短期性，以及重经济效益而忽略社会影响，导致大量低收入居民、租客因为房地产开发而被驱逐，地方社区的利益受到一定侵犯。

（三）1990年代：综合目标型城市更新

为纠正1980年代城市更新运动带来的负面影响，1990年代英国政府重新调整城市更新策略，引入地区竞争机制，并且试图在城市更新中建立"公—私—社区"三方合作关系，"城市挑战计划"（City Challenge）和"单项更新预算计划"（Single Regeneration Budget）是这一时期的典型策略。

1990年，英国政府提出城市挑战计划，鼓励地方政府、社区、社会组织与私人部门加强合作，以提升当地城市的竞争力，并将城市之间的竞争作为配置城市更新资源的方式。[1]为争取城市挑战计划的资金，各地在竞标时既要突出本地未来发展的潜力，同时也要体现出当下的贫困问题。由于各部门优先考虑事项的不同，多部门合作计划仍没有很好地解决平衡发展问题。因此，1994年英国政府在此基础上又提出单项更新预算计划，试图提供一个目标协调机制，以整合社会、经济、环境等各方面的发展计划，并让公共部门、私人部门、当地社区以及社会组织都能参与进来，以竞标方式获取建设资金，按照项目实施成效支付资金。[2]1994年以来，单项更新预算计划共完成六次招标，城市更新行动从单一的物质环境更新转向多元化经济、社会与环境的全面提升，注重地区的整体发展和均衡发展，并且表现出对长远利益和综合效益的关注，其综合战略方法在一定程度上完善了城市挑战计划。[3]但是，按照地方更新的发展潜力大小而非实际的更新需求来分配城市更新资金的方法，仍具有加剧不同地区发展不均衡的局限性。

（四）1990年代末至2000年代：社会公平导向型城市更新

1990年代中后期，城市更新重新确立公平正义的价值观，强调加强社区参与、多方合作关系以及更加有力的管控措施来解决发展不均衡问题。1997年，英国工党上台，政府制定一系列综合物质、经济与内城发展的城市复兴政策，城市更新更加

---

① TSENKOVA S.Urban regeneration: Learning from the British experience, overview of urban regeneration policies[M]. Calgary: University of Calgary, 2002.

② RHODES J, TYLERP, BRENNANA. New developments in area-based initiatives in England: the experience of the single regeneration budget[J]. Urban studies, 2003, 40(8): 1399-1426.

③ FORDHAM G, HUTCHINSON J, FOLEY P. Strategic approaches to local regeneration: the Single Regeneration Budget Challenge Fund[J]. Regional studies, 1999, 33(2): 131-141.

侧重社区更新与住房供应，设立区域发展署与实施"国家邻里更新战略"（National Strategy for Neighborhood Renewal）是这时期推动城市更新的重要举措。

1999年，英国区域发展署成立，主要负责城市更新片区的新兴企业投资、棕地整理、贫困地区资助以及就业岗位供应。区域发展署受政府部门资助，在城市更新的资金安排中起决定性作用。但是，随着地方政府在城市更新事务中的治理权力逐渐上升，区域发展署的统筹能力开始下降，因而在成立十年后逐渐退出历史舞台。

2001年，英国出台国家邻里更新战略，成为英国城市更新政策发展的又一个转折点。国家邻里更新战略重点关注社区层面的贫困问题，构建了从中央到社区的多层级实施机制，涵盖邻里更新基金、邻里治理政策、邻里联盟等相关制度。[1]为进一步加强社区参与城市更新行动的实质性，英国政府出台《社区参与城市更新的实践指南》，以作为建立社区参与机制、统一参与准则、实施保障机制的操作指引。[2]

（五）2010年以来：促进经济发展和偏爱地方主义的城市更新

2010年，英国联合政府登台执政，为降低全球金融危机对英国经济发展的冲击，推出与企业创新和技能部门更加密切的经济增长策略。在财政紧缩政策下，城市更新重点再次转向房地产和消费，英国政府出台两轮促进城市更新与经济增长的策略。[3]第一轮更新策略侧重于企业引进与经济发展，社区和地方政府利用当地企业合作伙伴关系和企业区等经济增长工具来推动城市更新，再次出现企业区发展的浪潮。第二轮城市更新则围绕社区更新展开，2010年出台的《地方主义法案》提出"地方主义"理念，主张权力下放，由社区主导、居民推动城市更新，进而取代区域层面的治理。[4]

总结来看，半个世纪以来，英国城市更新经历从福利型城市更新到房地产导向型城市更新再到综合目标型城市更新、社会公平导向型城市更新，最后回归经济发展导向的城市更新。城市更新的目标随着不同时期国家发展宏观背景和社会问题

① DARGAN L.Participation and local urban regeneration: the case of the new deal for communities (NDC) in the UK[J]. Regional studies, 2009, 43(2): 305-317.

② LAWLESS P. Area-based urban interventions: rationale and outcomes: the new deal for communities programme in England[J]. Urban studies, 2006, 43(11): 1991-2011.

③ 刘晓逸, 运迎霞, 任利剑. 2010年以来英国城市更新政策革新与实践[J]. 国际城市规划, 2018, 33(2): 104-110.

④ DLUHC. National Planning Policy Framework[EB/OL]. (2012-03-27)[2023-05-19]. https://www.gov.uk/government/uploads/system/uploads/attachment_data/file/6077/2116950.pdf.

而转变，不同时期的城市更新政策随着执政党的执政重点而转变，城市更新的价值导向始终在经济增长和社会公平之间摇摆，试图取得一个理想的平衡状态（图3-1）。

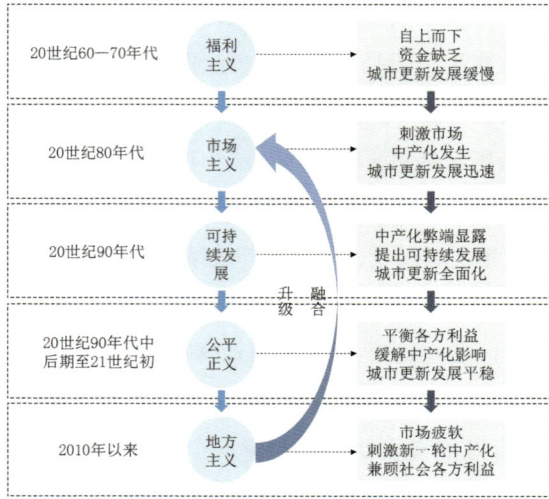

时期	价值导向	特征
20世纪60—70年代	福利主义	自上而下 资金缺乏 城市更新发展缓慢
20世纪80年代	市场主义	刺激市场 中产化发生 城市更新发展迅速
20世纪90年代	可持续发展	中产化弊端显露 提出可持续发展 城市更新全面化
20世纪90年代中后期至21世纪初	公平正义	平衡各方利益 缓解中产化影响 城市更新发展平稳
2010年以来	地方主义	市场疲软 刺激新一轮中产化 兼顾社会各方利益

图 3-1　英国城市更新的发展历程总结

二、城市中产化现象浮现

最早期英国城市更新以福利主义为价值导向，由政府主导，依赖公共财政投入，侧重城市空间的物质更新与社区福利，本质上是一种自上而下的城市空间再开发行为。[①]然而，由于政府公共资金投入的日趋紧缩，城市更新发展显得缓慢而无力。在此背景下，市场主义以其高效和直接的优势吸引政府部门的关注，迅速抢占英国城市更新的主导权。市场主义价值观体现为房地产开发主导，依靠私营部门投资城市更新，注重城市更新带来的经济效益，强调地区和企业的市场竞争力。资本的逐利性和政府放松管制使得这一阶段的城市更新行动不可控制，虽然一定程度上实现了物质空间的快速更新，但也产生较大的负面社会影响，即当时西方社会学者所批判的"gentrification"现象[②]。

遭遇社会批判之后，英国政府开始重新加强对城市更新行动的管控，以缓解中

---

① 安德鲁·塔隆. 英国城市更新[M]. 杨帆, 译. 上海: 同济大学出版社, 2016.

② GLASS R. London: aspects of change[M]. London: MacGibbon & Kee, 1964.

产化的负面效应。由此，城市更新引入竞争机制并建立多方合作关系，让政府、市场及社区共同参与进来，更新的侧重点也从单一的物质更新转变为经济、社会与环境等多方面的可持续更新。至1990年代中后期，公平正义的价值观被纳入英国城市更新策略，体现为对社区参与和多方合作关系的强化以及解决发展不均衡问题的决心。这一时期的政府管控措施更加有力，对社会公平与正义的重视程度越来越高，中产化更新的正面效应逐渐凸显，负面效应逐渐弱化。虽然后期在金融危机的刺激下，房地产开发型城市更新有"返场"迹象，但是其仍以公平正义为前提。

可以认为，从1980年代开始，房地产开发主导的城市更新已经逐渐彰显中产化的机制，随着城市更新政策体系的不断完善，中产化的目标和实现路径也不断成熟。最开始，中产化策略表现为通过税收优惠政策和基础设施投资提升地区投资潜力，从而吸引社会资本再投资和中产阶层的回归，改变地区持续衰退和贫困的局面。进入1990年代，中产化带来的高房价、高租金或高生活成本对低收入群体的排斥和驱逐，逐渐引起社会不满，因而政府开始反思社会公平与可持续发展，逐步完善城市更新政策，以实现对不合理开发的管控和利益平衡。

三、伦敦金丝雀码头更新过程

金丝雀码头（Canary Wharf）位于伦敦市区东部道克兰港区的道格斯岛，距离伦敦内城中心约8千米，距离伦敦老金融中心约6千米（图3–2）。道格斯岛位于泰晤士河由南向北U型转弯的地区，三面环水，岛内支流环绕，滨水景观资源丰富。金丝雀码头的更新历经三十余年，从废弃的工业生产、码头运输地，成功转型为英国乃至全世界最著名的商务、金融中心之一，被世人所称道。目前，金丝雀码头内拥有超1640万平方英尺的商务办公面积，包括数栋英国顶级摩天大楼，4个轨道交通站点，300多家商店、酒吧、餐厅等生活配套设施，以及20英亩的公园、广场和喷泉等城市公共休闲空间。这里集聚了超过150家企业（包括众多全球顶级金融企业总部和高科技公司）、12万名金融工作者以及科技专业人士，是名副其实的中产阶层聚集区（图3–3）。[①]

---

① CANARY WHARF GROUP PLC. 30 years of Canary Wharf: local impact report[EB/OL]. (2018–09–09)[2023–05–19]. https://group.canarywharf.com/wp-content/uploads/2021/04/canary-wharf-esg-30-years-of-canary-wharf-local-impact-report-mar-2018.pdf.

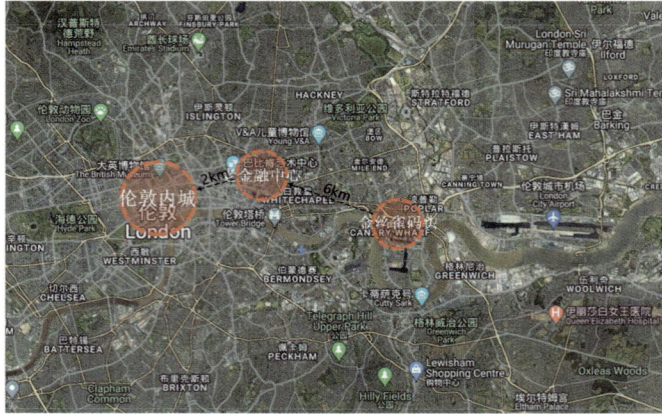

图 3-2　伦敦金丝雀码头的区位

图 3-3　1987 年与 2018 年伦敦金丝雀码头全貌[①]

　　然而，金丝雀码头的更新过程十分曲折，甚至饱受社会争议，可以被视为英国城市更新历史的一个重要缩影。因此，本节以金丝雀码头更新为典型案例，进一步分析英国城市更新价值导向的演变过程，检视城市更新中采取的中产化策略，以及为缓解中产化负面影响而采取的修正措施。

　　（一）伦敦码头区联合委员会利用财政资金推动更新

　　伦敦码头区曾是19世纪全世界最繁华的码头之一，承接来自世界各地的货物运输。进入1960年代，伦敦乃至整个英国产业结构发生剧烈调整，去工业化以及航运技术升级等一系列变化导致码头区逐渐失去用武之地，人口失业率攀高、住房条件恶化、环境污染加剧等一系列城市问题滋生，码头区呈现出一片萧条景象。为改变

---

① CANARY WHARF GROUP PLC. 30 years of Canary Wharf: local impact report[EB/OL]. (2018-09-09)[2023-05-19]. https://group.canarywharf.com/wp-content/uploads/2021/04/canary-wharf-esg-30-years-of-canary-wharf-local-impact-report-mar-2018.pdf.

伦敦码头区不断衰落的局面。1970年代伦敦市成立码头区研究小组（LDST），对码头区经济问题和发展潜力进行战略评估，并为地区提供可能的发展指引和规划。研究小组将道格斯岛置于整个码头区改造计划的中心，首次提出将伦敦办公职能拓展至道格斯岛，并通过重新划分土地用途实现地区功能转变。1974年后，码头区联合委员会（Docklands Joint Committee，DJC）成立，由大伦敦委员会（Greater London Council，GLC）、五个地方行政区环境部门以及当地社区代表（分别代表当地居民、社区、社会团体以及其他方面的利益）等构成。码头区联合委员会将新的社会住房供应、基础设施建设和提升就业率作为道格斯岛更新的首要任务[①]，规划提出新增一条公共轨道线路以及多条连接泰晤士河两岸的道路网，同时确定新住房（主要是社会住房）的规模与布局，并用绿色景观网络连接居住区。规划还提出，建设两个区域中心，其中一个位于道格斯岛中心，另一个位于北部的金丝雀码头。不过，尽管规划很理想，但由于政府财政资金供不应求，道格斯岛改造计划很快陷入困境。[②]

（二）伦敦码头区开发公司吸引私人投资推动更新

经历前一阶段的失败之后，地方政府意识到仅靠公共部门的力量推动城市更新并不现实。因此，政府开始通过投资基础设施、整理出让土地以及出台税收优惠政策吸引私人投资。1981年，伦敦码头区开发公司（London Docklands Development Corporation，LDDC）正式成立，性质为半官方机构，受到国家财政支持，与私人机构合作，联合政府与市场进行更新。[③]伦敦码头区开发公司享有土地所有权，便于与私人开发商谈判达成协议，同时享有规划控制权，可对片区的建设强度如建筑高度、容积率等进行引导，使得开发活动在可控范围内快速推进。此外，开发公司享有协商管理权，有权利与政府协商重建项目的具体要求，并且将商定的内容写入土地出让合同。开发公司保障了码头区更新开发活动在高标准建设的同时能够快速推进。

---

① NICHOLSON G. A model of how not to regenerate an urban area[J]. Town & country planning, 1989, 58(2): 52–78.

② BEIOLEY S, CROOKSTON M, TYRERB.London docklands: the leisure element[J]. Leisure management, 1988, 8(2): 30–33.

③ HOLLANBY T. Docklands: London's backyard into front yard[M]. London: Docklands Forum, 1990.

伦敦码头区开发公司将更新目标定位为高效利用已有土地和建筑物，提供充足的住房和服务设施，通过创造具有吸引力的环境来吸引企业和人口聚集。此外，伦敦码头区开发公司提出了码头区更新与发展的基本思路：规划新道路和轻轨路线以解决码头区与外界隔离的问题，保留码头区水面，出台修复历史建筑和景观的方案，规划新基础服务设施，新增私人住房以提高码头区住房比例。伦敦码头区开发公司统筹资金获取、基础设施建设、住房改造开发、空间景观修复、就业机会提升等各个方面，对码头区发展进行统一的运作管理。至1998年伦敦码头区开发公司退出时，码头区的人口、社会、经济、环境等各项指标发展均呈现出较大的提升，其中居住人口、工作岗位和住房数量全部翻了一倍多（表3-1）。

鉴于道格斯岛的区位优势与开发潜力，时任英国首相的玛格丽特·撒切尔正式提出道格斯岛的城市更新计划。同时，道格斯岛成立了企业区，为新进驻的企业提供开发奖励。

表 3-1　1981—1998 年伦敦码头区城市更新成效 [①]

指标类别	年份	
	1981	1998
人口	39000	84000
工作岗位	27000	84000
住房	15000	36000
私有住房比率	5%	44%
公司数量	1014	2600
城内居民工作人数	5200	10500

（三）私人投资与房地产开发快速推进

1990年代，由于新自由主义经济的蓬勃发展和股票交易所放松管制，伦敦老金融中心愈发难以满足金融企业快速增长的办公建筑需求，亟需新的地区承担外溢的

---

① 王欣. 伦敦道克兰城市更新实践[J]. 城市问题, 2004(5): 72-75+79.

市场需求。金丝雀码头开发项目便是在这一背景下应运而生。1988年金丝雀码头开发项目动工，最初开发项目的重点几乎完全放在解决商业办公的需求上。[①]建设方案是由芝加哥建筑事务所SOM策划，包括1000万平方英尺的开发项目（主要是办公功能，由三座60层高的塔楼构成）。加拿大房地产巨头奥林匹亚与约克（Olympia & York）公司接管该项目，将该片区重新定位为一个充满现代气息的城市。新的规划设计将片区划分为26个独立的场地，中间矗立着的50层楼高的加拿大广场一号塔楼主导着整个建筑群。周边有一个封闭的购物中心和码头区轻轨车站，以及大规模通往水面的开放空间。在整个建筑群的下方是一个多层平台，既延伸码头的长度，又为片区提供了一个服务场所。该发展规划的精英主义色彩迎合了精英中产阶层的需求，为其描绘了一个安全美观的城市意象。

截至1991年，巨额资本驱动下的道格斯岛城市更新飞速发展，创造了占伦敦15%的办公空间和10万个工作岗位，并建成新的公共交通基础设施。然而，该项目也引发较大的社会争议：一方面，金丝雀码头住房所有权占比从4%上升至50%，同时也造成大量低收入人群无家可归；另一方面，码头区再开发项目的规模巨大，与原有建成环境格格不入[②]，尤其是正在兴起的金丝雀码头开发项目，与周边片区表现出明显的隔离性。在金丝雀码头一期工程完工后不久，1992年全球房地产市场崩盘，奥林匹亚与约克公司受冲击后破产，金丝雀码头更新计划不得不再次停滞。[③]

（四）金丝雀码头的综合功能补充

这一阶段发生两件逆转码头区更新进程的事件：第一，1997年英国工党政府上台，开始反思金丝雀码头更新对社会公平考虑的不足，以及过度依赖房地产开发的弊端；第二，1998年伦敦码头区开发公司结束了为期十七年的管理与运作，地方政府恢复对地区更新的规划控制权。在房地产市场崩盘后，金丝雀码头的开发曾一度陷入低迷。直到1997年，该项目才在金丝雀码头集团（Canary Wharf Group）的领导下重新站稳脚跟。1998年，英国金融服务管理局迁往金丝雀码头。1999年，朱比莉

---

① Olympia & York, Canary wharf: vision of a new city district[M]. Toronto: Olympia & York, 1986.

② BUCHANAN P. What city? A plea for place in the public realm[J]. Architectural review, 1988, 184: 31-41.

③ MERRIFIELD A. The Canary Wharf debacle: from 'TINA' — There is no alternative — to 'THEMBA' — There must be an alternative[J]. Environment and planning a: economy and space, 1993, 25(9), 1247-1265.

线（Jubilee Line）延长线规划建设，金丝雀码头开发再次启动。这一时期，地方政府出台统一发展计划，制定第一个涵盖整个片区的公共部门计划，包括基本的土地资源配置和一套开发控制策略。规划的重点是促进土地利用多样化和混合利用，在现有办公用地的基础上嵌入文化、娱乐、商业、酒店、休闲、住宅等功能用地，使得片区功能更加综合化和多元化，营造年轻白领偏好的文化氛围环境，以迎合中产阶层的生活方式需求。

然而，由私人部门主导的金丝雀码头更新迅速，而岛内其他片区却仍处于衰落的阴影中，造成道格斯岛内部功能衔接不畅、社会空间分异和城市景观破碎，逐渐成为一个一分为二的岛屿。此外，房地产开发导致滨水沿线地区被大量连续的私人门禁社区占据，不利于滨水景观的开放共享。

（五）地方主义推动的千禧街区开发

由于城市更新行动成效显著，金丝雀码头的区位价值进一步提升。工党认为金丝雀码头具有推动泰晤士河沿岸地区向东发展，进而带动整个片区复兴的潜力。基于这一设想，紧邻金丝雀码头的南部千禧街区规划被提上议程。该规划于2000年出台，将千禧街区定位为码头区的商业中心，规划补充商业、住宅、康体娱乐、购物、社区设施及休闲等功能用地。千禧街区北部规划为可容纳数百家小企业的集中区，而南部则规划为低层公寓住宅区，同时高品质公共空间贯穿南北，包括新的步行网络、公园、广场以及连接南码头和金丝雀码头的新桥梁。

千禧街区规划代表了自码头区联合委员会成立以来，政府部门首次真正尝试为道格斯岛内除金丝雀码头以外的其他片区谋划发展方向、试图缓解道格斯岛发展南北分异的问题。规划提出建设"一个紧凑、有凝聚力和特色的伦敦片区，包含充满活力的商业、休闲、旅游和住宅等混合用途"，重点是建立岛内各片区的互联互通，并且增强公共领域的品质与细节设计，打造滨水空间，提高土地使用效率。[1]

在各项规划的作用下，道格斯岛的功能发生显著的变化，北部的金丝雀码头成为道格斯岛的主要就业与活动区域，南部片区则承担居住生活功能。经过这一时期各项政策、计划的推动，道格斯岛内部隔离问题和社会空间分异问题在一定程度上得到缓解。此外，教育与就业资助计划帮助解决了当地社区居民就业难的

---

[1] Anon. London borough of Tower Hamlets: Isle of Dogs area action plan[EB/OL]. (2007−08−30) [2023−05−19]. https://democracy.towerhamlets.gov.uk/documents/s6265/.

问题。

总体来看，金丝雀码头的更新历程可分为五个阶段，与英国城市更新策略的演变历程大致对应（图3-4）。

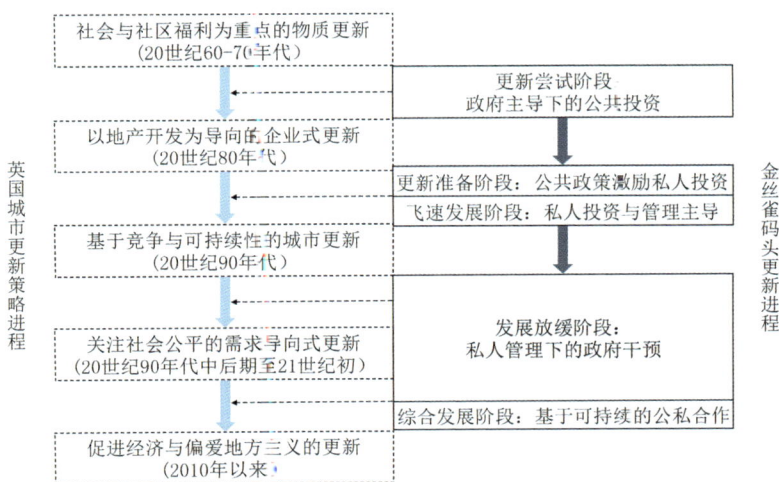

图 3-4　英国城市更新策略演变过程与伦敦金丝雀码头更新过程的对应关系

四、金丝雀码头更新的中产化策略

结合金丝雀码头城市更新历程与内容，本节将中产化导向的更新策略分为公私投资融合、公共交通导向、住房开发与住房保障、企业区与企业招引、就业培训与保障、城市品质塑造、多元主体治理等七个方面。

（一）公私投资融合策略

中产化更新策略包括激励性财政税收政策和产业引进与升级计划。首先，最重要的是政府采用公共投资与补贴撬动私人资本。公共资本可分为流动性资本（circulating capital）、财产性资本（property capital）和生产性资本（productive capital）三种形式。[①]流动性资本包括行政、调查与利息成本，占金丝雀码头公共资金支出的15.7%；财产性资本包括房产和土地收购成本，旨在将资产与土地转为可变现的货币形式，占金丝雀码头公共资金支出的10.9%；生产性资本则包括拆

---

① SMITH N. Gentrification and capital: practice and Ideology in Society Hill[J]. Antipode, 1979, 11(3): 24−35.

迁、清理、改善建设条件以及投资基础设施的成本，占金丝雀码头公共资金支出的73.4%（表3-2）。[①]据统计，1985年，伦敦码头区开发公司每投入1英镑公共资本，即可获得4.2英镑的私人投资；至1989年，公共投资与私人投资的比例甚至达到1∶12.5。[②]1981至1985年，伦敦码头区共获得约8.21亿英镑的私人投资，主要用于住房和办公用楼建设（表3-3）。[③]政府公共投资之所以成功实现对私人投资的撬动，核心在于政府给予私人投资诱人的税收优惠政策。例如，给予SOM公司的金丝雀码头项目资本免税额和一直持续至1992年的"利率假期"（rates holiday），给予参与住宅建设项目的私人开发商一定比例的税收减免，等等。

表 3-2　1981—1993 年金丝雀码头区公共资本投资（万英镑）

	流动性资本	财产性资本	生产性资本	合计
1981—1986	67	67	178	312
1986—1989	57	31	259	347
1989—1993	54	25	395	474
总计	178	123	832	1133
占总数的比重	15.7%	10.9%	73.4%	100%

表 3-3　1981—1985 年码头区的私人投资水平

	投入（£m）	占比（%）
住房	364	44.3
办公	285	34.7
轻工业	67	8.2
现代商务单元	27	3.3
零售	18	2.2
公共住房	4	0.5
其他	56	6.8
合计	821	100

① LDDC. Operational programme[R]. [S. l.: s.n.], 1985.

② LDDC. The Isle of Dogs development framework[M]. London: LDDC Publications, 1994.

③ 同①.

（二）公共交通导向策略

政府持续投资建设交通设施以改善伦敦码头区的区位劣势，为吸引大量私人资本参与城市更新奠定基础。1985年，道克兰轻轨（Docklands Light Railway，DLR）项目启动，将码头区原船坞铁路改造成轻轨系统，连接伦敦市中心的伦敦塔、斯特拉福德两地。早期道克兰轻轨共建有三条支线，全长约13千米，设有15个车站。[①]随着客运量的增加，道克兰轻轨又建设第四条支线，联系泰晤士河对岸并连接整个伦敦市地铁网络。如今，道克兰轻轨共拥有约40千米长的线路，设有6条分支线，充分连接码头区及其周边片区，接驳多条伦敦市内地铁线路。这些公共交通设施大大缩减码头区与伦敦市其他重要地区的交通时间，为伦敦码头区中产阶层就业者的通勤和游客出行提供了便利，进一步带动地区复兴。

1993年，伦敦市朱比莉地铁延长线（Jubilee Line Extension，JLE）开始建设（图3-5），与道克兰轻轨相交并设换乘站以及接驳巴士等。朱比莉地铁延长线建成后不仅极大缓解了道克兰轻轨的拥堵，改善了伦敦东部地区的交通不便，而且为沿线地区城市更新和产业转型发展带来新机遇。在朱比莉地铁延长线的辐射带动下，沿线地区的就业人数从1998年的36.5万人增加至2000年的42.6万人，涨幅17%，远超同一时期大伦敦片区的8%。同时，这些工作岗位多为"高价值、高产率、高技术"类型，相应就业人员绝大多数属于中产阶层管理者，因而进一步促进了码头区的中产化发展。[②]此外，为服务伦敦东部地区以及金丝雀码头地区商务人士的出行，1987年伦敦城市机场（London City Airport，LCY）建成并投入使用，拥有飞往欧洲主要大城市的航线。在该机场办理登机手续仅需10分钟，有效匹配了中高收入人群的出行需求，为吸引全球知名企业和精英人才奠定了基础。

---

① TRUELOVE P. Funding and extending the Docklands light railway[C]//Sixth International Conference on Automated People Movers (APMs), April 9-12, 1997, Las Vegas, Nevada. Reston: ASCE.

② OMEGA CENTRE. Jubilee Line Extension, London, UK[R/OL]. [2023-05-19]. http://www.omegacentre.bartlett.ucl.ac.uk/wp-content/uploads/2014/12/UK_JLE_PROFILE.pdf.

图 3-5　朱比利线延线路线图 [1]

（三）住房开发与住房保障策略

为促进地区社会稳定，吸引中产阶层集聚，伦敦码头区开发公司将住房建设作为码头区重建的先锋，着力吸引房地产商投资建设足够的住房，以增强地区的社会稳定性。为吸引房地产开发商，伦敦码头区实行双重土地所有权政策，即岛内土地分为私人所有和伦敦码头区开发公司所有两类。私人所有的土地多用于建设最昂贵和豪华的住房，如岛内滨水地带，伦敦码头区开发公司对这些土地仅享有一定的规划控制权。伦敦码头区开发公司所有的土地是岛内住房建设活动的主要场所，主要用于建设中档住房。[2]1987年，码头区住房数量几乎翻倍；1992年，产权型住房已经占住房总量50%以上，而在伦敦码头区更新之前，道格斯岛的产权型住房占比仅为4%，显著促进了地区的社会安定（表3-4）。无论是滨水地区新建的高品质门禁社区，还是由旧码头仓库改造而成的维多利亚式住宅都深受中产阶层的喜爱。

然而，由于新住房开发尤其是高品质豪宅的建设，伦敦码头区房价大幅上涨，从1979至1986年，码头区房价上涨近80%[3]。为缓解房价攀升造成低收入原住民被排挤和置换的情况，道格斯岛地方住房协会开始向低收入家庭提供住房租赁或购买补贴，向无力修缮老旧住房的低收入家庭提供房屋修缮补贴，帮助其改善住房

---

① OMEGA CENTRE. Jubilee Line Extension, London, UK[R/OL]. [2023-05-19]. http://www.omegacentre.bartlett.ucl.ac.uk/wp-content/uploads/2014/12/UK_JLE_PROFILE.pdf.

② LDDC. Report and accounts[R]. [S. l.: s. n.], 1988.

③ SMITH A.Gentrification and the spatial constitution of the state: the restructuring of London's docklands[J]. Antipode, 1989, 21(3): 232-260.

条件。此外，住房协会积极建设经济适用房，2005—2006年的市场年度检测报告
（Mayor's Annual Monitoring Report，MMR）显示，陶尔哈姆莱茨区新建2734套住
房（总数比伦敦其他地区多2000套），其中1126套为经济适用房（比伦敦其他地区
多600套），占总数40%以上，极力地保障了当地中低收入人口的住房需求。[①]

表3-4　1981—1993年码头区的住房建设数量

建设时期		新建、在建及已完成的单元数（套）
库存量（1981）		14000
新建量（1981—1987）	在LDDC用地	7600
	私人用地	4400
	总量（1987）	26000
规划建设量（1988—1993）	在LDDC用地	16000
	私人用地	9000
	总量（到1993）	51000

（四）企业区与企业招引策略

1981年，伦敦设立道格斯岛企业区，为新入驻企业提供为期十年的优惠政策
与开发奖励，包括给予工商业建筑的建设和改造项目100%的施工费用免税额，对
工商业建筑免征营业税、免除产业培训税，放宽对于一些建设项目的规划限制，
等等[②]。此外，金丝雀码头还通过企业支持计划，促进现有企业升级以及引入新型
配套产业。2013年，金丝雀码头成立一个为科技创新企业与金融公司搭建的科技社
区（Level 39），专注于金融技术的研发以服务于金丝雀码头的金融产业。目前，
Level 39拥有超过200家公司，是欧洲最大的金融技术类公司孵化器。除了金融总
部之外，金丝雀码头同时形成一个蓬勃发展的科技集群，包括IBM、英特尔、甲骨
文、SunGuard、First Data、Citihub等众多国际顶尖科技企业。目前，约有7000名科
技专业人士在金丝雀码头全职工作。随着各类产业的引进和升级，金丝雀码头逐渐
形成以金融服务业为主，房地产、商业、酒店等配套产业为辅的产业结构，主导

---

① MAYOR OF LONDON. London plan annual monitoring report 3[R]. London: Greater London
Authority, 2007.

② HOARE A G. Dividing the pork barrel: Britain's enterprise zone experience[J]. Political
geography quarterly, 1985, 4(1): 29-46.

产业特色鲜明，产业之间联系密切。1981—1989年，伦敦码头区开发公司花费约3130万英镑用于营销和宣传。通过高调的广告和营销手段把码头区描绘成一个独特的投资机会地区和一个有吸引力的生活、工作地[1]，从而使公众取下过去看待金丝雀码头的"有色眼镜"，让私人开发商和中产阶层群体对该地区的发展前景充满信心。

此外，为吸引大型知名企业入驻码头区，推动产业集聚，金丝雀码头集团探索了一系列办公楼租赁优惠策略。例如，金丝雀码头集团承诺如果朱比利地铁延线没有按时开通，租户可以单方取消租赁协议，无需承担任何责任；若租户从其他地方搬迁过来，由金丝雀码头集团承担原业主造成的损失费用，同时补贴搬迁费用。另外，金丝雀码头集团承诺尽量满足不同租户提出的各种要求，尤其是给予部分商业巨头型新租户第一年免租金优惠，以及灵活的租赁合同退出机制。得益于诚意满满的招商政策，到1987年，近400家企业从伦敦老金融中心搬至码头区；到1999年，金丝雀码头区办公楼的出租率已达到99.5%。截至2018年，金丝雀码头拥有超过150家大型写字楼租户，其中相当一部分公司是英国乃至世界级金融企业的总部，这使得金丝雀码头的增加值总额（Gross Value Added，GVA）达到整个陶尔哈姆莱茨区的73%，对区域经济发展贡献巨大。

（五）就业培训与保障策略

首先，为保障当地居民在码头区更新过程中受益，政府和社会团体采取多种方式保障地方就业稳定。例如，码头区联合委员会为确保私人开发商雇佣一定比例的当地劳动力，在建设码头区轻轨建设项目的工程合同里设有"当地劳工条款"，明确规定负责该工程的开发商应尽可能雇佣当地劳动力，并监督该合同条款的实施效果。其次，当地就业管理部门在道格斯岛开设招聘信息中心，为当地失业者提供职业指导与咨询，帮助码头区原有工人再就业。第三，设立陶尔哈姆莱茨和金丝雀码头继续教育基金提高当地居民职业技术与技能水平，例如建立信息技术培训中心（ITEC），制定快速创业辅导计划如"Quick Start"[2]。截至1998年，当地已成立

---

[1] CHURCH A. Urban regeneration in London's docklands: a five-year policy review[J]. Environment and planning c: government and policy, 1988, 6(2): 187–208.

[2] "Quick start"计划旨在为当地25岁以下的年轻人提供多个200小时的技能培训名额，使其能够适应码头区当前的就业形势；此外，该计划还与本地就业管理局时刻保持联系，旨在了解码头区现有雇主和新雇主的培训需求。

三所社区大学以及九所职业培训中心，失业率也由1981年的20%下降至7%。2001—2017年，当地居民就业人数保持着稳步增长，同时外来就业人数大幅超过本地居民就业人数（图3-6）。

（人）

■ 当地居民就业人数　■ 周边搬迁而来的就业人数

图 3-6　2001—2017 年金丝雀码头区就业人数变化

（六）城市品质塑造策略

为给地区居民提供舒适安全、有吸引力的工作和居住环境，增强中产阶层的归属感，金丝雀码头区积极营造良好的地区文化氛围，实施了一系列包括滨水空间改造在内的文化导向的城市更新策略，建立开放、连续、可达的沿河步道和绿地公园（图3-7）[①]；建设诸多重要文化设施，如艺术中心、歌剧院、音乐厅，为地区居民尤其是中产阶层提供休闲娱乐场所。金丝雀码头集团定期举办各类社区活动增强当地社区的多样性和活力，如夏季烧烤、圣诞联谊会、文化节庆活动、文化旅游节等，鼓励社会组织参与，促进相互交流，提升码头区的文化知名度。金丝雀码头每年约有200项丰富多彩的地方性文化活动，包括音乐会、家庭表演、电影季、舞蹈表演、戏剧表演、社区表演以及体育赛事，大部分活动都对公众免费开放，年参与人数累计超过20万人。

金丝雀码头区重视地区历史建筑的保护与再利用，将历史建筑改造成艺术博物馆、展览馆等特色文化设施。此外，伦敦码头区开发公司制定了公共空间设计导

---

① SHEPPARD H. Canary Wharf: a high-quality accessible amenity[J]. Town&country planning, 2008, 77(1): 7–21.

则，高品质改造或更新地区建成环境和景观，充分迎合中产阶层的审美品位。金丝雀码头车站等建筑设计前卫、时尚，街道座椅、路灯、地面铺装都是精挑细选的，随处可见精美的雕塑艺术。据不完全统计，金丝雀码头整个片区内有70多件公共艺术品，几乎成为伦敦最大的公共艺术品收藏基地。

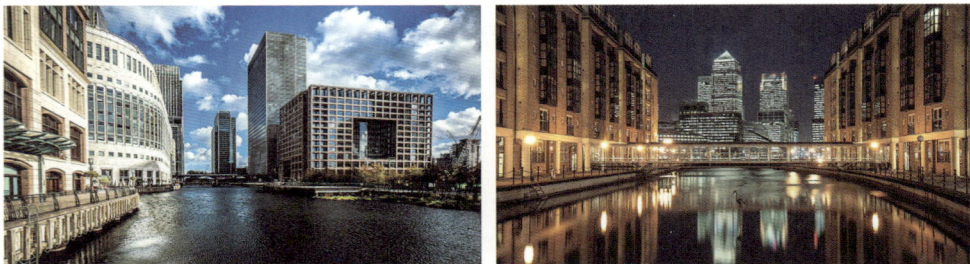

图3-7 金丝雀码头滨水空间

（七）多元主体治理策略

根据英国"规划得益"（planning gain）制度，金丝雀码头区制定了"规划收益捐赠计划"，规定地方政府在授予规划许可的过程中，开发商需要通过实物、现金或某种权益进行支付，以取得规划条款规定以外的利益[①]。规划得益主要用于提供公共属性功能、维护社会公共空间、为社区居民提供权益优惠、给地方当局缴纳管理费用等。于是"千禧街区捐赠计划"被提出——要求开发商在完成开发活动之后支付一定比例的规划收益，以支持当地公共空间的发展，该计划详细规定了捐赠将如何与项目开发挂钩以及应如何进行支付。例如，改善南码头区轻轨站点、协助当地政府建设保障性住房、开发滨水空间的同时注重滨水公共景观的塑造等。"规划收益包"（planning gain package）规定开发商需事先承诺对于地方社会发展的贡献，如建设、升级横贯铁路线和码头区轻轨，打造公共领域、公共空间和公共艺术品，资助当地居民教育培训和技能发展，以及更新改造社会、社区设施和环境工程等。

金丝雀码头区成立了由当地志愿者和租户协会运营的码头区论坛，旨在为当地居民提供诉求表达渠道，保障当地群体在地区更新中的合法权益。例如，码头区论

---

① BUNNELL G. Planning gain in theory and practice—negotiation of agreements in Cambridgeshire[J]. Progress in planning, 1995, 44(1): 1−113.

坛强调需要采取足够的措施来满足当地居民生活与就业需求，提议在码头区总体开发规划中增加一系列社会条款，包括增加一定比例的当地就业培训计划、基础服务设施和本地贸易等。[1]在多次利益博弈后，码头区论坛在一定程度上保障了当地居民受益于码头区的更新。

1990年，金丝雀码头区成立了道格斯岛社区基金会（Isle of Dogs Community Foundation，IDCF），该基金会由当地企业、法定服务机构、志愿部门和其他中介机构共同组成，旨在代替码头区论坛和码头区联合委员会行使地方社区复兴的职责，并逐渐成为当地社区利益的代言人。道格斯岛社区基金会通过设立公共基金支持金丝雀码头区的贫困社区发展，缓解金丝雀码头区更新而给低收入群体日常生活带来的负面影响。1999年，道格斯岛社区基金会成为第一批获得政府资助的单一更新预算（Single Regeneration Budget，SRB）赠款的组织之一，赠款金额为310万英镑，主要用于为地方居民就业提供有效的培训，促进地方社区的物质、社会空间再生，以及支援小型企业及社会企业[2]。

总体来看，在金丝雀码头更新的前期阶段，总体发展策略旨在促进中产化发展，核心在于投资与引流，即通过改善地区投资环境以吸引私人开发商投资和提高片区生活品质吸引中产阶层群体进入，为更新提供资本与内生动力。然而，当金丝雀码头更新进入中后期，发展策略则转为管控中产化。这一时期的房地产开发活动已接近饱和，金融公司和中产阶层也达到一定集聚规模，发展政策重点不再是继续寻求资本与引进人群，而在于促进地区发展的公平与共享，主要体现在解决市场失灵问题和平衡各方利益，缓解中产化带来的不均衡问题，进而实现地区的全面可持续发展。

五、对中国城市更新的建议

金丝雀码头城市更新的成功经验可以总结为三个方面：

第一，基于土地价值挖潜的城市经营策略。金丝雀码头地区凭借内城区位和滨水环境的先天优势，拥有较高的地租升值潜力，因此充足的土地资源成为地方政府

---

[1] NICHOLSON G. A model of how not to regenerate an urban area[J]. Town & country planning, 1989, 58(2): 52−78.

[2] IDCF. IDCF News[R]. London: IDCF, 2006.

经营的最直接资产。在此背景下，政府基于城市经营者的立场，通过城市空间再生产促进土地资产以"最高价值和最佳方式"使用[①]：一方面，通过一系列城市营销与税收激励政策，鼓励私人开发商在金丝雀码头进行城市再开发，进而挖掘土地的交易价值，获取财政收入与城市建设资金；另一方面，通过投资基础设施建设与改善建成环境，提升金丝雀码头的空间品质与城市形象，进而吸引金融企业、中产阶层和投资者进入该片区，进一步激活土地的初始价值，完成中产化导向的城市更新。

第二，按照市场机制配置资源，实现空间价值最大化。根据追求租差最大化的原则，市场一般会优先开发城中村等低成本开发地区，以及地区中心、交通干道沿线、河流绿地周边等高价值潜力地段。金丝雀码头作为伦敦市内经过道格斯岛的重要轨道交通站点，率先得到政府和开发商的青睐，成为地区更新的启动区；在金丝雀码头内部的交通干道沿线、地铁站点周边及滨水空间，由于土地保值与增值潜力较大，成为私人开发商追求"垄断地租"[②]以及中产阶层追求品质生活的热点地区，因而最早得到再开发，这均体现市场对于空间资产的有效配置作用。

第三，多元主体参与地区城市更新与治理。市场与政府的合作伙伴关系最终取代了单一主体的作用，成为中产化更新的重要力量。[③]另外，各类社会团体在关注弱势群体利益和促进社会交往方面发挥重要作用，得益于政府、企业、社会团体、居民等不同主体的协商、合作以及共同努力，人们能够有效应对城市更新过程中不断出现的新问题，保障了中产化更新的高效率以及整个过程中利益分配的相对公平。

第二节　纽约：作为城市发展策略的中产化

历史上的城市中心，曾因其区位优势吸引高品质公共服务和富裕阶层的集聚，成为城市繁荣的象征，然而二战之后的美国大城市却发生相反的现象——富裕阶层和中产阶层纷纷前往环境优美的郊区并带动商业、就业、公共服务郊区化，城市中

---

① SMITH N. The new urban frontier: gentrification and the revanchist city[M]. London: Routledge, 1996.

② HARVEY D. Spaces of global capitalism: towards a theory of uneven geographical development[M]. London: Verso, 2006.

③ 王晨. 中产化驱动的英国城市更新策略研究及经验借鉴——以伦敦金丝雀码头为例[D]. 南京: 南京大学, 2019.

心区面临人口流失、税收锐减、环境破败等一系列危机。自1960年代末开始，美国大城市中心地区出现了令学术界兴奋不已并且争论不休的复兴迹象①②。在1990年代经济衰退过后，大城市中产化呈现出了新面貌，展现出中产化作为一种空间重构机制的巨大力量。纽约是世界经济中心和全球中心城市，中产化进程起步早并且发展历程丰富，对其他城市的中产化发展具有重大借鉴意义。

本节在国内外学者已有研究的基础之上，通过梳理、总结纽约中产化的历程以及各阶段的特征，重点介绍其在1990年代经济危机之后所呈现出的全新面貌，并借此比较中国大城市与纽约的中产化发展背景与特征，探寻纽约中产化对中国大城市高质量发展的启示。

一、纽约城市中产化的阶段特征

（一）零星出现阶段

在1973年经济危机到来之前，全球中产化处于起步阶段，主要具有两方面特征。

第一，中产化现象主要发生在美国东北部和西欧的小社区，整体来看是零星分布的。③早期中产化的主要推动者是被称为"开拓者"的中产阶层，通常包括艺术家、同性恋、学生等社会群体。④他们以低价格购买或者擅自占用内城工薪阶层社区里的破败建筑，并按自己的审美和需求进行修缮和改造，其中纽约曼哈顿的苏荷区（South of Houston Street，SoHo）是最早发生中产化的典型代表。

苏荷区位于纽约曼哈顿岛西南部，原本是一个工业区。二战后中心城市的制造业日渐萎缩，工厂纷纷迁出城市中心，苏荷区留下了大量闲置的铸铁工艺风格厂房，被称为阁楼（loft）。从1960年代早期开始，苏荷区低廉的租金及铸铁建筑宽敞的空间吸引一批批寻求创作空间的年轻艺术家，他们动手将废弃厂房建筑艺术化

---

① 孙群郎，常丹丹.美国内城街区的绅士化运动与城市空间的重构[J].历史研究，2007(2)：135-148+192.

② 常丹丹.美国大都市区中心城市绅士化现象评析[D].长春：东北师范大学，2006.

③ HACKWORTHJ, SMITHN.The changing state of gentrification[J]. Journal of economic andhuman geography, 2001, 92(4): 464-477.

④ LEY D. The new middle class and the remaking of the central city[M]. Oxford: Oxford University Press, 1996.

地改造为集工作与生活于一体的住房。此外，在经历火灾、被查封和拆毁等波折之后，艺术家们通过成立协会等方式争取居住合法化，并挫败了一系列威胁苏荷区生存的政府规划，奠定了苏荷区中产化的基础。由于这些"开拓者"规模较小且经济实力有限，早期的中产化难以发展成大规模空间现象，只是零星出现在内城特定街区。

第二，内城衰败使政府意识到内城旧产业区去投资化的危险，于是认为中产化是"改善内城衰败"的良药。[①]当时，奉行凯恩斯主义的美国政府有强大的能力和意愿干预市场，例如，通过立法解决艺术家在苏荷区的居住合法化问题，[②③]鼓励私人资本购买和修缮内城住宅并提供资金奖励，[④]等等。总体来说，中产化第一阶段中的私人投资者利用房产价值低迷的契机，改造提升内城破败的社区，为新一轮的中产化创造了条件。

（二）迅速扩张阶段

1970年代中期，在激烈的反抗声中，政府不再像之前那样积极支持中产化，而是转向利用带有附加条件的公共政策间接干预中产化。例如，进一步约束开发商的房地产开发行为，从而减缓许多中产化项目的开工速度。1970年代末，市场经济开始恢复活力，中产化也获得前所未有的迅速发展。这时期的中产化已不再局限于纽约这样的全球性城市中，而是进一步扩张到大都市区内的中小城市。到1970年代末，在美国大城市中产化已成为一种普遍现象。城市土地研究学会（Urban Land Institute）的调查报告表明，1975—1979年，在88个人口规模15万以上的中心城市，经历某种程度的中产化的城市比例由65%上升至86%。[⑤]

在纽约大都市内部，第一阶段的中产化进程改善了中心城区原来破败社区的建成环境和文化氛围，吸引了较多中产阶层和富裕阶层"冒险家"（risk takers），即中高收入的管理人员和专业人士。他们看中城市中心区的房屋价格、投资潜力、

---

① HACKWORTH J, SMITH N. The changing state of gentrification[J]. Journal of economic and human geography, 2001, 92(4): 464−477.

② ZUKIN S. Gentrification: culture and capital in the urban core[J]. Annual review of sociology, 1987, 13: 129−147.

③ HULA R C. Rediscovering housing policy[J]. Urban affairs review, 1990, 26(2): 313−319.

④ BEAUREGARD R A. Trajectories of neighborhood change: the case of gentrification[J]. Environment and planning a: economy and space, 1990, 22(7): 855−874.

⑤ BADCOCK B. Unfairly structured cities[M]. Oxford: Basil Blackwell, 1984.

社区文化、建筑风格和地理位置。同时，房地产投机商开始介入城市更新，媒体也开始关注这些地区。这使得房租上涨，造成大多数低收入原住民不得不搬离的窘境。中产化使得贫困居民生活越来越不稳定，进而引发工人群体和低收入群体的激烈反抗。①

　　例如，艺术家在苏荷区的艺术创作活动赋予了它高雅的文化氛围，而艺术家工作和居住的阁楼房则被看作另类居住空间，从而使这种居住模式逐步成为流行的时尚。寻求时尚、刺激的"雅皮士"（yuppies）纷纷慕名前来苏荷区，将之视为另类的生活体验。嗅到金钱味道的富裕阶层和投资者也随之而来，苏荷区从一个衰败的工厂区发展成为世界公认的艺术与时尚潮流中心，画廊和艺术家工作室骤然增多，被冠以"艺术家的苏荷"（Artist's SoHo）、"艺术家的拓殖地"（Artist Colonies）等美誉。1973年，纽约市文物局宣布苏荷区为历史文化保护区，这就意味着禁止在该区进行大规模的改造项目，这样铸铁建筑群也就被完好地保留了下来。虽然该阶段的中产化遭到阻力，但是随着市场活力的复苏，中产化突破第一阶段的零星发展状态，迅速扩张开来。随着人气增长，苏荷区餐饮业、旅游业和时装业也发展起来，形成独特的经济发展模式。这些变化带来的结果是商业氛围日益浓重，房地产价格迅速攀升。具有讽刺意味的是，经济力量超越文化因素，更大规模的资本投入城市中产化改造中，房价与生活费用飞涨导致最早到来的先锋艺术家支付不起苏荷区昂贵的生活费用而纷纷迁走。②③

　　（三）全面推进阶段

　　1990年代初，经济衰退打断中产化平稳推进的步伐，中产化进程减速，甚至许多城市更新项目停滞。在这样的背景下，中产化作为一种空间过程是否会继续存在的问题引起了学界的广泛争论，中产化的空间意义和理论意义也引起了诸多学者的质疑，甚至有学者认为中产化有限的空间意义会消失殆尽。媒体报道和学术研究甚至提出"去中产化"（degentrification）和"后中产化时代"（post-gentrification

　　① SMITH N. The new urban frontier: gentrification and the revanchist city[M]. London: Routledge, 1996.

　　② ZUKIN S. Consuming authenticity: from outposts of difference to means of exclusion[J]. Cultural studies, 2008, 22(5): 724-748.

　　③ ZUKIN S, TRUJILLO V, FRASE P, et al. New retail capital and neighborhood change: boutiques and gentrification in New York City[J]. City & community, 2009, 8(1): 47-64.

era）等宣告中产化发展终结的断言。①然而，随着经济危机的平复，中产化进程在一片争论声中迅速回归，中产化运动以前所未有的势头在美国中心城市中发展开来。主要媒体对中产化改造进行大量的报道，中心城区的社区环境大为改观，在政府部门干预下，房地产开发公司进行大规模的改造与修缮活动，同时金融资本大规模介入，商业开发深入其中。②作为全球城市，纽约成为世界级富豪的投资热土和理想家园，出现了超级中产化现象（super gentrification）③；而城市边缘地区则出现以房地产新建为核心路径的新建中产化现象④。最终，城市居民结构发生更大变化，富裕阶层纷纷迁居到此，底层贫困的原住居民被迫彻底迁离。1993—2000年，美国大约有2.6万个高收入家庭申请贷款，在中产化街区购买住宅。这一阶段中产化呈现出与前两个阶段截然不同的新特征。可以说，中产化过程在1990年代的经济衰退之后进行了自身重组，以一种全新的面貌开始第三阶段的全面推进。

Loretta Lees认为，今天的中产化与20世纪70年代初、80年代末，甚至90年代初的中产化是完全不同的，这一说法得到了广泛认同。Jason Hackworth和Neil Smith以纽约市的中产化历程为主要参照对象，按照不同时期的特征将西方中产化过程分为了五个历史阶段（表3-5）。⑤

表 3-5　纽约城市中产化的主要历史阶段

中产化阶段	时间段	阶段特征	阶段效应
第一阶段 （起步阶段）	1960年代早期— 1973年	空间上零星分布； 政府支持	改造了大量破败社区；为新一轮中产化创造了条件
过渡时期	1973—1978年	经济衰退的过渡期	中产化减速

① LEES L. A reappraisal of gentrification: towards a 'geography of gentrification'[J]. Progress in human geography, 2000, 24(3): 389－408.

② SMITH N. New globalism, new urbanism: gentrification as global urban strategy[J]. Antipode, 2002, 34(3): 427－450.

③ LEES L. Super－gentrification: the case of Brooklyn Heights, New York City[J]. Urban studies, 2003, 40(12), 2487－2509.

④ DAVIDSON M, LEES L. New－build 'gentrification' and London's riverside renaissance[J]. Environment and planning a: economy and space, 2005, 37(7): 1165－1190.

⑤ HACKWORTH J, SMITH N. The changing state of gentrification[J]. Journal of economic and human geography, 2001, 92(4): 464－477.

续　表

中产化阶段	时间段	阶段特征	阶段效应
第二阶段 （锚定阶段）	1978—1988年	快速扩张、不限于大型全球城市、反中产化运动激烈	内城环境质量不断提升；郊区住宅的优势减弱
过渡时期	1988—1993年	经济衰退的过渡期	中产化陷入极大争议之中
第三阶段 （回归阶段）	1993—2000年	迅速回归与蓬勃发展； 自身重组之后具有全新面貌	中产化成为全球城市策略
第四阶段 （蔓延阶段）	2000—2010年	住房金融化、政府支持	更加全面、彻底的中产化；中产化渗透到内城更为边缘、贫困的地区
第五阶段 （加强阶段）	2010年以来	平台资本主义	跨国富裕精英和中产阶层进行全球性住房投资

二、纽约城市中产化的全新面貌

（一）中产化向外扩散与向内填充并行

中产化在城市内部的扩张表现为两方面：一方面是"向外扩散"，即中产化从城市内城核心扩展到原本被认为不可能出现中产化的地区，如城市边缘地区、少数种群聚居地等；另一方面是"向内填充"，即中产化扩张到靠近市中心但是尚未中产化的地区，如政府公共住房社区。[①]在中产化早期，靠近城市CBD的地段经历了高度再投资的过程，一度成为再投资的核心区。因为CBD附近地区不但与白领中产阶级就业的地点相接近，而且还有价格低廉的房屋、别具风格的建筑景观和丰富多彩的文化氛围。但是，在中产化的第三阶段，资本再投资的核心不再集中于内城中心地段，而是集中于城市内环外缘，最后甚至深入衰败最为严重的少数族群聚居区。可以说，中产化的空间扩张导致了内城的土地经济学发生改变，这种现象出现的原因可以归结为城市空间发展的"不均衡性"（图3-8）：经历过数十年的发展，那些投资风险较小的、容易中产化的社区基本实现了中产化，中产化不得不向投资风险相对较高的内城外缘扩展；在内城中心持续再投资和市场的作用下，靠近内城中心的公共住房社区虽然有政府的租金管控，但相对而言变得容易被中产化。

---

① HACKWORTH J. Postrecession gentrification in New York City[J]. Urban affairs review, 2002, 37(6): 815-843.

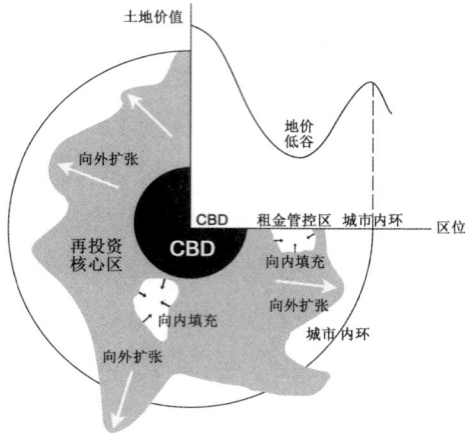

图 3-8　中产化在城市内部的扩张

（二）政府推动方式更为直接主动

在中产化起步阶段，政府通过资金支持、分区改革、支持艺术家的改造活动等措施，积极推动中产化。在第二阶段中，政府放弃了对中产化的直接干预，仅对中产化进行有限的间接干预[①]；而在中产化的第三阶段中，政府的干预变得更为直接主动。例如，纽约的重要中产化推进项目长岛市（Long Island City，LIC）皇后西项目（Queens West Project），其在1982年公布之后，大量房地产开发商都立即表示出了浓厚的兴趣，但是由于该项目中的住宅部分需要抵押贷款才能实施，而当时的城市政府并不愿意为开发商提供这种贷款担保，导致皇后西项目的启动面临诸多阻力[②]。直到1996年，联邦住房管理局（Federal Housing Authority，FHA）给出了第一个针对性的抵押贷款保险，该项目才终于得以推动。另外，在丹波区（Down Under the Manhattan Bridge Overpass，DUMBO）也出现了类似的情况。丹波区的中产化主要是由房地产开发公司垄断推动，获得足够融资是开发商取得纽约州政府支持的前提条件，但由于开发商无法独立获得足够的金融资本，政府便放弃了对该公司的支持。到1990年代，这种情况出现了转机，政府开始支持那些无法获得项目融资的开

---

① HACKWORTH J. Postrecession gentrification in New York City[J]. Urban affairs review, 2002, 37(6): 815-843.

② HACKWORTH J. Inner-city real estate investment, gentrification, and economic recession in New York city[J]. Environment and planning a: economy and space, 2001, 33(5): 863-880.

发商，丹波区中产化也得以推进。

在这个阶段，国家干预回归且变得更加直接有三方面原因：第一，政府越来越多地关注到中产化带来的正面价值和积极效应，开始认识到中产化符合城市发展需要，有助于实现其积极追求的全球城市目标。更突出一点是，中产化即便没有完全振兴城市中央商务区，至少很大程度上延缓了中央商务区的衰退，增加了就业机会，促进了企业集聚，提升了土地和房产价值，维持了地方政府财政税收稳定，改善了衰败破旧的街区环境，极大地提升了城市环境品质。财产价值和住宅自有率的提高、居民成分的变化、社会环境的改善，有利于社会秩序的稳定，同时可以带来犯罪率的大幅度下降。第二，联邦政府持续的权力下放扩大了地方部门的权力，其无需事先安排好替代住所就可以拆除公共住房；联邦政府对地方政府财政再分配的减少，加大了地方政府的财政压力，为了获取足够的财政收入，许多城市都不得不想尽办法吸引和留住中产阶层[①]。第三，当城市核心区已经实现高度再投资，中产阶层和投资者不得不把目标转向有一定风险的社区。但是，这些社区的中产化投资面临着巨大的财务风险，风险之大甚至超出了个体资本家的能力范畴，因此1990年代的城市政策只有有力地消除开发商的财务担忧，才能够吸引其进行投资。[②]

（三）大型房地产开发商取代小型业主

中产化进程的前两个阶段，更多地是由中产阶层自身推动的，只不过由第一阶段的艺术家等"开拓者"转变成了第二阶段的具有一定经济实力的中产阶层，而在第三阶段中，中产化过程却更多地由大型开发商甚至是跨国集团所推动。例如，艺术家和工匠在1980年代中期开始进入丹波，对其中的工业阁楼进行整修，开始了丹波的中产化；而1990年代初期的经济衰退之后，房地产开发公司却驱逐了这些阁楼里的艺术家，几乎垄断这个社区的中产化开发。该转变很大程度是出于经济结构调整和房地产行业整合的影响：由于受到金融管制放宽、信贷扩张以及核心制造业向房地产转型的影响，房地产市场和金融市场在1980年代进行了实质性整合[③]，整合

---

① HACKWORTH J. Postrecession gentrification in New York City[J]. Urban affairs review, 2002, 37(6): 815−843.

② WYLY E K, HAMMEL D J. Islands of decay in seas of renewal: housing policy and the resurgence of gentrification[J]. Housing policy debate, 1999, 10(4): 711−771.

③ HACKWORTH J. Postrecession gentrification in New York City[J]. Urban affairs review, 2002, 37(6): 815−843.

之后的房地产开发公司变得更加强大。这样强大的大型房地产开发商拥有了更高的抵御风险的能力，在中产化向开发风险较高的边缘地区扩展的过程中，它们能够把握住更多的开发机会。与此相反，小型业主越来越无力承担不断上涨的中产化成本与风险，其生存空间被大大挤压。最终，大型房地产开发商取代小型业主成为中产化的主要市场力量，城市发展政策与资本力量更加深度地联合，大型资本尤其是跨国集团主导城市住房、零售商业、文化、教育、酒店等领域的市场供需，而小微企业在行业愈发垄断化的竞争中艰难生存。

（四）公众反对运动弱化与式微

在1970年代至1980年代，中产化使得原先居住在市中心的工人阶层面临无家可归的危险，他们不得不为了自身权益而奋起反抗，且取得了一定的成效。如克林顿区（Clinton）的居民认为城市重建计划会造成原住民被迫搬离长期生活的社区，于是通过克林顿计划委员会（Clinton Planning Commission，CPC）联合起来反对该规划，并引起了国会议员的注意[①]。最终，纽约市规划委员会（Department of City Planning，DCP）建立了"克林顿特区"，禁止实施可能造成现有居民被迫迁居的规划，原住民迎来了一场"庶民的胜利"。然而，到1980年代末，社区反对组织的反抗活动逐渐开始失去政府的支持，并最终走向了两个不同的方向：一方面，一些社区团体的政治主张和目标超出了政府的接受范围，导致政府与社区团体之间出现对抗，有时甚至会出动警察暴力停止抗议活动，很多反中产化团体在这样巨大的政府压力之下解体；另一方面，一些政治主张较温和的社区团体发展成为社区发展公司，并在一定程度上代替政府履行某些社会职能（如经济适用房的供应等）。[②]可以看出，社区组织已经无法坚定有力地组织反中产化运动了，中产化的反对之声正逐渐弱化。

反中产化运动的弱化可以归结为以下两方面的原因：第一，社区反对团体的政治立场发生了变化，在政府的重压下反中产化团体被迫解散；许多社区反对团体转变为社区发展公司之后，其日常运转很大程度上依赖于政府的资金补贴，财政的脆

---

① HACKWORTH J. Inner-city real estate investment, gentrification, and economic recession in New York city[J]. Environment and planning a: economy and space, 2001, 33(5): 863−880.

② HACKWORTH J. Postrecession gentrification in New York City[J]. Urban affairs review, 2002, 37(6): 815−843.

弱性决定了其不得不依附于政府生存；许多社区团体成员自身是中产化过程的受益者，他们很难继续坚定地反对中产化。第二，内城再投资的空间复合效应导致了中产化反对声的衰弱。由于居住在内城的工薪阶层是中产化过程的主要"受害者"，因此他们是中产化反对运动的主要参与者。在中产化的前两个阶段中，城市核心区的工薪阶层群体规模较大且比较集中，因而反抗运动较有凝聚力，但是随着中产化的推进，城市核心区的工薪阶层越来越少，使得这些团体不能再进行有力的抗争。

因此，每当经济危机过后，中产化便以更加强劲的势头卷土重来。中产化的空间规模、政府推动作用、开发商和金融公司的介入、原住民的反抗方式均出现新的变化，而且这四个方面的变化相互影响、相互强化，最终使得中产化展现出现阶段的崭新面貌。

三、对中国城市更新的启示

纽约中产化产生了一系列三外部效应，如加速产业结构调整、改善城市环境、提升城市空间品质等；但正如所有事物一样，中产化也有其负面性。通过对中产化进行合理的引导，中产化可以成为城市发展的助推力。

（一）审慎选择中产化区位

不同于美国城市不同社会阶层或不同族裔之间的居住隔离问题，中国中产以上阶层群体通常会选择靠近绿地、环境良好的地区居住，而低收入群体不得不居住在衰败的内城或者远离市中心的郊区。[1][2]在经济利益的驱动之下，房地产开发商首先会倾向于选择优区位的社区进行中产化改造，社会空间分异在市场的作用下呈现出愈演愈烈的趋势。纽约中产化的扩张过程说明，虽然中产化在一个城市中的出现具有必然性，但中产化在城市中出现的具体区位却具有一定的偶然性，此时政府的态度与政策在其中扮演着重要角色。因此，为了避免社会分异加剧和城市空间发展失衡，政府应该通过合理的城市空间规划与充分评估，理性审视城市空间的发展趋势，选择合理的中产化区位，引导中产化有序进行。

① 朱喜钢, 周强, 金俭. 城市绅士化与城市更新——以南京为例[J].城市发展研究, 2004(4): 33-37.

② 何深静, 钱俊希, 邓尚昆. 转型期大城市多类绅士化现象探讨——基于广州市六个社区的案例分析[J]. 人文地理, 2011, 26(1): 44-49.

（二）构建更广大的利益共同体

在中产化过程中，地方政府、开发商、金融部门与地产机构等组成的"城市增长联盟"，成为中产化过程中最大的受益者，而外迁的低收入群体往往未受到足够重视。[①]这种理想与现实之间的偏差要求我们必须考虑中产化过程造成的社区居住人口转变的各种可能方式，使制定的相关政策具有可操作性和有效性，保障不同阶层城市居民的利益。但是，市场资本的绝对经济利益导向性决定了其盲目性，政府必须在不损害市场主体应得利益的前提下，对市场行为进行引导和规范，从而使中产化的成果为各方参与主体所共享，以打破"政府+市场"的传统城市增长联盟，建立一种"政府+市场+中产阶层+原住民"的新型利益共同体。

（三）改善弱势群体生存环境

当前，对于中产化的批判主要集中于其造成低收入群体被迫迁居、破坏迁居者的社会关系网络、加剧城市空间隔离等社会层面。[②③]在中产化过程中，被迫迁出的居民的确将遭受多方面的利益损失，低收入群体的城市权利被剥夺，社会公平性被破坏。然而，如果没有发生中产化，底层居民是否就不会被迫迁居？以欧美城市为例，在那些没有发生中产化的街区，住宅由于得不到及时维修而不断破败，导致房产价值不断下降，租金收入逐渐减少，甚至出现租金低于财产税的现象。于是住宅所有者便抛弃住宅，使本就老朽的住宅乃至整个社区更加破败不堪，不再适合居住。研究发现，纽约市每年由于中产化而被迫迁居的住户在1万到4万户之间，每年由于房产遗弃被迫迁居的住户则在3万到6万户，而抛弃房产主要发生在中产化街区以外的非中产化街区[④]，也就是说，这种房产遗弃导致的被迫迁居数量比中产化所导致的更多。因此，导致居民被迫迁居的不是中产化过程本身，而是市场经济的必然规则。

更重要的是，中美两国低收入者迁居的性质可能完全不同。随着中国城镇拆迁

---

① 宋伟轩, 朱喜钢, 吴启焰. 中国中产阶层化过程、特征与评价——以南京为例[J]. 城市规划, 2010, 34(4): 14−20.

② SMITH N. The new urban frontier: gentrification and the revanchist city[M]. London: Routledge, 1996.

③ WYLY E K, HAMMEL D J. Islands of decay in seas of renewal: housing policy and the resurgence of gentrification[J]. Housing policy debate, 1999, 10(4): 711−771.

④ SMITH D P. 'Studentification': the gentrification factory?[M]//ATKINSON R, BRIDGE G. Gentrification in a global context: the new urban colonialism. London: Routledge, 2004: 73−90.

补偿标准的提高和拆迁制度的完善，原住民群体的利益在中产化过程中得到了很大程度的保障。[①]事实上，一部分被拆迁的农村或城镇家庭得到的房屋和财产补偿远超其迁居损失，通过拆迁，这部分低收入群体获得了更好的居住条件。但是，无论被迫迁居是否是中产化过程的直接后果，低收入阶层在中产化过程中处于弱势是不争的事实。在未来的中产化进程中不仅应该注重对弱势群体住房条件的改善，而且还应该关注其就业、教育、就医、养老等多方面公共福祉的保障。政府在建设安置房社区之外，还应该加强对不同收入阶层混合居住的研究，防止社会分异加剧。

第三节　中国中产化的实践模式

一、中国中产化的社会基础与条件

中国大都市是否已经具备了中产化发生、发展的土壤与条件，是判断中国中产化存在真实性的必要前提。本节将之归纳为四个方面。

（一）中产阶层的快速成长

中产阶层的快速成长为中国中产化提供了最重要的土壤。2019年国家统计局局长宁吉喆明确指出：我国中等收入群体的标准是三口之家年收入10万元至50万元。除了收入标准，中等收入群体大都从事脑力劳动，受过良好的教育，有专业知识和较强的职业能力、消费能力，有一定的闲暇，追求生活质量，对其劳动、工作对象有一定的管理权和支配权，有良好的公民、公德意识及相应修养。投行瑞信2015年10月13日《全球财富报告》显示，以美国作为基准并采用国际货币基金组织的购买力计算，中国中产阶级人数已达1.09亿，为全球之冠。根据国家统计局提供的数据，2022年中国中等收入群体规模大约为4亿人。中国已经成为全球中等收入人数最多、规模最大的国家，中等收入人群的数量已达到美国的两倍。按联合国的标准，中国人民的生活已经进入相对殷实富足阶段。

（二）城镇化的快速推进

2000—2015年，中国城镇人口增加超过3.1亿，城镇化率由36.22%提高到

---

① 郑文杰, 朱喜钢, 孙洁. 纽约中产化的历程、特征及对中国大城市的启示[J]. 上海城市规划, 2019(4): 98−103.

49.95%，至2015年，城镇化率已达到56.10%[①]；长三角、珠三角以及部分发达地区的城镇化平均水平已经超过60%；国内一、二线大城市的城镇化率已超过70%，甚至80%，这与20世纪西方发达国家出现中产化时的人口条件十分相似。但中国快速城镇化的背后是低水平、低质量的问题，因此提升城镇化水平，建设更加宜居、宜业的城市环境便成为政府与社会的一致诉求。

（三）全球化的推动作用

加速推进的全球化进程正日益缩小不同国家、城市的地域性差异。随着全球跨国资本的流动，人流、物流、信息流的交换比以往任何时候都更加频繁。全球跨国资本的引进、国际精英阶层的流动进一步刺激了更具国际化的城市生活、工作环境的营造，这导致了中产化更容易在全球化城市蔓延与扩散。[②]在日益激烈的城市竞争中，营造适合全球化投资环境的策略使得各个城市竞相学习与模仿发达国家的经验，以吸引国际资本与人才，发达国家中产化的城市更新形式亦随着全球化进程被国内许多城市复制、模仿。

（四）城市空间的快速更新

2000年后，国内的城市更新改造进入快车道，大片的拆除重建与步行街建设、历史街区保护工程在几乎所有的城市大规模展开，各个城市都在用新鲜的血液为城市的进步和繁荣注入新的动力。但城市更新改造需要一个前提，即不管以何种方式进行，必须能满足市场效益的平衡，否则就难以为继。市场效益直接体现在规划设计上：要么提高密度，要么提升档次，通过房价、房租的转换实现平衡。这一"定律"客观上将"高进低出""富进穷出"的中产化"法则"变成必须"变现"的规划行动。城市的稀缺资源有了新的规划定位并在社会阶层中重新搜索新的买主，城市人地关系的组合亦因此而重新排序。

二、中国中产化实践的表现特征

在全球化语境下，国内中产化现象既出现某些与西方趋同的表征、机制与规律，又具有独特性和复杂性特征。基于对中国大城市社会空间演变的长期研究，以

---

① 中华人民共和国国家统计局. 中国统计年鉴—2016[EB/OL]. [2023-05-19]. http://www.stats. gov.cn/sj/ndsj/2016/indexch.htm.

② 约翰·斯梅尔. 中产阶级文化的起源[M]. 陈勇，译. 上海：上海人民出版社，2006.

及参与城乡规划和政策研究的积累，本节将中国中产化实践的基本表现特征归纳为大都市示范、规划引领和"快餐式植入"三个方面。

（一）大都市示范的中产化

国内学界最早关注到中产化的地区是南京。2004年，朱喜钢等对南京城市更新的研究指出，南京的中产化表现为中高收入阶层不断向城市中心区集聚的社会空间过程，新街口等商业中心繁华地区凭借一流的基础设施、便利的交通成为中产阶层梦寐以求的地方。[1]随后，得益于全运会、青奥会等一系列大事件刺激，政府不仅在城市中心区进行大规模城市更新改造，而且在城市滨水、滨江地段进行集中整治改造，形成一批具有中产化特征的集中居住片区。政府的引导和居民的择居需要，共同成为中产化的主要动力，南京的中产化同城市更新存在时空上的共轭性。[2][3]

北京作为国家首都和全国文化中心，其中产化过程更加突显大事件的推动作用，其中798艺术街区是一个典型。798艺术街区，这个利用20世纪50年代电子厂车间原址打造的工业遗产项目，已被改造成令人耳目一新的艺术家工作坊，吸引了设计、出版、精品家具、演出、时装、酒吧等都市型产业的进入，成为一个世界闻名的文化创意产业集聚区。2003年，798艺术街区被美国《时代周刊》评为全球最有文化标志性的城市艺术中心之一。798艺术街区的示范意义在于，其为全国大中城市的工业遗产保护提供样板。国内许多城市都在打造各自地方版本的"798艺术街区"。

北京南池子胡同与四合院的更新改造则是文化、居住与商业结合的另一类中产化典型。该更新改造利用历史街区独特的文化资源，依靠政府与市场推动，将已经破落的街区变成文化景观型的高端居住区。尽管区域内原有的1076户居民只有300户回迁，但是由于拆迁安置的政策制定和执行比较到位，原住民以及社会整体反应良好。[4]

上海是中国中产化表现最为突出的城市，从居住中产化到商业中产化都走在国

---

① 朱喜钢, 周强, 金俭. 城市绅士化与城市更新——以南京为例[J]. 城市发展研究, 2004(4): 33-37.

② 宋伟轩, 朱喜钢, 吴启焰. 中国中产阶层化过程、特征与评价——以南京为例[J]. 城市规划, 2010, 34(4): 14-20.

③ 吴启焰, 罗艳. 中西方城市中产阶级化的对比研究[J]. 城市规划, 2007(8): 30-35.

④ 周敏, 林凯旋, 黄亚平. 我国城市更新中的绅士化运动反思[J]. 规划师, 2013, 29(12): 116-120.

内的前列。上海新天地与田子坊是两个典型的中产化街区，不仅成为中产化上海模式的重要标杆，而且分别带动了周围其他区域的中产化发展。这其中，政府对基础设施的大力投资和改善、各种产权归属的界定和解决等，都为中产化的发展提供了良好的条件。[①]

广州的中产化形式多样，包括由艺术家充当先锋对城郊的村庄进行升级改造、废弃工业用地的更新利用、岭南特色传统民居建筑的修缮和复兴、大学城周边的学生化现象。虽然上述中产化产生的机制和动力各不相同，但都与快速的城镇化密切相关，折射出广州中产化的特殊性。[②③]

除一线城市外，中国内陆城市包括西部地区城市亦出现了中产化。成都望江楼滨水片区、建设路东部工业片区以及宽窄巷子是典型的中产化街区[④]。毫无疑问，大都市的先行先试为中产化在全国的扩散起到了示范作用。

（二）规划引领的中产化

2000—2015年是中国城市规划的黄金时期，中产化的理念与空间模式正是在这一时期获得了中国本土化的发展。由各类规划设计产生的中产化空间"产品"已经遍布全国的大中甚至小城市，并且呈现出随规划设计水平的提高而升级的趋势。从各类步行街、步行区到各种城市文化创意产业区以及各地所谓的高档居住区等，其共同的中产化特征是地域文化与现代时尚的混搭，"穷出富进"（人群）与"低出高进"（产业）相伴，成为各地体现现代、时尚、特色的城市新地标。

（三）"快餐式植入"的中产化

虽然各地的中产化实践因为城市与区域的发展水平与阶段不同，呈现不同类型的多样性与差异性，但总体的同质性特征仍然清晰。以英国伦敦为标志的西方国家中产化特征是对城市"锈带"地区以及少数中心区衰败的"回填"，其缓慢过程呈现明显的阶段性：初期的中产阶层潜入，低收入者开始搬迁；中期高收入者增多，

① WANG S W. Commercial gentrification and entrepreneurial governance in Shanghai: a case study of Taikang Road creative cluster [J]. Urban policy and research, 2011, 29(4): 363–380.

② 何深静，钱俊希，邓尚昆. 转型期大城市多类绅士化现象探讨——基于广州市六个社区的案例分析[J]. 人文地理, 2011, 26(1): 44–49.

③ 何深静，钱俊希，徐雨璇，等. 快速城市化背景下乡村绅士化的时空演变特征[J]. 地理学报, 2012, 67(8): 1044–1056.

④ 黄幸，杨永春. 中西方绅士化研究进展及其对我国城市规划的启示[J]. 国际城市规划, 2012, 27(2): 54–60.

房价飙升，涓滴效应蔓延；后期低收入者迁出社区，中产化基本完成。很显然，中国的中产化并没有西方的这一"涓滴"与"蔓延"的阶段性特征，从这个意义说，中国实际上不存在西方传统的渐进式中产化。

中国快速的城镇化与城市发展压缩了中产化的进程，造就了"快餐"中产化的时空特征。这种快节奏是通过城市大面积的拆迁与规模性的房地产开发完成的，中产化的周期阶段性被楼盘的建设、销售、入住过程所替代，省去了逐渐"侵入"与缓慢退出的必要程序性，这种"开发型"或者"工厂型"的中产化社区，其物质空间与社会空间的重构过程如同城镇化进程中的其他空间生产一样，可以在没有自组织机制的参与下被快速生产与复制，并在有序的组织下"一夜间"完成。因此，相对于西方的自组织中产化，国内的新建中产化、规划中产化或、组织中产化是典型的空间生产中的"快餐"。毋肩置疑，中国的中产化已经变成快速推进城镇化的重要组成部分，成为提升城镇化水平的一种现代性建构，其基本属性仍然是城镇化，是"城镇化的中产化"。

三、中国中产化的推进模式

与城镇化的大张旗鼓和铺天盖地的文件与宣传不同，中产化至今仍然是一朵"羞答答的玫瑰"。要了解中产化是如何在中国特殊的制度环境下推进的，可以从中产化的驱动机制与空间模式入手，进一步理解中国中产化实践的特殊性。

（一）政府+市场的合力机制

在西方，尽管中产化也存在差异，但多元驱动、交互作用是其产生与发展的共同语境，具体表现为：中心区衰败后再城市化的诉求；中心区环境的改善，助推城镇就业机会的增多；家庭结构的多元化和小型化；郊区化带来的通勤成本的增加；等等。显然，除了再城市化的诉求以及郊区化带来的通勤成本的增加在中国尚不明显外，其他的要素基本相同，而这恰恰体现了中产化在中西方不同城市发展阶段上的差别。在中国，尽管并没有哪一个城市明确要实施中产化战略，但中产化的直接推手与城镇化的动力机制完全相同，即政府主导的自上而下与市场为辅的自下而上的合力机制。在城市竞争与城市经营的战略中，主动的城市更新是地方政府实现GDP增长、完成政绩考核的重要抓手。在土地有偿使用和财政分权的制度框架下，土地财政是政府建设资金的重要来源，新区、新城开发和旧城更新成为土地财政落实的两个抓手。受制于国家严格的土地控制指标以及耕地保护制度，包括城中村改造在内的城市更新等，常常被地方政府列为政绩工程。[1]一轮又一轮的城市规划将决策层的意志赋于建设的蓝图，推倒重来、腾笼换鸟，出让土地成为地方政府实现政治目标与获得建设资金最干脆便捷的手段。

与此相伴的是，中国的市场化在不断推进，计划时代的福利房制度的终结与市场化改革，将市场机制催生的房地产开发商推向了城市更新建设的前台。当政府意图与市场诉求一致时，两者就构成了左右城市建设的发展联盟，共同打造起城市更新改造的平台，速成了中产化发生、发展的物质载体。政府与市场成为中产化最重要的供给方和推动方。

（二）存量+增量的空间载体

在西方，不管是旧城改造还是城市更新，其发生的地点大都处于城市中心区位。地价的不断增值，为改造与再开发提供了级差地租。交通便利与环境较好的地区通常是高房价、高物业管理费和高生活成本的所在地，市场的筛选效应不仅过滤了低收入者，亦过滤了城市的低端产业。

发展机制的特殊性决定了中国中产化存量和增量同时存在的空间载体。城市更新是对存量空间的再改造工程，虽然因拆迁量大、矛盾多而成为政府的"烫手山芋"，但因区位、交通、人气等的优势，一直受到市场积极的回应。与工业项目靠税收获得效益的长周期不同，房地产住宅项目的投资回报具有"短平快"的优势，这恰恰与政府决策层执政周期短的特点吻合。因此，掌控主导权和决定权的地方政府甚至可以在不考虑原住民意愿的前提下与开发商直接牵手，原住民外迁与中产阶层入内的方式与过程变得简单而又暴力，这种中产化实现的"短平快"效果，成就了中国中产化存量变增量的特征。

与城市更新相比，大城市新区、新城等增量空间的扩张更加势不可挡。中国城镇化"推进模式"最重要的空间载体是新建开发区、城市新区、新城以及城市扩张等。[2]增量空间的开发与存量改造相比，具有拆迁少、见效快、成规模的特点，

---

① 何深静, 刘玉亭. 市场转轨时期中国城市绅士化现象的机制与效应研究[J]. 地理科学, 2010, 30(4): 496-502.

② 李强, 陈宇琳, 刘精明. 中国城镇化"推进模式"研究[J]. 中国社会科学, 2012(7): 82-100+204-205.

因此成为地方政府最主要的二地财政收入来源。相比之下，山水景观资源、交通便利区位、地铁站点、高速路口等优区位空间，更能吸引开发投资的热情与市场的关注。城郊区域相对低密度的住房除了吸引一些富裕阶层的入住外，也受到中产阶层的青睐，新城、新区优美的环境、适中的房价、宽敞的住房、现代的建筑景观，与迅速增长的中产阶层的经济收入与文化品位获得了物质与精神上相匹配的默契。开发商的宣传、城市基础设施与公共设施的跟进，尤其是中小学、幼儿园的名校、名园在新城、新区的连锁分校、分园建设以及大医院分院的设立，更加提升了新城、新区宜居的环境，促进其成为中国中产化发生、发展的另一个重要空间载体。

（三）优区位+封闭社区的"标配"

西方中产化在空间区位的选择上，并没有地域区位的特别偏好，许多城市的中心区也并非真正的优区位，中产化初期中产阶层回到中心区的动机也并非完全是区位的考虑。而封闭社区在西方一直存在争议，许多城市并没有真正的封闭社区。

在中国，上述存量更新与增量扩张基本上都是以"优区位封闭社区"的路径完成了中产化的"标配"。由于规划设计的定位与市场的筛选效应已经将阶层化、标签化的预设直接注入了封闭社区的建设，于是各种定位与标签的居住区——高档小区、中低档小区普通商品房、经济适用房、农民安置房等显示阶层等级身份的不同社区类型，分别在不同的区位与房价上获得了自己的坐标。城市中心区因区位优越、房价较高，排斥了较低档次的封闭社区；城市新城、新区那些交通便捷、环境优美，尤其是山清水秀的地区，屏蔽了一般中低档封闭社区出现的可能。一个又一个标示身份的"花园""美墅"门禁社区在城市更新后的中心区以及近郊新城、新区的优区位地区如雨后春笋般涌现，将一部分中产阶层定格其中。居住中产化如此，商业中产化、旅游中产化也不例外，无论是上海的新天地、田子坊，还是北京的南池子胡同，都是老城中心的优区位。

政府+市场、存量+增量、优区位+封闭社区作为中国中产化实践推进的范式有着深刻的社会基础，尽管存在严重缺陷，但是缺少社会公众参与的城市增长机制获得了比发达国家更有效率的速度，强势的政府意志覆盖并代替了公众参差不齐的个性诉求，获得了时间上的优势。大拆大建所带来的空间重构给了社会阶层地域划界与空间分异新的契机，住房市场的"筛子"又及时地过滤并重新定格了社会不同种群阶层的居住空间。城镇化与郊区化同步效应造就了增量扩展与存量改造的时空叠加与复合，并成功地延伸了城镇化与郊区化所带来的社会、经济、文化及空间的"链"式效应。与富裕阶层、贫困阶层相比，中产阶层对优区位的偏好更加明显，中高档封闭社区已成为彰显其成功的物质标签。尽管表达的是中产阶层的价值理念、文化品位等群体个性，但客观上影响并主导了城市的规划决策及空间消费观念，推波助澜了城市的增量扩张与存量更新。

四、中国"规划（组织）中产化"的特殊意义

城市发展的规律告诉我们，城市是有机的社会生态系统，是由内在的秩序性与结构稳定性支撑的。一旦社会的生态系统被破坏，城市的发展就受到威胁，而维持这一社会生态系统的重要条件就是城市空间资源在社会各阶层中的合理配置。中国城镇化阶段的"规划中产化"，实际上是一种对过程而非结果的人地资源关系的合理性调整与配置的提前干预，这种理想主义性质的空间干预是土地公有制的制度性"红利"，与西方国家土地私有制下的规划干预能力相比，这是一种相对容易的快速、高效、低成本的社会变迁。没有中产化的发展，城镇化有可能在低水平阶段止步于"中等收入陷阱"。中国的中产化至少在一定时空象限内减少了西方式的"内城—郊区—内城"来回流动折返的"折腾"，从而保持城市长期稳定（表3-6）。

表3-6　中西方中产化的特征比较

	西方	中国
起始时间	20世纪60年代	21世纪初
发展阶段	75%—80%城镇化率，后郊区缓慢期	40%—50%城镇化率，城镇化迅速期
缘由	城市空心化→返城运动	中心区功能提升与更新改造
机制与过程	自组织中产化 市场主导，政府引导	规划（组织）中产化 不完全市场经济，政府主导
邻里替代	逐步渗入	空间植入，成片更替
周期性	长周期	瞬时性
空间模式	存量街区→新建社区	存量+增量，优区位+封闭社区
发展形式	住宅中产化→商业中产化、旅游中产化→乡村中产化	商业中产化、居住中产化等多元同时推进

五、中产化中国实践范式的转换与重构

（一）组织中产化向自组织中产化的转换

加速推进的全球化进程显示出国内少数城市的中产化与发达国家中产化的同构趋势，即由组织（规划）中产化向自组织中产化演进与转换。[①]上海是中国城市发展水平最高的城市，也是全球化进程最快的都会。正在形成中的上海中央商务区的"英语圈"、周围的"普通话圈"、外围的"本地话圈"的阶层重构的形态，引起了社会的关注。其中，核心商务区的"英语圈"实际是国际资本与国际精英阶层不断"渗透""侵入"的重要佐证，也是上海承担国际金融中心功能的空间表征。这种由中产阶层，尤其是其中的外籍人士，包括金融、保险、科技、文教等社会精英自主选择、逐步渗入并集聚的西方式自组织中产化，是"上海模式"不同于其他城市的重要标志。随着都市化进程的加快，有别于"上海模式"的"北京模式""南京模式""广州模式"等各类地域性的自组织中产化空间模式，正显示出日益增多的趋势，表明全球化进程以及城市自身的发展水平与自组织中产化之间存在一定的相关性。

受全球化的冲击与挤压，中小城市因受资源、人才等发展要素的袭夺，有可能进一步边缘化，成为全球化的牺牲者。在这些城市中，中产化的发展进程仍将保留其原有的路径与格局，显示其与西方中产化不同的特征。由于区域发展的不平衡性，东、中、西部存在明显的发展梯度，因此不可避免地影响城市的中产化进程，并在不同发展梯度的城市出现相异的实践范式。换言之，尽管随着全球化对中国中产化的影响作用不断加强，中国中产化逐步与国际并轨的同构性亦将日益增强，但城市发展水平的不平衡仍将使'城镇化的中产化"与"后城镇化的中产化"、"快餐"中产化与"渐进、渗透"中产化多元并存，这为中国中产化的全景扫描与多维透视提供了实验室般的绝佳场所与契机，无疑有助于建构完整的中国城镇化与中产化路径的关系模式，并且在不远的将来为世界传递可资借鉴的"中国样板"以及"中国方案"。

（二）中产化的实践发展与范式重构

经济发展方式的转型与城市产业结构的调整，使中高速发展成为新常态；法治

---

① 朱喜钢. 中产化的中国实践与启示[J]. 中国社会科学（内部文稿），2016(4): 131–145.

化、民主化制度的健全，使得地方政府强干预的管治模式正在发生革命性改变，政府变"小"变"弱"、公众变"大"变"强"的转换彻底结束长期以来"大政府、小社会"的历史。随着社会公众话语权的增大，城市增长联盟已悄然变成了"政府+市场+公众"，服务型政府的理性回归亦改变了中产化的路径依赖。无论是增量土地的出让还是存量土地的再开发，均受到市场、公众及政策等的约束，大规模的存量拆迁改造大幅度减少，新区、新城增量空间的建设开始紧缩，这客观上压缩了"规划中产化""组织中产化"的载体空间。新一轮的上海城市总体规划明确提出，要以品质发展代替粗放增长，以紧缩规模抑制空间扩张，不再新增用地指标；深圳从2012年开始，制定了公众参与的强制性法规条例，规范大拆大建的粗暴行为。特别需要关注的是，中央政府提出的关于推广街区制、原则上不再建设封闭社区的有关规定，这一政策导向将直接改变中产化的实践范式，意味着片区型集中式"植入"的"组织中产化"空间迅速增长的势头将被遏制，以封闭社区为载体的中产化空间将进行街区制模式的重构。所有这些虽不能证明中国"快餐式"中产化实践范式的彻底终止，但由于中产化实现的背景机制与物质基础发生了重大改变，中产化中国实践范式转换的拐点已经出现。

实际上，影响中产化范式重构的重要基础还包括中国中产化在整个城乡社会空间的"泛在化"趋势以及所产生的社会效应。随着城市中产阶层规模的迅速扩张，中国中产化的升级与泛在化步伐日益表现出多元化与多样化趋势——商业中产化与旅游中产化是伴随居住中产化发生、发展最突出的"设施中产化"现象，属于居住中产化的配套工程。如果说南京的1912街区是中国商业中产化1.0版本的话，南京的老门东显然是2.0的升级版，其特征是进一步迎合城市中产阶层的"小资情调"与个性化需求，打造具有浓烈地方文化特色的"商业+旅游"的中产化空间场所。南京的样板性不仅赢得了国内其他大城市的效仿，也引起了中小城市学习的兴趣，扩散效应持续升温。

相似的情形也出现在部分乡村。南京的不老村是都市乡村中产化的一个典型。这个位于江北老山脚下的小村庄因山清水秀的环境而引起了政府与开发商的兴趣，更因为其将时尚文化与农耕文化成功地嫁接，吸引了城市中产阶层的关注。借助于互联网，不老村的业态定位为新型的乡村居住与创意产业、休闲产业的结合。与早期的农家乐相比，各种升级版的农家乐正以乡村中产化的模式成为推动美丽乡村建设的新时尚。浙江的桐庐、莫干山，上海的崇明岛，南京的江宁、浦口，广州周围地区等，涌现了一批形态各异、业态多元的中产化村落。这些利用空心化村庄改造建设的空间场所为推进城镇化、发展乡村旅游、解决当地农民就业乃至于精准扶贫找到了新的出路。部分中产阶层的返乡行为不仅为资本的下乡提供了机会，而且激活了农村宅基地的流转以及乡村资源的开发。显然，农民进城的城镇化与中产阶层出城的中产化现象在资本"传输带"上双向流动，为城乡融合增加了新的通道，成为发达地区城乡新的社会空间景观。这一城乡阶层迁徙的"换人"模式实际上已显现出欧美国家后城市化阶段的一些特征，提前到来的乡村中产化所引发的讨论涉及了城乡土地二元的制度性框架，是当下新产生的社会关注焦点。

教育中产化[①]、学区中产化是这些愈演愈烈的社会现象，虽然一直存在激烈的争议，但无论哪个城市至今都未寻找到有效的遏制办法，相反，这一现象已经从大城市蔓延至中小城市甚至县城。在优质教育资源似乎永远匮乏的情况下，人们难以在全社会提供无差别的机会选择。与此相关的是，城市中业已形成的各种阶层的"同质性"社会交往圈，自发形成的各类文化圈、学区圈，以及在城郊乡村出现的画家圈、名人圈等，呈现出渐进式的"潜入"中产化现象。[②]这种由"被组织"向"自组织"行为的转变，预示着中国中产阶层与城乡发展的互动关系发生了改变，既是两者共同成长、走向成熟的见证，亦是新常态下中产化实践范式重构的重要转折。

---

① 陈培阳. 转型期中国城市学区绅士化研究——以南京为例[D]. 南京: 南京大学, 2013.
② 保罗·福塞尔. 格调[M]. 梁丽真, 乐涛, 石涛, 译. 北京: 世界图书出版公司北京公司, 2011.

中篇　中产化实证研究

第四章　乡村振兴与乡村中产化

第一节　中产化乡村的景观重构

一、乡村景观重构趋势与特征

随着中国城镇化进入"下半场"，大城市发展的诸多问题逐渐暴露，与城市生活方式迥异的乡村重新回归大众视线。乡村被认为是优美的风景画，蜿蜒的山体、阡陌的农田、果木桑麻、牛畜成群、牧童欢歌，一切乡村景观都会使人收获审美的享受和精神的愉悦。在乡村建设和旅游的发展推动下，资本下乡改造乡村原有物质景观环境并创造新的价值。铺天盖地的广告画面将乡村精心打造成一个"安宁、自由且与世无争的世外桃源"形象，并指向一种"有闲"阶层的唯美化生活方式，通过视觉感官激活城市中产阶层内心深埋的"乡愁"。乡村日益成为城市新的消费空间，"花海经济"的崛起则是乡村视觉消费的典型代表。在图像的魔力与规劝之下，乡村的物质景观、社会形态也愈发迎合中产阶层的消费偏好和主流媒介所呈现的乡村形象。可以说，乡村景观重构与中产阶层的视觉消费形成复杂的双向互动关系。城市中产阶层对视觉快感和对"有闲"阶层唯美生活的狂热追求，让乡村得以凭借其自然生态和传统文化的审美价值在文化商品化浪潮中异军突起，成为乡村振兴的新增长点。

但是，乡村景观究竟如何被重构？有关乡村的视觉图像如何再现和影响乡村景观的重构过程？不同的观众对于乡村景观的感知是什么？乡村中产化过程中景观生产结果如何？乡村规划设计如何利用图像符号学表征来进行有效的乡村景观实践？这些问题鲜被深入研究。本节从图像这一媒介地理学的分析视角出发，旨在希望借此突破传统中产化研究中"弱介质化"问题，揭示当下中国乡村中产化进程中乡村景观的重构特征和观众的体验差异，并在此基础上剖析景观生产的机制和乡村规划的响应策略。

（一）乡村景观重构

19世纪初，德国著名地理学家洪堡（Alexander von Humboldt）将景观（landscape）概念引入地理学，他认为景观是地球外部看得见的表面在人们内心引起的视觉上的感受。[①]这一观点最早阐明景观具有物质性与观念性的两重特性。同时，洪堡提出将景观作为地理学的中心问题，探索由原始自然景观变成人类文化景观的过程。Theano S. Terkenli提出景观研究包括三个层次，即视觉（visual aspect）、感知（cognitive aspect）和经验（experiential aspect）。视觉代表景观的形态，主要涉及形态学、美学和地理学空间分析；感知代表景观的内涵，以符号语言学、心理学的解释为主；经验代表景观的功能，可借鉴行为学、经济学和人文主义等学科的理论与方法进行研究。[②]景观不仅是一种地理上的自然风貌，而且是一种反映社会的文化、信仰、实践和技术。[③]它是我们解读现实世界的重要文本，是现实社会非现实的核心。

乡村景观是指乡村地域范围内特殊政治、经济、地理环境与社会结构的外在视觉表现，是人通过主观观察的构成意象及主观构成意象所表现出的符号和方式。[④]因此，乡村景观既具有地域特色性，也具有景观文化性、风景性与观赏性。自然田园风光是乡村景观中最主要的构成部分，也是乡村旅游景区建设的基础。[⑤][⑥]乡村景观重构又称为乡村景观变迁，具有持续性与突变性两大特征。一方面，乡村景观内部由于地理区位、自然环境及社会经济背景的不同，进行多种多样的变化，体现

---

① 江源, 康慕谊, 黄永梅, 等. 植物地理学[M]. 5版.北京: 高等教育出版社, 2020.

② TERKENLIT S. Towards a theory of landscape: the Aegean landscape as a cultural image[J]. Landscape and urban planning, 2001, 57(3−4): 197−208.

③ 邵培仁, 杨丽萍. 媒介地理学：媒介作为文化图景的研究[M]. 北京: 中国传媒大学出版社, 2010.

④ 范建红, 魏成, 李松志. 乡村景观的概念内涵与发展研究[J]. 热带地理, 2009, 29(3): 285−289+306.

⑤ 韩丽, 段致辉. 乡村旅游开发初探[J]. 地域研究与开发, 2000(4): 87−89.

⑥ 刘滨谊. 人类聚居环境学引论[J]. 城市规划汇刊, 1996(4): 5−11+65.

出多样化和差异化特征；另一方面，乡村景观又深受外部社会经济背景的影响，因而在技术跃迁、社会突变等特殊时期呈现出一种跳跃式变迁。有研究认为，近代以来，中国乡村共经历了两次突变，第一次是由农耕社会的生存生态型乡村景观向工业社会的现代商品生产型乡村景观的变迁，第二次则是转向了后生产主义社会商品消费型与生产型共存的乡村景观变迁（表4-1）。[①]

表 4-1　乡村景观重构的两个阶段

	阶段	景观重构特征	乡村转型特征	社会背景	理论思潮
第一次突变（1950—1980）	商品生产型乡村景观	机械化农业生产景观，工业化带来的景观破碎	生产主义乡村：农业现代化	二战后经济复苏，追求产业化和高强度的农业生产；经济全球化	现代主义、农业政治经济学
第二次突变（1980—今）	商品消费型与生产型共存的乡村景观	景观"园林"化；符号化；景观遗产意识建立	后生产主义乡村：去农业化，消费功能增长，去地方化	城市郊区化；资本主义全球化向纵深发展；消费社会的到来；价值观念变迁，如乡村田园梦；环保主义	乡村转型理论、后现代文化社会学

在农业景观方面，有研究利用1980年以来17年的卫星航拍图分析了加拿大魁北克南部地区的乡村景观演变过程。[②]Palang、Mander和Luud通过对不同历史阶段的土地利用数据、历史地图以及卫星航拍图进行分析，发现在过去十几年里，乡村的土地利用发生了巨大的变迁，但是乡村景观的多样性并未发生明显的改变。[③]Guido和Guy通过实证研究发现，城市人口向乡村迁移带来了消费经济，使得乡村聚落产生了一系列新的形态和功能，如休闲、教育、旅游、娱乐等空间。[④]乡村传统文化、

---

① 房艳刚，刘继生. 理想类型叙事视角下的乡村景观变迁与优化策略[J]. 地理学报，2012，67(10): 1399-1410.

② PAQUETTE S, DOMON G. Trends in rural landscape development and sociodemographic recomposition in southern Quebec (Canada)[J]. Landscape and urban planning, 2001, 55(4): 215-238.

③ PALANG H, MANDER Ü, LUUD A. Landscape diversity changes in Estonia[J]. Landscape and urban planning, 1998, 41(3-4): 163-169.

④ VAN HUYLENBROECKG, DURAND G. Multifunctional agriculture: a new paradigm for European agriculture and rural development[M]Aldershot: Ashgate Press, 2003: 22.

乡村政策、经济结构、社会结构、人口密度以及农业技术是影响乡村景观变化最主要的人文因素。从主观感知角度看，由于生活背景、观察视角的不同，即使面对相同的景观，不同的观众也会产生不同的印象，因此景观研究必须重视人的景观感知与体验过程。Brush、Chenoweth和Barman选择6组不同的人群开展调查研究，发现人地关系、景观类型、乡村知识和人们的乡村景观感知有着非常密切的联系。[①]

虽然当前中国广大乡村地区正在经历与西方类似的转型重构过程，但是乡村景观的重构研究在中国却仍是一个比较新的研究领域。乡村景观变迁一直被认为是乡村生态演变的自然现象，未能得到足够的关注。直到近年，乡村景观重构议题才逐渐受到多元学科如地理学、社会学等社会科学以及城市规划、建筑学等工程类学科的关注。在国内，该领域的研究基本可以分为两大类：一类是以物质景观为研究对象，通过RS、GIS等技术与景观格局软件进行计算与分析，例如付梅臣等人对矿区农田景观的现状格局、演变过程及重建机制进行了剖析研究[②③]，车生泉从景观的多样性、空间格局和廊道效应角度出发，分析乡村景观的生态格局[④]；另一大类聚焦于文化景观，通过具体的案例分析在城市化及消费主义等多元背景下乡村人文景观的变迁，如邓明艳等人研究了旅游引发的乡村生活景观、聚落景观以及经济景观的巨大变迁[⑤]。

也有研究认为，自然力与人类活动、城市化外部驱动力与农村自我发展内生动力、市场动力与国家政策和空间规划等力量，均是影响乡村景观重构的重要因素。[⑥⑦]武静认为，自然环境、社会经济环境、社会文化环境等方面的变迁，造成了乡村的景观变迁。[⑧]此外，随着乡村旅游的兴起，学者也开始关注乡村景观感知

① BRUSH R, CHENOWETH RE, BARMAN T. Group differences in the enjoyability of driving through rural landscapes[J]. Landscape and urban planning, 2000, 47(1−2): 39−45.

② 付梅臣,胡振琪,吴淦国.农田景观格局演变规律分析[J].农业工程学报,2005(6): 54−58.

③ 曾磊,付梅臣.兖州矿区复垦农田景观格局演变过程研究[J].煤炭学报,2004(3): 303−307.

④ 车生泉.城乡一体化过程中的景观生态格局分析[J].农业现代化研究,1999(3): 13−16.

⑤ 邓明艳,曾菊新,余斌,等.旅游发展背景下乡村景观格局变迁与优化[J].生态经济,2010(2): 82−86+97.

⑥ 张富刚,刘彦随.中国区域农村发展动力机制及其发展模式[J].地理学报,2008(2): 115−122.

⑦ 周国华,贺艳华,唐承丽,等.中国农村聚居演变的驱动机制及态势分析[J].地理学报,2011, 66(4): 515−524.

⑧ 武静.鄂西纳水溪古村落景观及其变迁研究[D].武汉:华中农业大学,2008.

与体验。汪芳通过对旅游地地方因子的调查与测量，归纳游客的景观感知与地方感构建的规律。[1]张英云等人利用问卷调查结果，构建了乡村景观各要素的重要性排名，认为乡村自然景观是最重要的景观要素，其次是文化景观，而工业景观则显得无足轻重。[2]而李薇发现，游客对乡土的认知是以精神享受以及自然田园景观的视觉消费为核心，文化与民俗景观并不重要。[3]

（二）乡村景观审美化

乡村中产化带来乡村物质景观、经济形态、社会结构和文化景观的全面变迁。学者们从后生产主义（post-productivism）的乡村重构角度出发，认为乡村中产化是乡村资源及空间的重构和再生产的过程，这使得曾被视为效益低下的乡村资源和空间环境通过多样化利用，价值得到了提高。中产阶层迁往乡村的原因不仅包括原生态的自然田园环境，也包括一种对小型的乡村社区的自然、质朴的生活方式与社会交往方式的喜爱[4][5][6]，乡村审美方式的应用正是在回应这种中产阶层对乡村生活方式的想象[7][8]。艺术的手段被运用于乡村景观规划与设计之中，通过对地方象征意义与文化内涵的想象与建构，人为地放大城市与乡村在文化意义上的区别，使得乡村空间景观与乡村生活方式被审美化，逐渐演变成一种符号表征。换句话说，美学在乡村中产化的过程中被操纵成商品的主要形式和价值，从而回应中产阶层对乡村生

---

① 汪芳，黄晓辉，俞曦. 旅游地地方感的游客认知研究[J]. 地理学报, 2009, 64(10): 1267−1277.

② 张英云. 基于游客感知的乡村景观休闲价值研究——以北京石城镇捧河岩村为例[D]. 北京: 北京林业大学, 2013.

③ 李薇. 历史村落的乡土景观建设研究——以婺源李坑、晓起为例[D]. 北京: 北京林业大学, 2014.

④ PHILLIPS M. Differential productions of rural gentrification: illustrations from North and South Norfolk[J]. Geoforum, 2005, 36(4): 477−494.

⑤ HINES J D. Rural gentrification as permanent tourism: the creation of the'New' West Archipelago as postindustrial cultural space[J]. Environment and planning d: society and space, 2010, 28(3): 509−525.

⑥ HINES J D. The post−industrial regime of production/consumption and the rural gentrification of the New West Archipelago[J]. Antipode, 2012, 44(1): 74−97.

⑦ LEY D. Liberal ideology and the postindustrial city[J]. Annals of the association of American Geographers, 2010, 70(2): 238−258.

⑧ WARDE A. Gentrification as consumption: issues of class and gender[J]. Environment and planning d: society and space, 1991, 9(2): 223−232.

活方式的消费需求。①Darling则认为资本对于乡村的再投资不仅是对聚落物质景观的修缮，更重要的是在利用原生态环境满足中产阶层对乡村的景观和生活方式的消费，从而实现利益最大化。②因此，乡村旅游经济的核心是一种审美和体验化的经济，是对乡村的自然环境与象征意义的消费。

在乡村振兴战略推动下，乡村转型与中产化现象引起学者的广泛关注，并形成"特征—机制—效应"的研究范式。但是，乡村中产化研究的整体脉络都存在着弱介质化问题。在乡村中产化的特征研究方面，现有研究更倾向于通过社会结构和经济方式的变迁特征来界定中产化现象，而物质景观和文化景观的变迁不仅被置于研究的边缘，更被认为是社会经济结构变迁所带来的结果或附带影响。景观这一介质所具备的审美价值和象征价值，沟通了中产阶层的消费偏好与资本的投机方式，从而提供了解释乡村中产化何以发生的新角度。

图像是一种真实呈现的解码景观的重要媒介，同时也是一种视觉符号，不仅暗示其在表征过程中被赋予的社会、政治、文化意义，而且在整个生产—传播—接受—再生产过程中具有一种构建力量。正是通过这些视觉符号表征的复杂实践，一方面，图像宣告许多隐而不显的体制、行为、意识形态和价值观；另一方面，图像又再生产出相应的社会结构和社会关系。因此，图像不再是景观的真实透视，而是社会群体对空间秩序和景观的塑造，是进行空间建构和表征权力与认同的过程，是观众将景观感知内化后再创造的过程。此外，随着视觉文化的崛起，图像引领着消费的审美化和视觉化。③图像一手主导美学与文化对于经济价值的转换，并通过视觉的强大说服力不断地强化这一文化商品的经济逻辑，进而成为商品价值的引导工具。当商品的审美价值和象征价值超越实际的使用价值而成为生产消费的核心，"美"就不再是物质世界的"酥皮"，景观也不再是单纯的物质空间的外在形态和装饰，而变成具有强大经济潜力与价值的可视化资源。最终，一切事物的外观都趋于追求美与风格化。

正如Hines和Phillps在试图弥合生产端和消费端的理论对立时所指出的，乡村中

---

① MILLS C A. "Life on the upslope": the postmodern landscape of gentrification[J]. Environment and planning d: society and space, 1988, 6(2): 169−190.

② DARLING E. The city in the country: wilderness gentrification and the rent gap[J]. Environment and planning a: economy and space, 2005, 37(6): 1015−1032.

③ 周宪. 视觉文化与消费社会[J]. 福建论坛（人文社会科学版），2001(2): 29−35.

产化过程中的核心是一种体验型经济，是一种审美化的消费。[①]生产端试图通过对空间的抢占和投资获得潜在的租差，从而实现资本利润最大化，而中产阶层消费者则希望通过乡村的体验实现对审美化生活的消费，这二者在景观这一介质上出现重合。[②]图像与景观的结合越来越深刻，景观已然成为图像时代重要的可视化资源。资本通过对景观的美化与利用，激发人们对乡村的地理想象，制造乡村消费的冲动，进而引发大规模的中产化进程。而随着中产阶层的大量流入，乡村景观的视觉化则进一步向中产阶层靠拢，进而形成乡村中产化的视觉构建回路，景观的视觉表达也由此成为乡村中产化的核心竞争场域。[③]

二、桦墅村：中产化乡村的景观重构

桦墅村位于南京市域东部，距离主城区约23千米，车程1小时，村里共有97户。村庄山水资源丰厚，历史悠久，相传南宋时秦桧家族的一支定居于此。因为地质原因，桦墅村无法建设高楼，反而幸运地在城市化浪潮中保留了传统乡村风貌。2014年借助美丽乡村建设，桦墅村开始进行环境综合整治。优美的自然风景和淳朴的乡村生活方式迅速吸引了一批城市人：李丹丹等青年艺术家租下了一座厂房，成立了艺术工作室；2015年嘤鸣读书会在此建设一座乡村图书馆，倡导"半农半X"的生活方式，迅速吸引了一批趣味相投的年轻人群体。这些创意阶层在迁入后对乡村建筑和环境进行改造，以满足自身的物质和精神需求。一年之后，桦墅村成为南京乡村旅游的热门地区，并被列为"全国休闲农业与乡村旅游示范点"。在桦墅村进行乡村转型发展的过程中，创意阶层通过直接的乡村空间改造和间接的文化同化，促进了桦墅村空间景观的变迁，推动了乡村旅游的发展，是近年来中国乡村中产化的典型样本。[④]

本节主要采用视觉分析、参与式观察、问卷调查等质性研究方法。视觉分析方

①　HINES J D. The post-industrial regime of production/consumption and the rural gentrification of the New West Archipelago[J]. Antipode, 2012, 44(1): 74-97.

②　PHILLIPS M. Rural gentrification and the processes of class colonization[J]. Journal of rural studies, 1993, 9(2): 123-140.

③　NELSON P B. Rural restructuring in the American west: land use, family and class discourses[J]. Journal of rural studies, 2001, 17(4): 395-407.

④　张叶琼. 中产化驱动下乡村景观的视觉重构——基于南京桦墅村的观察[D]. 南京: 南京大学, 2018.

法（visual method）以视觉材料为研究工具，同时也视其为解释的对象。相较于语言，视觉传递信息有着迥然不同的方式，对于影像的解码需要面向视觉材料分析的独特方法。[①]因此，目前的研究通常借用符号图像法、精神分析法、展演和非表征等理论工具，发掘图像中所塑造的空间以及空间的视觉形式所蕴含的意识形态、价值观念和道德逻辑。[②]中产阶层游客的自助摄影作为进行解读的地方文本，不仅直观反映乡村"中产空间"的景观布景，而且传递中产阶层对空间的解读方式与消费方式。研究于2016年到2017年，前后11次以游客和研究者的身份进入桦墅村，通过自助摄影的方式，获得393张游客、艺术家提供的照片。其中，2014年桦墅村的照片57张，主要由村集体提供；中产化进程中的照片共266张，其中5名艺术家提供照片49张，30名游客提供217张；网上影像资料70张。剔除照片中模糊不清、表征意义不明确的照片16张，最后得到377张。本节以2014年为时间节点，对照片进行开放式编码、轴心式编码和选择式编码的整理、分析，横向对比后得到了中产化前后的桦墅村景观体系的各个维度（表4-2）。

表4-2 桦墅村的景观编码

开放式编码	轴心式编码	选择式编码	中产化前	中产化后
聚落景观	聚落空间	聚落格局	16	58
		建筑风貌	9	88
	聚落符号	符号种类	0	18
经济景观	生产景观	生产内容	8	12
		劳作人群	8	0
	消费景观	消费内容	0	12
		消费者与服务商	0	4
自然景观	生态景观	空间主体	12	100
		观景空间	0	20
	动物景观	动物种类	2	6
		豢养方式	2	2

---

① ROSE G. On the relation between 'visual research methods' and contemporary visual culture[J]. The Sociological Review, 2014, 62(1): 24-46.

② 王敏, 江荣灏, 朱竑. 人文地理学的"视觉"研究进展与启示[J]. 人文地理, 2017, 32(3): 10-19.

（一）真实还是想象的乡村？

研究发现，城市中产阶级对乡村原始风貌的消费偏好、对自然空间的亲近冲动以及对文艺的生活方式的追求，形塑着乡村空间景观的方方面面，包括聚落景观、经济景观、自然景观。而在景观的媒介文本上，视觉渗透进乡村的日常生活，通过对标志性景观的特写与注解和对主题具身化实践的引导与暗示，激发人们在观看景观时的精神感知。由此，通过物质与媒介文本，一种真实与想象的乡村得以建立。

（1）聚落景观重构

聚落空间是乡村生活、消费和休闲娱乐的主要场所，是乡村生活方式和社会结构的集中体现，在桦墅村的象征性生产过程中，聚落景观的制造和变迁是举足轻重的。在聚落格局上，乡村中产化主要体现为公共空间的变迁。相比于传统村落所具备的祠堂、寺庙、集市等正式的公共空间，更新后的桦墅村公共生活多由街巷、埠头这类非正式空间承载。而随着中产阶层的涌入，其现代化和"文艺"的生活方式也入侵桦墅村的乡村公共空间。乡村图书馆、桦墅学堂等现代公共场所应运而生，不仅填补了桦墅村正式性公共空间的空缺，而且从视觉上促成桦墅村中心空间的美化（图4-1）。这种新兴的乡村公共空间带着"诗意栖息"的乡村想象，并且展示着乡村独一无二的视觉收藏和文化商品，成为城市中产阶层趋之若鹜的空间符号。

新公共空间内部　　　　　　新公共空间的外观　　　　　　徽派乡村风貌

图4-1　公共化的聚落景观

另外，在建筑风貌上，桦墅村的村庄聚落景观呈现出一种符号化的中产化特征。一方面，桦墅村复制、模仿了徽派建筑的视觉符号，以求再现一种符合大众对"世外桃源"想象的形象；另一方面，桦墅村通过墙体彩绘、装饰物、家装布置等，进行保留建筑的内部和外部空间美化，使得乡村聚落面貌焕然一新。从调查结果上来看，这类融合了艺术与符号的建筑成为桦墅村最重要的乡村意象，51.8%的照片以此为主体或背景。建立在消费文化基础上的现代乡村景观以强势的视觉力量控制受众，人们纷纷在老建筑前合影、逗留。

此外，聚落景观的另一大变迁特征是符号语言的应用。从这一角度看，桦墅村本身就是一个巨大的符号。对废弃、破旧、常规等看来无价值的旧物进行艺术的加工，使之成为一种文化与表达自身想法的载体，是桦墅村中产化文化景观的重要塑造方式（图4-2）。通过变换、转译，废旧物品脱离实用的范畴，变成戏剧化的、具有社会符号意义的存在，渲染出一种先锋式的艺术氛围，给予都市人"半土半洋"的审美体验，并暗示着桦墅村的艺术区身份。中产化的乡村景观还以各种符号注解标签化自身，尤其体现在村口的景观上，以具有冲击和标识性的村口景观来界定一场乡村之旅的开端（图4-3）。

| 旧工厂彩绘 | 手推车小品 | 旧皮箱隔断 |

图 4-2　聚落的景观符号

| 村口景观 | 空间注解1 | 空间注解2 |

图 4-3　聚落的符号注解

（2）经济景观重构

农业是传统乡村最为重要的意象之一，但其以生产功能为主，关注的主要是农作物。然而，中产化乡村的农业则体现了一种野趣，是一种通往审美生活的道具。农业耕作从粮食作物转向观赏性经济作物，或者两者兼顾，以提供更高观赏价值的乡村大地景观。每年四月油菜花开的季节，桦墅村都会迎来旅游的高峰，寻芳踏青的人络绎不绝，为乡村带来极大的商业流量。在此时，种植目的也从结果转向过程（图4-4）。乡村的传统生产活动进入了审美化的领域，并服务于城市居民的审美化目标，农业生产景观的重构表现为"去生产化"的过程。从照片文本分析中可知，仅有3.5%涉及农业生产景观，其中又以春季油菜花开为背景的照片占绝大多数（图4-4）。

| 体验性种植 | 生产性大地景观1 | 生产性大地景观2 |

图 4-4　农业生产景观变迁

乡村经济景观的重构不仅体现在农业生产领域，还体现在大量都市型消费空间的出现。目前，桦墅村在经营的商铺已经多达22家，占全村97户的22.7%。其中，4家是由艺术家开办的文创店铺和民宿，18家是村民自办的农家乐。创意阶层迁入乡村本身就是对乡村景观及其文化意义的一种消费，因此桦墅村的空间及景观可以被看作是文化商品空间。然而，中产阶层创办的消费场所与原住民有极大的不同，呈现出差异性的经济景观形态（图4-5）。在经营内容上，中产阶层倾向于展示、出售其创作的文化产品，如古琴工作室、摄影工作室、陶艺馆进行文创产品的展示与销售，而原住民通常是开办农家菜馆、民宿等旅游配套空间。在消费空间的外观上，中产阶层体现全球性与地方性结合的特征，而原住民更多地体现了地方性的淳朴，并且缺乏对空间进行装饰的热情。

| 村民办的农家乐 | 中产阶层的摄影工作室 |

图 4-5　经济活动的景观

（3）自然景观重构

自然景观是乡村永恒的生活背景，从古至今一直都是乡村生态价值、审美价值的重要体现。这种审美通常表现为人对自然的敬畏、依赖的关系，是一种和谐的、顿悟的瞬间。而后生产主义的乡村却体现为一种改造、征服自然的冲动，不仅体现在对自然景观的修复，力求再现风景，还体现在设定观景的地点、路径和场景以及观看的方式，甚至再造新的风景，以最大化风景的审美价值和象征价值。因此，园林设计方法被广泛地应用于桦墅村设计与改造之中。例如滨水木栈道、环山绿道、亲水平台的铺设（图4-6），预设了一个观景的路线、地点，甚至连观景的视角也被预定，引导人们按照"计划"进行自然体验。视线的转换被熟练运用，在小的空间里实现了"步移景异"。

在影像文本中，有近35.8%左右的图片以水库、草坪等生态景观为视觉主体或背景、前景，6.0%的照片拍摄亲近自然的新空间。由此可见，桦墅村通过上述方式提升景观的特色和可达性，完成了景观审美的前提，并通过引导观众的视觉观看，使乡村自然生态空间从传统农耕生活中的生活背景转变成乡村重要的审美对象，从而成为乡村中产化空间再生产中重要的景观要素。

此外，本节还将动物景观纳入自然景观的范畴进行考量，研究发现动物景观的变迁对乡村生活氛围的渲染同样具有意义。传统的乡村动物饲养以使用价值和交换价值为核心，如牛、鸡、鸭、猪等可以耕作或食用；也有部分原因在于动物的精神性价值，如狗、猫，但是更多时候仍然偏重经济价值。而中产化的乡村放大了宠物的精神价值，转向偏爱豢养宠物，如将狗、猫作为生活伴侣，寻求纯粹的精神上的审美和愉悦。

综上，在中产化进程中，桦墅村的聚落景观发生了公共场所及住宅等聚落空间

图 4-6　桦墅村的自然景观重构

的重组与挤压、符号空间的全面入侵等变迁，经济景观经历了农业生产景观的弱化与观赏性转变、城市消费空间的植入与崛起等变迁，而自然景观则接受了人工化的改造。以上变迁均成为中国乡村中产化的主要空间景观表征（图4-7）。乡村提供了与城市日常生活全然不同的生活环境与文化氛围，而中产阶层则将自身的审美理想、文化身份投射到乡村，以艺术与文化进行日常生活的微观改造，对空间景观进行视觉性表达，获得体验式的享乐满足。

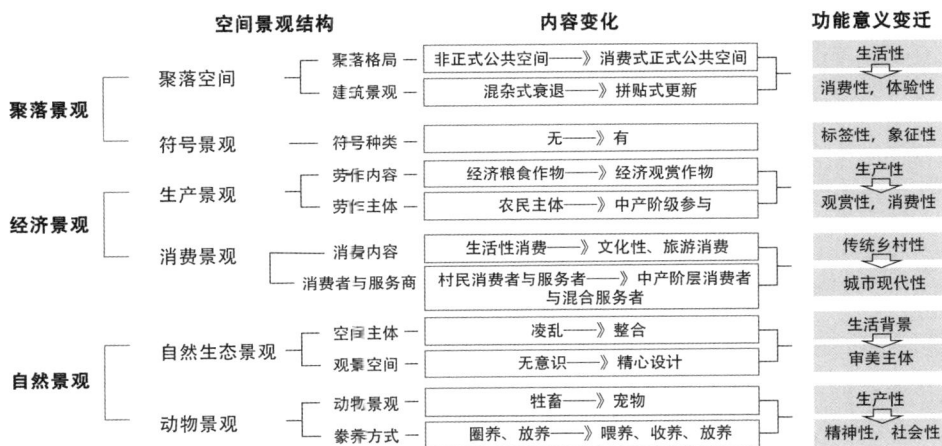

空间景观结构		内容变化	功能意义变迁
聚落景观	聚落空间 — 聚落格局	非正式公共空间 ——》消费式正式公共空间	生活性 消费性，体验性
	聚落空间 — 建筑景观	混杂式衰退 ——》拼贴式更新	
	符号景观 — 符号种类	无 ——》有	标签性，象征性
经济景观	生产景观 — 劳作内容	经济粮食作物 ——》经济观赏作物	生产性 观赏性，消费性
	生产景观 — 劳作主体	农民主体 ——》中产阶级参与	
	消费景观 — 消费内容	生活性消费 ——》文化性、旅游消费	传统乡村性 城市现代性
	消费景观 — 消费者与服务商	村民消费者与服务者 ——》中产阶层消费者与混合服务者	
自然景观	自然生态景观 — 空间主体	凌乱 ——》整合	生活背景 审美主体
	自然生态景观 — 观景空间	无意识 ——》精心设计	
	动物景观 — 动物景观	牲畜 ——》宠物	生产性 精神性，社会性
	动物景观 — 豢养方式	圈养、放养 ——》喂养、收养、放养	

图4-7 桦墅村景观重构文本分析

在图像时代，社交媒介携带着冲击性的信息洪流，形成一种符号意义的播撒和传承。媒介塑造了世界的面目，也塑造了我们的感知。"嘤栖书院"成为媒介中的桦墅村标志，它避开世俗的居住空间，独立在湖泊的另一边，成为一种"晴耕雨读"的诗意栖息的生存想象。"身体下地狱，灵魂上天堂"，在广告媒介中嘤栖书院被塑造为这样一个乡村的"天堂"。在网络图片中，嘤栖书院的图像出现比例高达76%，成为一个被精心雕琢与呈现的标志，被有选择地呈现在网络上，以获得最大的传播率。另一个在网络上频繁出现的视觉标志是村舍，它往往以聚落的形式整体性出现。村庄被统一粉刷成白墙黛瓦的徽派风格，与当地原有的虎皮石的粗犷风格相去甚远，体现为一种对主流乡村审美和乡村刻板印象的片面追求。更多的环境元素和村庄格局形态被纳入视觉范围，以锚定桦墅的乡村身份。

苏贾（Edward W.Soja）认为，空间既不是纯然物质的，也不是纯然精神的，它同时包含空间的物质维度和精神维度，并进而超越这两者。它既是"真实的"，又是"想象的"。①桦墅村的景观正表征了这样一种乡村的"真实"与"想象"。景观的物质文本构成了地理范畴的实质性空间，是人类涉入空间实践的生产结果，是社会性构建的外在形态；而景观的媒介文本的构建则是对社会的、物质的实在进行解构又再重构的过程，是人对空间性的感知与想象表征的景观的虚像空间。无论是对日常生活无孔不入的视觉化改造，还是对标志性节点的强调，视觉媒介通过将感知形象具体化，构建起一种群体性的公共文化与地方意象。媒介广泛的视觉复制与传播，不但扫除空间的地理限制，使得地方的感知形象快速、大范围地流动起来，而且强化了群体的意象。这种想象甚至从空想走向一种实践，进一步促成桦墅村复杂的乡村景观，成为复杂景观的一部分。中产化的乡村景观和大众媒介的传播构建出这样一个乡村乌托邦的美丽形象，为厌倦都市繁华而喧嚣、呆板而沉重生活的中产阶层提供一个放松自我、享受自然的空间。

（二）乡村景观生产的主体

无论是景观的物质本体表征，还是景观的图像表征，都表明乡村的景观已被重构为具有强烈中产阶层倾向的视觉产品。在这一场域中，现代性与原真性、全球性与地方性、自我与他者的冲突和融合，都以景观的视觉资源占有为表征。因此，不同社会群体、权力代表和资本代表对景观以及空间秩序的塑造，可以被看作是表征权力与认同的过程，即景观的视觉过程被开辟成建构文化意义与权力关系的竞技场域。在视觉表征的过程中，人们一般认为存在三种角色，分别是"图像制造者""观众"这两大主体，以及"图像"这一客体，而在乡村中产化景观的生产中，这些参与者内部存在更为复杂地再分化（图4-8）。

主体	作用内容				角色
	生产制造阶段			感知与再生产阶段	
	舆论引导期	准备期	建设期	实现期	
政府	乡土情结酝酿	景观规划	制度设计	间接管理	主导者
资本	乡土情结传播		景观与内容建设	景观管理与运营	生产者
中产阶层			内容生产	感知	边缘生产者，观众
原住民			内容生产	感知	边缘生产者，观众

图4-8　乡村景观生产的主体与过程

① 侯斌英. 去往真实的和想象的空间的旅程——析爱德华·苏贾的"第三空间"理论[J]. 新疆大学学报（哲学·人文社会科学版），2010, 38(2): 109–113.

在中国乡村中产化的进程中，政府从一开始就介入了中产化景观的生产与制造，并担任非常重要的角色。在中产化前期，中央政府为主体，进行了乡村政策的制定、乡愁等乡土情结的营建，构建了乡村发展的良好外部环境与舆论优势。在具体建设过程中，以地区政府、村集体为主体的国家权力的基层代理人则进一步通过规划进行地方身份的定位，以丰富乡村的形象特征，并进一步完成环境整治等景观基底的定调。同时，资本、社会团体和中产阶层个体掌握空间权力，进行具体的景观建设与内容生产。最后，政府还制定了不同主体间的利益切割方式，并参与利益分配环节。可以说，政府一手主导了中产化景观的生产，并从景观的生产中获得利润。

"资本下乡"的代理人——企业，是中产化景观的制造者。资本与权力密不可分，无论是在舆论引导与媒介宣传方面，还是在空间分配与基色定调上，权力都为资本的进入指明了方向，扫清障碍。可以说，资本在行政权力的既定基调之上开展了一种具体的布景实践以及景观的持续运营与管理。下乡资本按照权力规划的蓝图和工业化的生产原则，对村庄传统文化和乡村生活改造、重组和再生产，并将之归于景观统治的秩序中，将乡村变成"需要付费才能观看"的景观，无论是金钱费用还是时间费用。

中产阶层是乡村景观的次要制造者与消费者。在西方语境下，中产阶层既是中产化图景的观看者，也是最重要的生产者。如在内城中产化过程中，最初就是创意阶层进入衰败的内城地区，通过对住宅的修缮和艺术化的装饰，使得地区价值得到提升，从而激发了更多的中产阶层介入。[①]而乡村中产化也体现为类似的过程，可以说中产阶层既是乡村中产景观的生产者，也是观看者。以三鸟仓为代表的创意阶层将自身的文化身份和审美偏好镌刻入乡村之中，对自身生活空间景观进行改造和美化，并通过大众媒介进行传播与引导。其在中产化初期确实是作为景观的制造者，但问题出现在中产阶层过早失语。在中产化现象还未完全成熟之时，政府与资本就敏锐地嗅到乡村复兴的商机。由于政府掌握乡村土地的绝对资源，将空间分配给其他主体进行具体开发。在景观建设上，中产阶层缺乏与资本进行抗衡的力量，而在内容生产上又形成较为严苛的筛选，故而中产阶层逐渐变成中产化景观的次要制造者和主要消费者。

---

① BUTLER T. Gentrification and the middle classes[M]. Aldershot: AshgatePublishing, 1997.

原住民在西方中产化过程中是被替代和排挤的对象，其既不是生产者也非观看者，这也是西方中产化受到诟病的原因。而在中国，由于快速城镇化所导致的乡村人口的流失与土地房屋的空置，中产化所能带来的经济效应被广泛认同，原住民成为中产化进程的积极推动者和中产化景观的观看者。此外，由于乡村吸引中产阶层的重要因素就在于对乡村自然生态景观和生活方式的偏好，因而村民不自知地成为景观的生产者，同时在某一程度上来说，村民也是景观客体的组成部分。但是，中国乡村意识形态与政治体制强调乡村个体融合于集体，乡村土地也归集体所有，个体权力内缩于政府权力，因而村民也仅是一种边缘化的景观制造者，缺乏对景观重塑的话语权。

（三）乡村景观生产的介质与路径

图像是乡村景观生产中的核心介质。一方面，"真实现场"的图像传播，可以为千里之外的观众建立起对地方的感知，从而使得景观的形象资本的基数无限扩大；另一方面，图像所使用的美学的与风格化的语言具有强大的劝服力，美化观众对景观的想象，并通过意义的赋予，使得景观形象资本的系数扩大。综合这两大方面，景观形象资本通过图像媒介的加持，乡村景观的资源价值得到指数性增长。

在景观的物质文本制造上，政府更多的是凭借自身对乡村土地的所有权与控制权，主导景观的视觉形态话语权。但是，这种话语主导权并不是通过全过程的参与而实现的，而是通过准备期乡村规划的空间分配和景观设计定调，以及建设管理期的机制设计实现。在准备期，政府通过组织乡村规划确定乡村的定位与发展战略，并且制定详细的空间计划。通过空间功能的分配与设计，奠定景观的基调，甚至细化到空间内容的生产者名单，使得一系列景观再生产的控制合法与强力（图4-9）。此外，政府还积极推动地方的环境整治和基础设施建设，以此为规划蓝图的实现打下环境基础。在建设管理期，政府发挥其强大的社会背书与动员的力量，征召多元资本、团体甚至个体进行项目建设实践和内容经营，落实规划蓝图对空间的想象和再分配，并通过行政等手段引领各方不至于偏离既定的空间景观基调。

资本负责对乡村景观的开发与修缮，将景观的文化资本与审美资本转换为经济资本。值得注意的是，资本总是习惯于走生产效率最大化的路径，因此复制其他成功的模板就成了合适又省力的"最佳选择"。于是，桦墅村的空间景观就落入文化工业化生产的商业逻辑窠臼。旅游公司试图整合徽派乡村和文化创意产业园的发展模式，一方面深化落实"桦墅双行"的地方形象，另一方面将成熟的符号意义嫁接于桦墅村的景观之中，使得地方形象更容易被感知。于是桦墅古街、创意集市、乡村米铺、艺术家工作室等耳熟能详的景观符号就突然在桦墅村"横空出世"。以桦墅村旅游开发公司为首的资本集团作为运营管理方，在具体的内容生产上占据话语权，在与艺术家和商户签约时，他们会进行严谨的遴选，遴选标准主要依据桦墅村的规划与发展定位，引进既具有文化内涵又具有经济实力和市场潜力的商户进驻。乡村铺子即由开发公司自行经营，兼具旅游特产贩卖和休闲消费功能。此外，桦墅村旅游开发公司还对原住民的商业运营进行管理，原住民如欲参与桦墅村的商业经营必须向他们进行申请，并且其经营空间的建设需要通过公司的审核，以符合桦墅村的整体景观意象。而桦墅村旅游开发公司也会对进行商业运营的原住民予以补贴与培训，并为其提供招牌、标志等视觉符号的统一制作。于是，桦墅村被统合于整体性的景观形象之中，中产阶层在乡村景观生产上仅有微小的部分自主权。

此外，政府的力量非常深刻地介入大众媒介和视觉媒介，建构社会的公共文化。而图像作为一种媒介，是主观（个体）感知与客观（景观等视觉客体）再现的桥梁，因而图像的生产正越来越倾向于服务权力引导和控制的客观集体性再现，即创造媒介全球化语境下的地方形象。可以说，乡村振兴的现实需求要求政府主导"乡愁"这一社会群体性意象产生，并引发乡村的转型与景观重构，以服务于乡村地方发展的整体性目标。在经过乡村规划设计之后，桦墅村总体上确定了"桦墅双行，创业原乡"的文艺村定位，主张以文创、文旅为引领，伴城伴乡，进行深度城乡融合。

企业通过图像的视觉营建和大众媒介的广泛传播，积累乡村景观的形象资本。一方面，通过报刊、微博、微信公众号等对桦墅村的景观进行广泛宣传，利用特定的乡村艺术文化形象，以视觉图像的美化与说服力吸引中产阶层游客。另一方面，以桦墅村进行特定IP（Intellectual Property）设计。拟人化的IP不仅使乡村的形象立体化，并且进一步通过IP与观众的互动，加强想象的真实性，营造其观感。通过图像的种种引导与传播，资本不断说服与诱惑中产阶层进入乡村进行视觉与体验的消费。

随着图像成为人类主体感知世界的重要媒介，乡村景观的消费过程也表征为一种感知验证的过程。大多数的游客曾在网上看到过桦墅村的相关图像，或是由朋友介绍和分享过，因此在旅游之前他们就已经被预设了一个桦墅村的形象。因此，旅游与观看的过程也是印证印象的过程，他们会特别注意此前积累的形象焦点，寻找印证形象的符号表征。例如，游客会沿着旅游路线进行游览，在标志性景观前"打卡"，进行图像的再生产等。当然，游客也会发现新的视觉兴趣点，并进一步修正预设的景观形象。游客对桦墅村景观的验证与发现，会通过图像再生产的方式，借助社交媒体对后来的游客产生新的影响，这也是中产阶层再次参与桦墅村景观图像再构建的过程。

三、中产化乡村的景观视觉感知

研究通过对桦墅村原住民和游客对乡村景观变迁的感知情况展开问卷调查，同时结合图片的视觉语法分析提取，以了解个体对于乡村景观的视觉体验。问卷主要包括景观认知与地方认同两个部分，采用李克特量表法，1—5分代表由"完全不赞同"到"完全赞同"的变化。此次研究共发放问卷100份，30份面向原住民，70份面向游客；回收有效问卷96份，其中原住民29份。同时，借鉴凯文·林奇的空间意象研究方法，以照片文本对应地图空间的投射来表征观看者的意象地图，即将不同人群的拍摄要素落到地图上，并统计不同要素的出现频率，来描绘观看者的感知地图（图4-9、表4-3）。

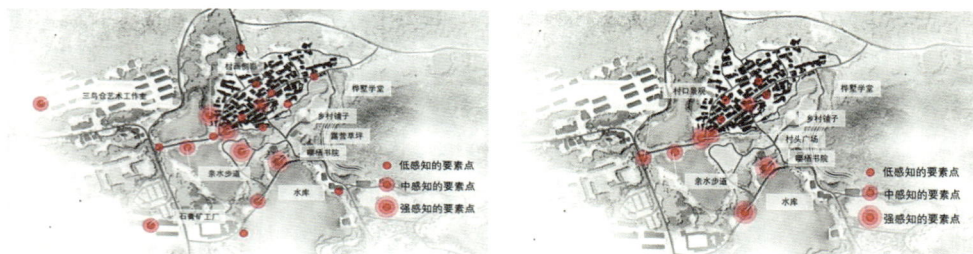

图4-9　中产阶层（左）和原住民（右）对桦墅村乡村景观的感知地区

表 4-3　桦墅村问卷调研

<table>
<tr><th colspan="2"></th><th>原住民</th><th>旅游者</th></tr>
<tr><td rowspan="5">空间认知</td><td>Pr1</td><td>艺术家的生活方式和乡村的整体氛围很协调</td><td>艺术家的生活方式和乡村的整体氛围很协调</td></tr>
<tr><td>Pr2</td><td>桦墅的老房子非常有特色</td><td>桦墅有明显的江南水乡的建筑风格，对我很有吸引力</td></tr>
<tr><td>Pr3</td><td>我对村里的艺术家很熟悉</td><td>桦墅有明显的艺术、文化氛围</td></tr>
<tr><td>Pr4</td><td>相比桦墅原来的老房子，我觉得艺术家的房子更有特色，更好看</td><td>桦墅学堂、工作室等文艺的空间景观，对我来说具有吸引力</td></tr>
<tr><td>Pr5</td><td>艺术家的生活方式和生活习惯影响了我</td><td>游览让我体验乡村的生活方式，欣赏山水田园风光</td></tr>
<tr><td rowspan="5">地方认同</td><td>P11</td><td>我非常希望能一直在桦墅生活下去</td><td>如果可以，我愿意花更多的时间在桦墅游览</td></tr>
<tr><td>P12</td><td>变化后的桦墅更符合我的性格和爱好</td><td>在桦墅的游览让我对桦墅有了很深的了解</td></tr>
<tr><td>P13</td><td>我更喜欢艺术家来之前、旅游开发之前的桦墅</td><td>离开桦墅，我感到恋恋不舍</td></tr>
<tr><td>P14</td><td>桦墅发生的一切对我而言都很重要</td><td>桦墅的农产品和文创产品，以及文化艺术活动正是我喜欢的，其他美丽乡村无法提供</td></tr>
<tr><td>P15</td><td>在桦墅的生活、工作给了我在其他地方没有的满足感</td><td>桦墅的特色无法被其他地方取代</td></tr>
</table>

　　分析发现，原住民与中产阶层的感知地图存在一定差异，但都体现出强烈的被引导性。中产阶层的感知地图基本与旅游导图吻合，感知要素基本围绕桦墅村的主街、书院、水库展开，而这正是在乡村环境整治中重点修复和设计的景观。原住民的感知要素多集中于村庄入口沿线，并且以自身活动空间如自家庭院为主体，即关注的是自身熟知与日常生活叠合的空间。当然，二者的感知地图还存在相当程度的重叠，大部分公共空间都出现在二者的感知地图上。

　　在拍照内容要素的频率上，原住民与中产阶层也呈现出一定的差异，体现出对"他者"的敏锐感知。中产阶层体现出对乡村要素的偏爱，游客拍摄的照片中74%是风景照，尤其是湖泊、水库等自然要素；其次是村舍，并通常以整体的形式出现在图像画面里。中产阶层游客的情绪触发点多集中在自然环境与乡村氛围之上，而对文艺等视觉要素的感知并不是很强。当然，对于标志性文化景观——桦墅村嘤栖书院，游客的感知仍然比较强烈。而原住民的要素则体现为一种主体性，他们的拍摄内容有41%为人像，主体多为家庭成员，风景被当作日常生活的背景和展板而非主要关注对象，这也折射出一种主人翁式的心理。

在景观要素中，城市面向的要素要多过乡村面向的要素（图4-10）。总体而言，中产化的乡村景观已然是城市偏向、中产阶级偏向的了，是为中产阶层设计的"他者空间"。虽然通过经济原则向艺术的渗透使得原住民在一定程度上认可了这样的空间景观，但原住民仍然会敏锐地感受到城市"他者"的入侵，并呈现出复杂而矛盾的体验情绪与态度。

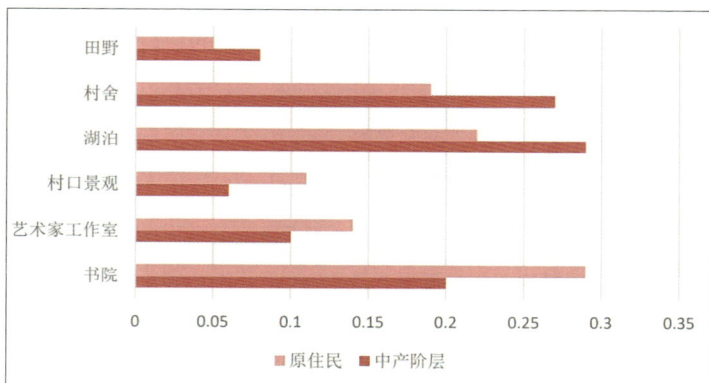

图 4-10　不同群体所拍照片中不同要素出现频率

中产阶层感知的桦墅村边界的范围要比原住民更广，包括离村庄有一定距离的铁路、石膏厂遗址、密宗石窟等地，即观看的行为发生在休闲旅行的全过程，且对乡村边界的感知模糊。原住民的边界则较为明晰，基本以自身生活空间为基点，偏离甚少。这再次印证了中产阶层的乡村之旅是以观看为主的视觉消费之旅（图4-9）。

已有研究认为，视角（perspective）反映的是观看者对视觉客体的主观态度，仰视反映出视觉客体的权力（representation power），而俯视则体现了观看者的权力（viewer power），平视则表现出平等与对话（equality）的互动关系。[1]在本节中，

---

① 刘涛. 媒介·空间·事件：观看的"语法"与视觉修辞方法[J]. 南京社会科学，2017(9)：100-109.

中产阶层与原住民的观看视角都以平视为主，体现了与乡村主体平等的互动关系。但值得注意的是，中产阶层的俯视角度的比例仍然要高于原住民（图4-11），这体现了隐藏在平等对话之下的观看权力。乡村景观及其表征的文化仍然未能褪去"边缘"与"落后"的标签，中产阶层观看者也默认桦墅村作为旅游休闲地的"被凝视"的地位。

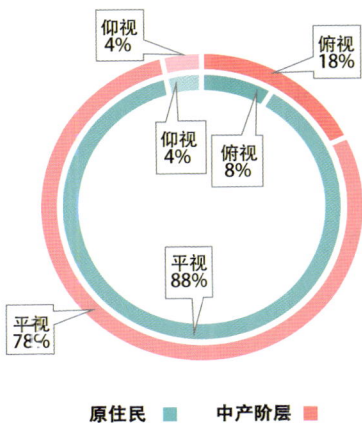

图 4-11　桦墅村景观体验的视角差异

　　不同的景别（如特写、近景、中景、远景）能够体现出视觉客体与观看者之间的不同关系，其对应着亲密（intimate/personal）、社会（social）、疏远（impersonal）这三种不同的社会距离。[1]由于拍摄装备的差异，单从图片本身难以在视觉上准确界定近景与中景，因此本节粗略地将近景与中景合并为中近景。尽管并未完全精确，但旨在从三者各占的比例衡量主客体所表现的社会距离。在中产阶层的视觉语言中，近景、中景、远景被均衡地运用在观看（ways of seeing）行为中（图4-12、4-13）。一方面，重构后的乡村景观体现精神化、审美化的现代性和艺术性特征，迎合中产阶层的审美品位，让其产生由衷的喜爱和亲密感，因而近景与中景占总数七成。另一方面，乡村景观仍然是一种"他者"的文化，中产阶层是暂时的游客，疏离感会在某些时刻重新降临于中产阶层，因而远景也达到一定比例。总体上说，结果体现出中产阶层对乡村景观既亲近又疏离的复杂态度。

---

　　① 党云晓, 张文忠, 武文杰. 北京城市居民住房消费行为的空间差异及其影响因素[J]. 地理科学进展, 2011, 30(10): 1203-1209.

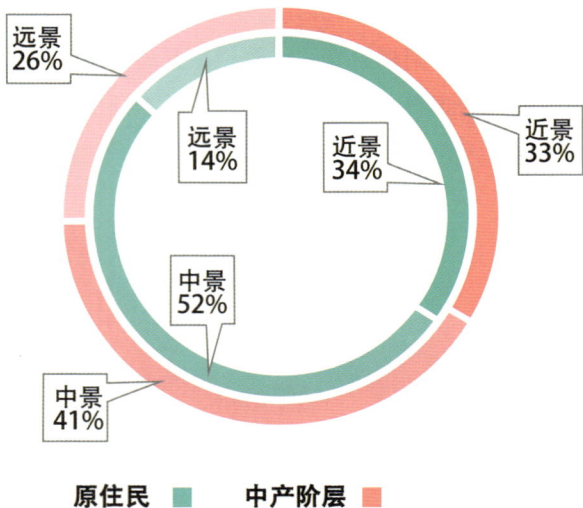

图 4-12　桦墅村景观体验的景别差异

图 4-13　中产阶层游客拍摄的桦墅村近、中、远景

四、乡村景观体验与认知的差异

（一）乡村景观认同的同质性

在景观认知层面，我们试图揭示不同观看者对不同的视觉要素的敏感度以及不同的体验情绪。本节分别对原住民和游客各题得分汇总求平均值，并进行无参数检验中的独立样本检验（表4-4、4-5）。

表 4-4　对游客的问卷调查表

	非常符合	比较符合	一般	不太符合	不符合
艺术家的生活方式和乡村的整体氛围很协调					
桦墅有明显的江南水乡的建筑风格，对我很有吸引力					
桦墅有明显的艺术、文化氛围					
桦墅学堂、工作室等文艺的空间景观，对我来说具有吸引力					
游览让我体验乡村的生活方式，欣赏山水田园风光					
如果可以，我愿意花更多的时间在桦墅游览					
在桦墅的游览让我对桦墅有了很深的了解					
离开桦墅，我感到恋恋不舍					
桦墅的农产品和文创产品，以及文化艺术活动正是我喜欢的，其他美丽乡村无法提供					
桦墅的特色无法被其他地方取代					

表 4-5　对原住民的问卷调查表

	非常符合	比较符合	一般	不太符合	不符合
艺术家的生活方式和乡村的整体氛围很协调					
桦墅的老房子非常有特色					
我对村里的艺术家很熟悉					
相比桦墅原来的老房子，我觉得艺术家的房子更有特色，更好看					
艺术家的生活方式和生活习惯影响了我					
我非常希望能一直在桦墅生活下去					
变化后的桦墅更符合我的性格和爱好					
我更喜欢艺术家来之前、旅游开发之前的桦墅					
桦墅发生的一切对我而言都很重要					
在桦墅的生活、工作给了我在其他地方没有的满足感					

（1）景观认知

在景观认知方面，游客对桦墅村打分普遍高于原住民，即中产阶层游客对景观的评价要高于原住民。并且，二者的无参数独立样本检验显示二者相关性较弱，差异性较大，这表明了原住民与中产阶层游客在对桦墅村的景观体验上呈现出全然不同的感受（表4-6）。布尔迪厄认为，文化资本在社会分化过程中具有重要作用，其起到了一种所谓的"看门人"作用（Door-keeper）。[①]文化资本使得人们得以与自己有共同看法、审美、兴趣的人建立起联系，宣告一种基于阶层的所谓的个性、格调和潮流，由此，中产阶层树立了自身的标志性言行举止。这就是中产阶层游客对桦墅村的空间认同要普遍高于原住民的原因，这种文化能力上的同化和传递，使得桦墅村的景观深受游客的喜爱。对原住民来说，他们将景观的审美与经济价值联系在一起，而认同审美化空间景观的经济价值，但并不等同于认同其精神价值和社会价值。

表 4-6　原住民和游客的空间认知差异比较及检验

空间认知因子	原住民		游客		差值	M-WU检验
	均值	标准差	均值	标准差	原住民-旅游者	p值
Pr1	2.556	1.053	3.267	1.269	−0.711	0.449
Pr2	2.444	1.199	3.8	1.306	−1.356	0.041
Pr3	2	1.199	3.5	1.131	−1.5	0.021
Pr4	3.667	1.363	3.4	1.064	0.267	0.05
Pr5	2	1.09	4.2	1.217	−2.2	0.001

（2）地方认同

地方认同是建立在地方认知上的、对地方更深层次的情感体验，它由经验、记忆和意象发展出对地方的深刻附着，即地方依恋（place attachment）。[②]我们对比原住民与游客对桦墅村的景观认同，发现二者基本处于同水平，平均差值仅

---

① 布尔迪厄. 区分：判断力的社会批判[M]. 刘晖, 译. 北京: 商务印书馆, 2015.

② 杨立国, 刘沛林, 林琳. 传统村落景观基因在地方认同建构中的作用效应——以侗族村寨为例[J]. 地理科学, 2015, 35(5): 593−598.

为−0.0842，p值都大于0.05，二者相关性强，数值分布相似，基本可以认为中产阶层游客对桦墅村的情感依恋基本等同于原住民（表4–7）。这说明中产化的景观效应似乎超越了地理联系，通过文化认同强化了中产阶层游客对乡村的归属感。

地方认同感可以在某些方面反映人们对地方的感情深度。一般来说，居民由于多数时间生活在桦墅村，对桦墅村的感情似乎应该比游客更深厚，其地方认同也应该会超过游客，然而研究结果却显示原住民与游客的各项地方认同感并没有产生明显差异。产生这一现象的原因可能是中产化代表一种外来文化的侵入，极大地改变村民的生活环境和生活方式；新居民的入住也动摇了生活稳态，增强了乡村的流动性，弱化了原住民与桦墅村的情感关联。对游客来说，中产化的空间景观迎合了他们的审美偏好，桦墅村特殊的文化空间、消费空间给予他们深度体验乡村的机会。乡村景观的体验是城市中产阶层的一次逃离体验和精神体验，在乡村他们可以暂时忘记都市的快节奏与烦恼，释放生活的压力，享受闲暇时光，从而在现代性的"无厌之海"中获得片刻宁静与安逸。

表 4–7　原住民和游客的地方认同感差异比较及检验

地方认同感因子	原住民		游客		差值	M–WU检验
	均值	标准差	均值	标准差	原住民–旅游者	p值
P11	3.889	1.317	3.8	1.513	0.089	0.082
P12	3.778	1.299	3.667	1.54	0.111	0.076
P13	2.667	1.5	3.533	1.698	−0.866	0.407
P14	3.556	1.225	3.233	1.899	0.323	0.059
P15	3.222	1.218	3.3	2.081	−0.078	0.61

（二）乡村景观的胜利和危机

（1）景观重塑的乡村实现了中产阶层日常生活的精神性瞬间

景观对地方性的强化首先体现在对地区身份的区别和深化。景观有效地被用来发展一种地方感，提供独特的观看兴趣点和一个连贯的地方身份。桦墅村通过对景观的重构与整合，增加与城市空间、其他乡村空间的文化异质感，成为特定的"地方"，而不是逐渐衰败的普通乡村。

（2）景观强化人地关系

景观的改善与中产阶层的认可，强化了原住民的主人翁意识与信心；景观的经济价值使得原住民也逐渐加强与景观的行为联系，对景观的维护行动逐渐丰富。同时，地方感还可以通过景观的体验与精神实践从原住民扩散到中产阶层，桦墅村的形象与感知，强化了中产阶层对桦墅村的情感依恋。

（3）景观美化促进乡村经济复兴

景观的美化与重构总是与希望联系在一起，展现了人们对社区经济复兴的期望和信心，而且在文化商品化的当下，也确实为人们带来了直接的经济收益——刺激城市中产阶层的乡村旅游消费，带动乡村经济结构的转型。在2014年乡村中产化转型之前，桦墅村村民的人均可支配收入仅为18600元/（人·年），远远落后于江苏的27173元/（人·年）及南京的37283元/（人·年）。到了2017年，多数农家乐经营者都达到15—18万元/（户·年），约为5万元/（人·年）。

桦墅村的景观生产总体上大获成功，它拉近了中产阶层与乡村的社会距离，构建出一种景观与观众的平等、亲近的社会关系。但是，局部的反抗仍然存在。一方面，表现为在乡村景观建构以及视觉表征的权力与认同过程中，原住民被不断边缘化。虽然不曾出现中产阶层对原住民的直接的社会取代和挤压，但是在景观话语权的争夺中，原住民再次落入下风。另一方面，表现为在乡村景观的生产机制中，资本与权力的掌控越来越彻底，他们严格筛选内容，多元化实践内核被形式取代，而土地租金的上涨又进一步排斥经济资本薄弱的个体。乡村可能走向提供同质化内容的纯粹视觉消费，去精神化由此显现。在乡村空间分配上，政府和大型资本往往垄断乡村土地使用权，小资本、社会团体以及个体被排斥在景观自我构建之外，于是景观就成为特定集体的话语表达。

此外，景观的视觉形式先于内容发声，形式成为比场所的文化意义和社会内涵更为重要的东西。尽管毫无时空连续性，桦墅村仍然以徽派乡村的视觉符号为本体进行复制与模仿，以求再现一种正统的符合当下大众对"世外桃源"想象的形象。符号的自我繁衍突破本真与符号的肖似关系，形式取代内容成为主体的现象在桦墅村初露端倪，形成了一种去地方性的危机，而学界对这种"千村一面"现象的指责早已并不鲜见。趋于符号化的乡村规划设计使得不同的文化以一种拼贴、杂糅的形式直观呈现在景观之上，因而乡村景观也失去提升乡村生活质量的原始初心，成为景观的符号堆积，片面地追求地方个性与文化身份，以迎合市场和中产阶层的猎奇。

五、对乡村规划设计的启示

景观演化离不开自然生长和人为干预两种方式，而乡村中产化的景观实践则暴露出乡村社会在政府和外来资本的干预下的主体性危机。因此，乡村景观的生产应该充分激发景观的自组织路径，其核心在于多元主体的自由表达。正如自然英国（Nature England）指出的，景观对每个人的生活品质都是非常重要的。[①]然而并不是所有人都能意识到景观的伦理、精神价值，景观的自构路径还有赖于居民——尤其是原住民对景观价值的理解，而非市场资本驱动下对景观的经济价值的追求。景观的自构路径应以生态、经济、文化等物质要素为基础，更为平等地向大众开放景观的表达权力。[②]以公众和社会团体广泛参与为特征的景观自构路径，不仅有助于增强居民对当地景观的理解，也能够加强对景观变化的管理和监督，并带来广泛的知识和资源，而且景观的保护与管理也有利于增强当地居民的归属感和社会凝聚力。

第二节 政府主导的乡村中产化

一、大都市郊区的乡村中产化

1980年，学者帕森斯（Parsons）基于对英国乡村社会阶层结构的调查，提出"乡村中产化"（rural gentrification）的概念，以此描述城市中产阶层迁入乡村地区并引发乡村社会结构高级化以及乡村物质空间、地方文化变迁的现象。[③]目前，乡村中产化的研究主要集中在英、美等西方发达国家，诸多研究指出城市中产阶层迁入乡村不仅引发乡村住房修缮、新建等一系列乡村物质景观变迁，造成房价上涨和住房紧缺，进而迫使乡村低收入居民迁离，导致乡村社会阶层结构发生改变，甚至

① MATTHEWS R, SELMAN P Landscape as a focus for integrating human and environmental processes[J]. Journal of Agricultural Economics, 2006, 57(2): 199－212.

② BUTLER T. Gentrification and the middle classes[M]. Aldershot: Ashgate Publishing, 1997.

③ PARSONS D. Rural gentrification: the influence of rural settlement planning policies[M]. Brighton: University of Sussex, 1977.

造成新迁入的富裕家庭和低收入本地居民之间的严重冲突。[1][2][3]就西方乡村中产化的发生机制而言，一部分研究认为，乡村中产化是乡村土地脱离农业生产后实现再投资的途径，中产阶层利用乡村资源进行再生产以获取乡村潜在价值。[4][5]基于消费端视角的研究则认为，乡村绅士化源于城市中产阶层对乡村自然环境、乡村文化及生活方式的消费偏好，以及对回归传统乡村的渴望。[6][7]因此，学者Ghose认为，西方乡村中产化是中产及以上阶层对乡村的"殖民化"过程。[8]

"十二五"以来，中国相继开展多轮乡村建设运动，大规模"资本下乡"推动乡村旅游业、文创业、现代农业快速发展，乡村环境美化吸引越来越多的城市中产阶层返乡短期度假或长期居住。与西方发达国家类似，中国大都市郊区也出现城市中产阶层迁入和原住民迁出这一显著的人口结构变化。[9][10]南京大塘金村、成都明月村等美丽乡村或"网红"旅游型乡村，均符合西方绅士化的基本特征：资本的再投入、高收入群体迁入推动地方邻里提升、物质景观变化、直接或间接迫使原住民迁

① PHILLIPS M. Rural gentrification and the processes of class colonization[J]. Journal of rural studies, 1993, 9(2): 123−140.

② PHILLIPS M. Differential productions of rural gentrification: illustrations from North and South Norfolk[J]. Geoforum, 2005, 36(4): 477−494.

③ GHOSE R. Big sky or big sprawl? Rural gentrification and the changing cultural landscape of Missoula, Montana[J]. Urban Geography, 2004, 25(6): 528−549.

④ SMITH N. Gentrification and the rent gap[J]. Annals of the Association of American Geographers, 1987, 77(3): 462−465.

⑤ DARLING E.The city in the country: wilderness gentrification and the rent gap[J]. Environment and planning a: economy and space, 2005, 37(6): 1015−1032.

⑥ LEY D. Alternative explanations for inner−city gentrification: a Canadian assessment[J]. Annals of the Association of American Geographers, 1986, 76(4): 521−535.

⑦ NELSON P B, OBERG A, NELSON L. Rural gentrification and linked migration in the United States[J]. Journal of Rural Studies, 2010, 26(4): 343−352.

⑧ GHOSE R. Big sky or big sprawl? Rural gentrification and the changing cultural landscape of Missoula, Montana[J]. Urban Geography, 2004, 25(6): 528−549.

⑨ 张京祥, 姜克芳. 解析中国当前乡建热潮背后的资本逻辑[J]. 现代城市研究, 2016(10): 2−8.

⑩ 何深静, 钱俊希, 徐雨璇, 等. 快速城市化背景下乡村绅士化的时空演变特征[J]. 地理学报, 2012, 67(8): 1044−1056.

出。①②然而，由于中西方城镇化发展阶段、体制差异，中国乡村转型与西方乡村中产化在物质空间表象层面虽有相似之处，但是深层次运作机制却存在本质差别，进而也决定了中西方乡村中产化社会空间效应与未来发展趋势的不同。西方乡村中产化过程多是绅士群体自发的迁居选择行为，换言之，绅士群体往往是乡村绅士化的触发者和主导者。③但是在中国，国家和地方政府始终掌握乡村发展的主要话语权，并在乡村转型中发挥关键作用。然而，地方政府在乡村社会空间演变中具体扮演哪些角色，以及为何地方政府在乡村发展中发挥主导作用，均未被深入研究。因此本节以南京市不老村为例，深入探究乡村中产化的形成机制以及政府扮演的独特角色，以拓展对中国乡村发展特殊现象的透视和解读，同时推进中产化理论研究的本土化。

二、不老村：乡村中产化的过程与特征

不老村位于南京市江浦街道白马社区，地处国家森林公园——老山国家森林公园南麓，自然环境与地理区位均优。不老村乡村开发项目起源于2013年浦口区实施的美丽乡村建设计划，它是浦口区着力打造的十个美丽乡村（"十颗珍珠"）之一。在江浦街道办事处的发展指引建设下，不老村陆续吸引了一批投资团体、文化创业者和文创基地组织入驻，形成以城市中产阶层为主要消费群体的乡村微度假目的地。不老村也是实施乡村振兴战略以来，所形成的众多都市近郊旅游休闲型乡村的典型代表。

围绕不老村的乡村中产化现象，我们于2015至2017年持续跟踪调研不老村的发展过程，采用质性研究的方法对浦口区城乡建设局、江浦街道现代服务业科、旅游开发公司、规划设计公司、入驻商户、文化创意基地组织、游客及原住民进行深入访谈，重点分析政府在推进不老村重构过程中所扮演的角色及其作用路径，总结各主体对于乡村中产化发展的推动作用。

---

① DAVIDSON M, LEES L. New-build 'gentrification' and London's riverside renaissance[J]. Environment and planning a: economy and space, 2005, 37(7): 1165−1190.

② 谭华云, 许春晓. 舒适移民驱动的乡村绅士化发展特征与机理分析——以巴马盘阳河流域长寿乡村为例[J]. 经济地理, 2019, 39(1): 207−214+232.

③ PARSONS D. Rural gentrification: the influence of rural settlement planning policies[M]. Brighton: University of Sussex, 1977.

（一）不老村乡村建设过程

（1）第一阶段：村民搬迁与更新改造

不老村原为江浦街道白马社区的三二组村民居民点，位于老山山脚下，自然风貌条件尤佳。但由于位置偏僻，交通不便，可耕种的农地少，因而现代农业和工业均无法得到发展。近年来，三二组居民点村民因进城打工而逐渐迁出，村庄逐渐空心化。为配合浦口区人民政府实施美丽乡村建设计划，江浦街道办事处于2013年开始对包括三二组居民点在内的近百个村庄进行乡村环境整治。在此过程中，江浦街道办事处注意到乡村衰落严重，即使改善乡村环境也无法改变其继续衰落的命运，遂改变方案，由白马社区居委会牵头对三二组居民点剩下的大部分村民实施搬迁安置；借浦口区重点建设老山风景区的契机，江浦街道办事处试图将三二组原居民点改造为不老村旅游乡村接待点，使其成为游客上山下山的驿站。

江浦街道牵头成立不老村旅游开发公司，并将三二组居民点正式更名为"不老村"。不老村旅游开发有限公司以股份制形式组织，股东包括街道国有投资公司、村集体和合作社。其中，街道国有投资公司占股70%、村集体占股20%、合作社占股10%，街道政府（江浦街道国有投资公司）是旅游开发公司的注资方，主导公司的运营和管理。随后，在保留村庄原有肌理的基础上，江浦街道办事处对乡村住宅、道路、景观、水系进行全面而精细的改造，完善乡村水电网气基础设施管道网。该阶段，江浦街道办事处致力于原住民搬迁安置和腾空房屋后的更新改造工作，为后期吸引投资者和公司，推动旅游业发展准备好物质空间。

（2）第二阶段：制定村庄发展规划

环境改造后的乡村建筑应该如何利用，由谁来使用，成为困扰江浦街道办事处的下一个难题。经过比选，不老村旅游开发公司选择规划设计公司制定的规划方案，该方案提出"美丽乡村3.0"的理念和将不老村打造为"城市轻度假高端综合体"的目标。从不老村的规划方案——"生命中的返璞归真之旅"可以看出，该方案明确面向城市人群，而"高端"两字则进一步暗含此项目开发旨在满足城市中产及以上阶层度假需求。规划完成之后，规划设计公司作为辅助运营的第三方机构，按照投资能力、文化内涵等一系列标准，筛选有意向进入不老村的企业、投资者以及旅游客群，从而客观上保证了未来迁入者的中产阶层身份。

（3）第三阶段：中产阶层群体大规模迁入

2016年6月4日，不老村正式开园，其中第一组团已有7家商铺和4家客栈正式签约并开始营业，后续第二、第三组团将根据规划布局陆续入驻（图4-14）。迁入不老村的外来群体主要有投资团体、文化创业者和文创基地组织三类（表4-8）。从经济实力、文化水平和社会地位等方面看，这些投资人均属于典型的城市中产阶层。为鼓励中产阶层投资者的迁入，政府不仅向文化创业者和文创基地组织提供一定期限的免费创业场所和创业平台，而且制定收益分配规则和优惠税收政策以保障其收益。同时，这些优惠政策进一步绑定江浦街道办事处和不老村旅游开发公司、规划设计公司以及各个投资企业之间的利益联系。

（4）第四阶段：旅游业兴起与乡村转型

中产阶层的迁入致使乡村人口结构发生彻底转变，乡村也因为民宿、咖啡馆、餐厅、乡村酒吧等时尚业态的出现，彻底改变了原有的景观风貌，而开展的露营、温泉、游乐、徒步等休闲活动，逐渐显露出文艺、"小资"、怀旧的情调，真正意义上的中产化现象开始出现。自然乡土景观与都市审美文化的结合又进一步吸引城市中产阶层游客。根据调研结果，不老村的游客一般来自南京城区，以短假休闲、公司集体团建活动、文化体验为主要目的。通常，游客以家庭或企业集体为单元来到不老村，几乎全部以私家车自驾为出行方式，在不老村以及整个老山风景区平均停留时间为1—2天。与传统模式不同的是，中产群体青睐的乡村旅游不再是"吃一顿农家菜"，而是在乡村环境中深度体验，享受高品质的消费体验。2018年的"五一""十一"等重要节假日，不老村日接待游客人数近2万，普通周末也有约2000—5000人次的游客量，带动村庄旅游收入显著增长。

图 4-14　不老村规划布局图

表4-8 不老村入驻的绅士群体分类（截至2016年）

分类	商户与基地组织	优惠政策
投资团体	土人露营之家、老友记客栈、本未餐厅、时见咖啡馆、柒号客栈、西餐厅、手作吧、商务酒店	无需缴纳租金，采用经营性收益分配模式保证收益
文化创业者	不厌生活创意馆、青云书屋	
文创基地组织	创作基地、南京市户外协会露营基地、江苏凤凰美术出版社、不老村文化创意基地、江苏省流行音乐学会创作基地、火柴音乐社演艺经纪人培训基地	免费提供场所和创业平台

（二）不老村乡村中产化特征

原先的不老村只是一个普通山村，田园苗圃呈现出传统农耕的乡村景象。而现在的不老村虽然保留乡村格局，但乡村建筑的外部形态与内在功能在短暂的三五年时间里均已发生彻底转变。在物质空间方面，不老村的村民房屋均完成了整体式改造出新，田园风貌也被人工设计、种植、修剪的大地景观所取代。乡村卫生环境得以提升，并迎合城市中产阶层的审美偏好和其对乡村生活的想象。在社会结构方面，大部分乡村原住民已经迁离，城市中产阶层群体逐步迁入，包括中产阶层创业者以及游客，使得村庄常住的人口构成发生改变。在产业发展方面，通过地方政府和中产群体的资本再投入，不老村彻底从农业种植转向旅游服务产业。这些显著的转变与Davidson和Lees总结的中产化特征基本相符[①]，因而不老村的表现可以被认定为典型的乡村中产化现象。

虽然不老村乡村中产化现象的外在表现与西方国家相似，但其乡村转型过程与机理却有本质差异。由于地方政府在乡村建设中的有序推动，不老村的乡村转型过程表现出"资本、人口及产业"三个重要要素在短期内快速"植入"的特征，与西方国家中产化乡村通过人口迁居缓慢地"渗入—演替"的过程明显不同。这种在较短时间内发生的乡村"剧变"，在物质空间、社会结构和产业发展三方面均有所体现（图4-15）。一方面，不老村出现了快速全面的空间更新。在发展伊始，不老村启动大规模的原住民搬迁，完成农村宅基地彻底退出，并且用不到3年的时间完成

[①] DAVIDSON M, LEES L. New-build 'gentrification' and London's riverside renaissance[J]. Environment and planning a: economy and space, 2005, 37(7): 1165-1190.

整个村庄建筑环境的全面更新。这样的乡村更新模式和速度主要得益于地方政府同时投入专门的财力、人力和物力，而这也正是国家项目制乡村建设对速度和成效的考核要求[①]。相反，西方国家依靠绅士群体或专业机构自发进行的乡村建筑更新往往是缓慢而局部的。例如，Phillips的实证研究提到，Shotesham村从1970年代至1990年代陆续有先驱绅士化者、地方房地产公司、设计顾问等参与乡村产权转移事务，这些群体在不同阶段对各自占有的土地房屋进行新建和整修，Shotesham的乡村物质空间是逐渐改变。[②]

艺术化装饰　　　　　　　　艺术品展卖

取代田野的花海景观　　　　咖啡屋室内

图 4-15　不老村的实景照片

另一方面，西方乡村中产化多表现为以个体或家庭为单位的零散、无序迁移，而不老村的人群替代则是一种"（原住民）先出、（城市中产阶层）后进"的过程。江浦街道办事处首先组织原住民外迁，然后吸引中产群体来"填充"村民迁出后腾出的农宅。这样的人群替代模式在一定程度上既达到推动中国乡村城镇化的目的，同时又推动乡村的转型。此外，不老村在传统农业业态退出后，投资发展餐

---

① 申明锐, 张京祥. 新型城镇化背景下的中国乡村转型与复兴[J]. 城市规划, 2015, 39(1): 30–34+63.

② PHILLIPS M. The production, symbolization and socialization of gentrification: impressions from two Berkshire villages [J]. Transactions of the Institute of British Geographers, 2002, 27(3): 282–308.

饮、住宿、养生、休闲茶吧等迎合城市富裕游客消费需求的第三产业。这些农民住宅以商业化的方式进行再利用，缘于政府组织的策划与规划方案。地方政府的引导行为实际上为乡村营造一个"卖方市场"，为吸引城市资本下乡提供新的平台。因此，虽然不老村所呈现的商业化结果与西方乡村"gentrification"现象相似，但是乡村转型的内在逻辑却并不一致。

三、基层政府的多重角色与推动方式

早期对城市中产化的研究指出，中国城市政府在推动城市更新与中产化过程中扮演重要角色。改革开放以来，中国通过一系列社会主义市场经济制度改革推动经济增长。在此背景下，企业家型城市政府热衷于通过制定亲市场的发展政策，刺激国内外资本投资，美化城市环境，提高对资本和人才的吸引力。同时，这类城市政府更擅长解决土地产权破碎化等问题，从而主动推进中产化进程。[1][2]He认为，不同于欧美发达国家的自由主义经济体制，国家和城市政府往往是中国大都市中产化名副其实的首要推动者。这种独特的中产化机制也被学者称为"国家主导的绅士化"（State-sponsored gentrification）。以此为启发，本节尝试将在中国乡村建设过程中出现的、由基层政府主导并推动实现的中产化现象称为"组织型乡村中产化"。

组织型乡村中产化的实现路径可以总结为"乡村土地收储、乡村更新—乡村规划引导、入驻企业资格审查—乡村空间再利用与分配、产业利益切割"三步走。首先，基层政府牵头第三方机构进行乡村环境卫生改造和农宅更新，为城市中产群体和外部资本的迁入创造空间。第三方机构通常是基层政府介入下的公司代理人，执行基层政府对乡村建设的基本意图和规划，同时协助基层政府进行招商引资，实施乡村建设的具体任务。其次，基层政府借助第三方机构制定规划方案，谋划乡村产业发展的新方向。最后，政府吸引城市资本下乡，引导中产群体流入，并鼓励原住民转型，推进乡村产业和人口重构。该过程表现为基层政府主导下多元主体的有序

---

[1] HE S. State-sponsored gentrification under market transition: the case of Shanghai[J]. Urban affairs review, 2007, 43(2): 171-198.

[2] 何深静, 刘玉亭. 市场转轨时期中国城市绅士化现象的机制与效应研究[J]. 地理科学, 2010, 30(4): 496-502.

缔结，事实上形成由政府、第三方机构、城市中产群体以及原住民共同组成的"乡村发展联盟"（图4-16）。在这个"乡村发展联盟"中，基层政府既是乡村发展的撬动者，又是行动的统筹者和参与者。这三重角色的统一性更是表明，基层政府是乡村中产化过程名副其实的核心推动者，基层政府通过直接投资、政策鼓励以及规划引导等多种策略自上而下地推动乡村中产化，是中国乡村建设过程中不可或缺的关键角色。

地方政府在乡村转型中扮演角色按照先后顺序，分别为乡村中产化的撬动者、统筹者和参与者。最初，江浦街道办事处通过公共财政投资完善乡村道路、水电等基础设施，打破乡村因为人口流失而逐渐空心化、贫困化的衰败困境，试图开启乡村中产化进程。不老村原有39户村民，经过政府和村民的协商，乡村整治过程中有34户希望搬迁城区。政府遂通过合理的"城乡交换条件"——以农村宅基地换取城镇住房，以农村农田换取城镇基本养老保险，引导这些原住民搬迁至由政府规划建设的城镇安置小区，实现城镇化和市民化。随后，江浦街道办事处依靠财政支持，牵头成立不老村旅游开发公司，专门负责对村庄内原有34幢破旧老房和危房重新改造，重点建设村庄入口小广场、不老井、栈道、风车等景观节点，全面提升不老村的人居环境品质，迎合城市游客对于诗意乡村的想象。不老村建成环境的改善客观上提升了乡村作为旅游目的地的吸引力，为吸引更多社会资本下乡起到直接作用，正如同西方乡村中产化早期的先锋绅士（poineer gentrifiers）是最早开启乡村转型的拓荒者。根据调研结果，不老村旅游景区尚未"开村"就已经吸引6家商户进驻，并开始试营业。随着首批商户的盈利，一批又一批中产阶层企业家、投资人和消费群体追寻而来，乡村中产化的动力和潜力得到加强。

地方政府是整个乡村中产化过程中协调管理的统筹者，江浦街道办事处借助专业的开发、规划和管理机构，将中产化进程中的各个主体组织在一起。中产群体和原住民是与中产化进程最直接相关的主体，根据政府提供的引进、搬迁等优惠政策进行有序迁移。开发、规划和管理机构是江浦街道办事处实现有效组织的辅助主体。在不老村的组织架构中，旅游开发公司作为专门的开发机构，由政府注资和管理，在政府指导下进行投资与建设。规划设计公司作为专业的规划和管理机构，承担出谋划策的智库角色，帮助江浦街道办事处进行规划设计、招商引资和园区管理，具体落实政府推动乡村中产化的意图。不同于政府单一主体的管理模式，开发机构的平台运营和规划、管理机构的专业服务搭建起政府与中产群体及原住民之间的桥梁，成为政府实现有效统筹的精明管理抓手。

此外，江浦街道办事处自身也参与乡村振兴发展的收益分配，成为乡村的经营者和受益者之一。不老村制定一套经营性收益分配模式，以利益共赢的方式激发各个主体共同经营不老村。该模式规定，入驻商户（中产群体）无需缴纳房屋租金，而是将经营所得的一部分收益交给管理机构，再由管理机构根据经营情况将全园经营所得的一部分收益交给旅游开发公司。随后，旅游开发公司内部再根据股权比例给江浦街道办事处、社区集体和三二组村民合作社分红。这样的分配模式保证各主体都有利可得，基层政府也成为乡村收益分配中的一环，通过滚动式开发盈利，激发了政府对乡村建设、经营和管理持续再投入的动力，尽可能保证了乡村可持续发展。对比单纯依靠市场力量（资本）进行融资，大拆大建，房地产过量开发，基层政府的积极引导在一定程度上避免中小企业因资金链断裂而抛弃建设项目，进而造成乡村建设工程"烂尾"的不良后果，对于推动乡村旅游可持续发展更具稳定性。

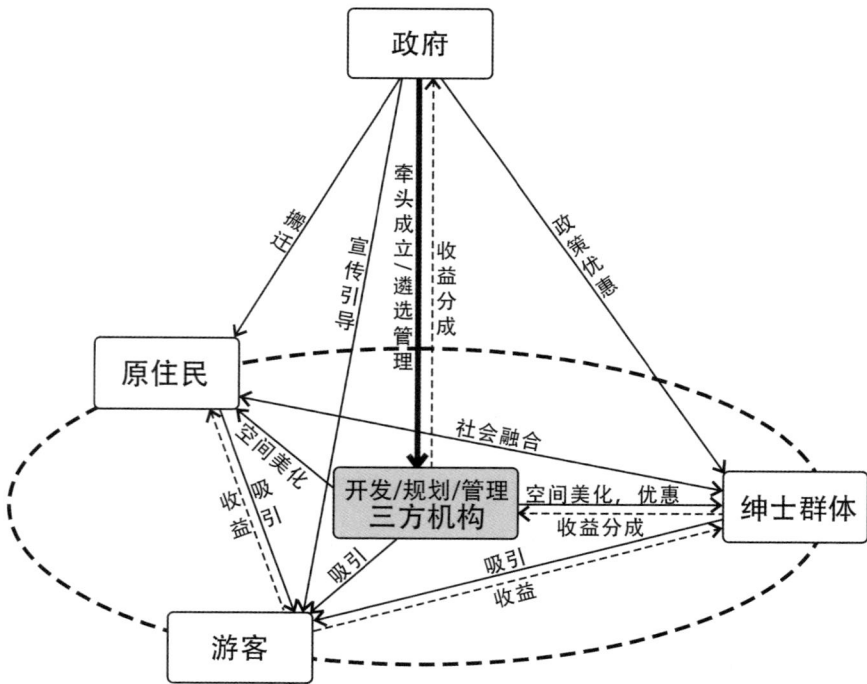

图 4-16　乡村中产化的合作机制示意图

四、政府主导乡村中产化的原因

随着关于中产化的研究不断丰富，学术界越来越深刻地认识到中产化实践具有深刻的背景依赖性。不同国家和地区、不同背景、不同条件下的中产化可能表现出完全不同的特征、模式和过程。中国特殊的背景条件孕育了组织型乡村绅士化模式，政府之所以在乡村中产化中发挥主导角色，根源在于中国特色的政府体制、土地制度和市场发展条件这三个关键因素，以及三者之间相互嵌套所建构的框架。

（一）"集体主义"体制环境下的路径依赖

相较于西方国家的治理体系，中国更习惯于自上而下的体制环境。即使在历史上"皇权不下县"。现在以集体经济为主导的乡村地区，城镇层级政府自上而下的项目制治理特征依旧显著。①改革开放以来，中国乡村治理的大方向是"乡政村治"，理论上乡村应该是由农民自治，但该模式并未真正改变镇（街道）、县（区）等更高层级政府直接介入乡村社会经济实务治理的情况。在实践中，乡镇或街道层级人民政府作为国家政权体系的基层组织，目前仍是乡村治理的直接领导者。②由于村集体能力相对有限，镇（街道）人民政府往往需要承担资金等资源输入者的角色，因而也成为乡村发展过程的实际主导者。③④尤其是具有强政府治理特色的省市，如江苏省，以小城镇为引领的农村就地城镇化具有较长的历史传统，并且在实践中也具有普遍易行的惯性。⑤在这样的体制背景下，乡村中产化的形成与发展自然也离不开对基层政府的依赖。依靠小城镇或街道办事处财政投资推动乡村振兴，依靠小城镇或街道办事处的决策明确乡村发展方向，依靠小城镇或街道办事处引导城市人"返乡"，成为推动乡村振兴更容易和更擅长的路径。

---

① 申明锐, 张京祥. 新型城镇化背景下的中国乡村转型与复兴[J]. 城市规划, 2015, 39(1): 30－34+63.

② 甘庭宇. 转型时期的乡村治理机制问题[J]. 农村经济, 2014(11): 17－21.

③ 刘蕾. 政府主导型乡村绅士化的特征、机制与效应研究——以南京不老村为例[D]. 南京: 南京大学, 2017.

④ 刘蕾, 朱喜钢, 孙洁. 组织型乡村绅士化现象及机制研究——以南京不老村为例[J]. 上海城市规划, 2019(2): 131－136.

⑤ 陈小卉. "十三五"农村土地制度改革对推进城镇化的影响——以江苏省为例[J]. 城市规划, 2015, 39(3): 29－33+41.

（二）农村集体土地制度变革下的政府实践

西方国家土地私有化程度普遍较高，私人土地流转或房产交易的民间市场成熟。[1][2]因此，人口往往以个体或家庭为单位从城市迁入乡村地区，乡村人口结构演变呈现出侵入与演替模式，整个过程呈现出缓慢、渐进的特征。[3][4]然而，长期以来中国城乡二元土地制度却成为阻碍城乡一体化的重要制度性根源。相对严格的乡村集体土地所有制使得农村土地入市通道闭塞，导致乡村发展受限，同时也严重制约城市要素向乡村回流。因此，中国乡村的中产化面临天然的制度性壁垒，而改革与突破则离不开基层政府通过正规渠道进行的干预和保驾护航。

现阶段，中国新一轮农村土地制度改革正在推进。一方面，中央政府为土地制度改革提供政策、法律依据。2014—2015年，国家先后出台《关于引导农村土地经营权有序流转发展农业适度规模经营的意见》和《关于农村土地征收、集体经营性建设用地入市、宅基地制度改革试点工作的意见》等文件，尝试引导土地制度改革。另一方面，地方政府是土地制度创新的重要主体[5][6]，除了国家明确公布的试点乡村外，多地政府尝试创新乡村土地流转的方式和方向，通过出台地方政策、编制规划、招商引资等多种方式，刺激市场活力，鼓励城市资本下乡并活化乡村土地资产。农村土地制度的松绑催生多元要素（资本）流入乡村，也逐渐打开城市人口迁入乡村的途径。可以说，农村土地制度改革的开启给予乡村振兴契机，而真正"名正言顺"的中产化则需要地方政府的制度创新和大胆实践。

（三）城镇化背景下的乡村战略选择

研究表明，西方国家的乡村中产化现象多出现于逆城市化发展阶段，大都市

① PHILLIPS M. Differential productions of rural gentrification: illustrations from North and South Norfolk[J]. Geoforum, 2005, 36(4): 477-494.

② DARLING E. The city in the country: wilderness gentrification and the rent gap[J]. Environment and planning a: economy and space, 2005, 37(6): 1015-1032.

③ PHILLIPS M. Rural gentrification and the processes of class colonization[J]. Journal of rural studies, 1993, 9(2): 123-140.

④ GHOSE R. Big sky or big sprawl? Rural gentrification and the changing cultural landscape of Missoula, Montana[J]. Urban Geography, 2004, 25(6): 528-549.

⑤ 申明锐, 张京祥. 新型城镇化背景下的中国乡村转型与复兴[J]. 城市规划, 2015, 39(1): 30-34+63.

⑥ 陈天宝, 许惠渊, 庞守林. 地方政府在农村土地制度变革中的行为分析[J]. 经济体制改革, 2005(1): 84-87.

人口厌倦拥挤、污染、程式化的都市生活，渴望回归自然、淳朴、人际关系简单又真诚的乡村。英国作家帕克斯曼曾说过："在英国人的脑海里，英国的灵魂在乡村。"而中国现阶段涌现的乡村中产化，则是在快速城镇化和郊区化同步发生的背景下出现的。2015年，中国城镇化率达到56.1%，城镇化仍处于加速期，随着中国人口城镇化的快速推进，越来越多乡村将面临与不老村相似的衰落、空心化命运。乡村物质更新以及产业振兴需要巨大的资本投入，政府有限的财政投入只是杯水车薪。事实上，改革开放以来的万次新农村建设已经证明，单一的政府投入很难彻底改变落后的乡村面貌，政府唯有通过创新的规划设计与政策优惠，引导社会资本介入，同时调动广大农民的自主性，才能实现乡村资源的再开发，为乡村振兴注入可持续动力。

随着乡村发展路径的多元化，乡村中产化逐渐成为政府引导市场介入乡村振兴的一种战略，并被纳入各级政府尤其是基层政府现阶段的工作重点。在这样的契机下，多样化的中产群体，如城市投资者、艺术家、NGO组织等纷纷下乡，挖掘乡村独特的社会、文化和生态价值，深刻重构乡村社会空间。基层政府直接介入的乡村振兴项目发挥出号召作用，向市场释放出"有利可得"的积极信号。同时，政府在一定程度上发挥出应对市场不确定风险的兜底保障作用。根据调研结果，随着不老村乡村旅游业兴起，留守的3户家庭已在政府鼓励下经营旅游商店或农家乐餐厅，家庭经济收入明显提升。对于这些原住民来说，乡村已经不仅仅是承载他们乡愁的物理空间，而且是他们获得新就业机会和增加经济收入的新渠道。从务农、进厂到开店，原住民虽然没有离乡进城，但是已经从根本上完成就业方式和社会身份的转变。无论是留守的3户家庭还是迁往城市安置社区的家庭，均已经获得较大的财富积累。

五、启示

通过对南京市不老村这样一个典型旅游型乡村转型历程与结果的分析，我们认为，由于政府在乡村中产化过程中发挥的积极推动作用，组织型乡村中产化表现出快速全面的物质空间更新、商业化业态植入以及人口"先出后进"的替代特征。在此过程中，基层政府同时承担撬动者、组织者和参与者三重角色，占据核心主导地位。南京市不老村这种组织型乡村中产化是在中国特色的集体主义制度、农村集体土地制度下，在加快推动新型城镇化的发展阶段中，中国乡村社会空间演变最为常见的类型。可以认为，从宏观社会经济背景来看，基层政府在推进乡村中产化过程中的主导性具有客观必然性，同时也具有现实必要性。从中国乡村发展的阶段性来看，组织型乡村中产化已经成为与乡村振兴相伴而生的现象，正成为乡村重构的最大动力。

相比过去乡村旅游业发展的初级阶段或"农家乐模式"，中产化乡村的产业类型更加丰富，消费体验更加多元，中产化模式为中产阶层消费者和城市大中型资本提供了下乡渠道。相较西方个体自发的乡村转型，组织型乡村中产化为振兴衰退的乡村地区铺设了一条更平坦的捷径：依靠政府公权力与直接的公共投资撬动和组织，刺激城市人才和社会资本下乡，从而快速实现乡村转型与重构，改变乡村落后的面貌，切实改善农村居民的住房条件和收入水平。不老村的实践证明，组织型乡村中产化模式确实能够实现城市要素的回流，激发乡村内生活力。就目前来看，不老村尚未出现西方乡村转型过程中外来中高收入群体对乡村低收入群体的排斥问题，乡村人口也获得更多二、三产业就业机会和经济回报。我们认为，在中国特殊的城乡二元土地制度框架下，组织型乡村中产化是乡村空间资源重组与再利用的一次有益尝试，可以盘活乡村存量土地和房屋，实现农民致富和乡村旅游发展的双赢。

然而，也不乏研究批判，一部分地区乡村建设采用大融资、大拆建、大开发的模式，资本下乡和乡村中产化导致农民利益受损，失地农民的社会网络瓦解，家园归属感消失。亦有研究指出，当前乡村规划设计是按照城镇化方式改造乡村的，旅游业发展与乡村日常生活冲突，导致乡村性遭到破坏；乡村是否会沦为资本再生产的工具，成为商品化、付费的消费空间；……不可否认，这些不足在当前中国乡村振兴实践过程中真实存在，因此从可持续发展和包容性发展目标来看，推进乡村中产化虽然可以作为当前乡村走向现代化的重要路径，但是仍然需要在实践中逐步优化、完善乡村发展政策以及具体组织方式，不搞大包大揽、强迫命令，不代替农民选择，坚持以人民为中心，广泛依靠农民、教育引导农民、组织带动农民，多方参与，共同建设人民满意的乡村。此外，应防止走"运动式"乡村建设的路径，坚持机制建设与工程建设相统一，坚持短期项目建设与长期管理运行相统一。

第五章 消费空间重构与商业中产化

第一节 大都市中心区商业中产化特征与效应

一、城市商业中心区的蜕变

为适应国际新政治经济环境以及国内社会主要矛盾的变化，国家提出"加快构建以国内大循环为主体、国内国际双循环相互促进"的新发展格局。建设消费旺盛的国内市场是现阶段中国保持经济平稳较快增长的战略基点。随着中国社会经济发展水平迅速提升，居民收入水平显著提升，居民消费需求亦持续增长。全国城乡居民人均消费支出已从1978年的184元快速上升至2022年的24538元。社会消费需求的扩大与升级快速推动着产业结构的升级，城乡消费空间的重构突出表现为传统商业空间的改造蜕变——新型消费方式、消费场景以及消费空间的诞生。城市中心区作为各种资源的集聚地，往往也是城市传统商业中心和最高等级的商业中心，反之，商业商务也是现代城市中心区最核心的功能。产业结构转型升级以及商业业态变化正深刻重塑中心区的社会空间格局。[1]然而，城市规划学科对大都市中心区物理空间形态、圈核结构、CBD空间结构演变的研究成果丰富[2][3][4]，对都市中心区的社会

① 王兴中, 高丽. 大城市中产阶层化与商娱场所的空间结构[J]. 人文地理, 2008(2): 49–55.

② 杨俊宴, 吴明伟. 城市CBD空间形态量化研究——中国CBD发展量化研究之二[J]. 城市规划, 2006(2): 18–25.

③ 杨俊宴, 史北祥. 城市中心区圈核结构模式的空间增长过程研究——对南京中心区30年演替的定量分析[J]. 城市规划, 2012, 36(9): 29–38.

④ 杨俊宴. 亚洲城市中心区空间结构的四阶原型与演替机制研究[J]. 城市规划学刊, 2016(2): 18–27.

空间变迁关注却严重偏少。

　　一直以来，中产化研究主要聚焦于居住空间的人口置换，对零售商业业态的关注较少。商业中产化往往被视为居住中产化的附带结果或伴随过程，直至最近才刚开始被作为独立研究主题。①②Kosta认为，商业中产化是当前城市变化的首要驱动力③；Hubbard认为，商业变化已成为中产化发生的关键战场④。由于高档商业设施集聚并逐渐取代低端业态，商业中产化表现为低收入经营者和消费者被中产阶层置换和排斥。⑤⑥研究将商业中产化的特征总结为：商业设施的升级或新增商业设施；空间市场价值的激活上涨；空间景观的符号化；对低端业态和中低收入消费者的排挤与替换。学者宋伟轩、孙洁认为，商业中产化和居住中产化互为因果，商业升级为居住中产化提供必要服务和商品，是中产化向更高层次演进的驱动力。⑦然而，少有实证研究去验证商业空间中产化与居住空间中产化的相互作用。从研究地域上来看，目前国内商业中心化研究局限在历史文化街区和高校周边地区⑧⑨⑩⑪，对城市中心区这种通常是城市最核心的商业中心却关注不足。

　　① GONZALEZ S, WALEY P. Traditional retail markets: the new gentrification frontier?[J]. Antipode, 2013, 45(4): 965−983.

　　② ZUKIN S, KASINITZ P, CHEN X. Global cities, local streets: everyday diversity from New York to Shanghai[M]. New York: Routledge, 2016.

　　③ KOSTA E B. Commercial gentrification indexes: using business directories to map urban change at the street level[J]. City & community, 2019, 18(4): 1101−1122.

　　④ HUBBARD P. The battle for the high street: retail gentrification, class and disgust[M]. London: Palgrave Macmillan, 2017.

　　⑤ ZUKIN S. Urban lifestyles: diversity and standardisation in spaces of consumption[J]. Urban studies, 1998, 35(5−6): 825−839.

　　⑥ ZUKIN S. Consuming authenticity: from outposts of difference to means of exclusion[J]. Cultural studies, 2008, 22(5): 724−748.

　　⑦ 宋伟轩, 孙洁, 陈艳如, 等. 南京内城商业绅士化发育特征研究[J]. 地理学报, 2020, 75(2): 426−442.

　　⑧ 沈苏彦, 艾丽君. 城市历史文化街区旅游绅士化现象的探讨——以南京老城南地区为例[J]. 中国名城, 2018(7): 50−56.

　　⑨ 刘彬, 陈忠暖. 权力、资本与空间：历史街区改造背景下的城市消费空间生产——以成都远洋太古里为例[J]. 国际城市规划, 2018, 33(1): 75−80+118.

　　⑩ 孙洁, 朱喜钢, 宋伟轩, 等. 文化消费驱动的高校周边地区商业绅士化研究——以南京大学与南京师范大学老校区为例[J]. 城市规划, 2018, 42(7): 25−32.

　　⑪ 孙洁, 宋伟轩. 国外商业绅士化研究进展及其对本土研究的启示[J]. 世界地理研究, 2021, 30(5): 1096−1105.

南京地处长三角发达地区，是长三角城市群副中心城市。2022年年末全市常住人口规模达949.11万，常住人口城镇化率达87.01%，人均地区生产总值178781元，全体居民人均消费支出40313元。新街口一直是南京的商业商务中心、办公中心以及公共服务中心，辐射安徽、山东等周边省市，享有"中华第一商圈"的美誉。尽管郊区新城、新区商业设施数量显著增长，副中心逐渐形成，但是新街口作为老城区商业中心并没有出现衰败迹象，反而在历次城市更新之后再进一步，商业中心地位不可撼动。"十四五"期间，南京提出建设国际消费中心城市的新目标，新街口作为城市级综合商业中心，其社会空间蜕变对城市综合能级的提升意义重大。新街口作为大城市传统和现代意义上的都市商业中心区，其社会空间演变特征具有代表性和典型性。因此，本节以南京新街口地区为例，解剖其发展演变历程，分析产业、住房、人口等多维度变化，探究大都市中心区商业中产化的机制和效应，为促进城市中心区高质量发展与包容性发展提供科学指引。

二、新街口中产化形成与发展过程

本节聚焦新街口"小四环"地区，北至广州路、南至秦淮路、西至上海路、东至太平路（图5-1），并且重点关注新街口西北片区，包括广州路社区（部分）和慈悲社社区（图5-2）。

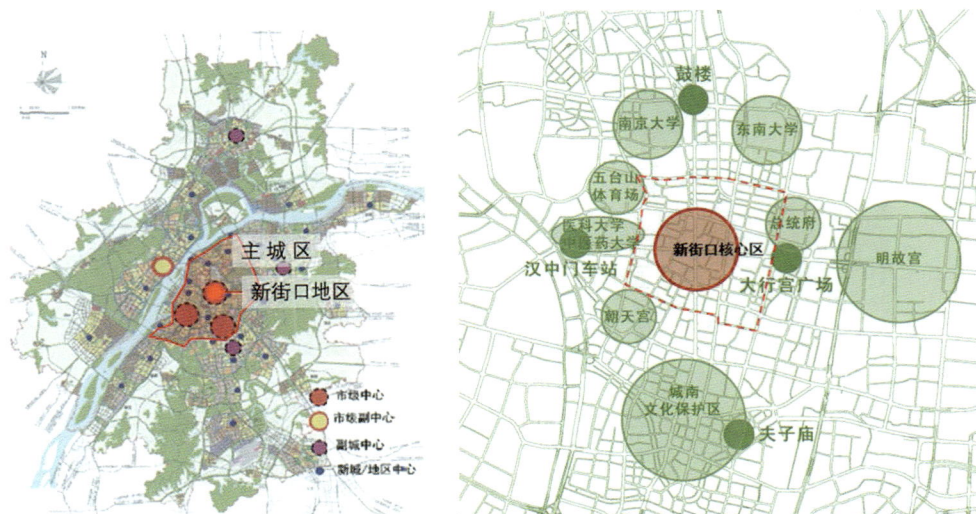

图5-1　新街口的区位图（左）、研究范围（右）

图 5-2　新街口西北片区居住区范围（左）、新街口研究范围的功能分布（右）

　　民国时期的《首都计划》已将新街口确立为城市中心，该时期孙中山先生铜像竖立于中山路与长江路交叉路口的中心位置；国民政府中央银行、商场、工人电影院等重要公共部门均集中于新街口。经历半个世纪的战乱、新中国成立以及"文革"这一曲折的发展历程之后，新街口地区在改革开放中迎来建设现代城市商业中心的新机遇。[1][2]1980年代至今，新街口商业中心空间范围不断拓展，综合功能不断强化、复合，其发展历程基本可分为三个阶段。

(20世纪初期)　　　　(20世纪30-50年代)　　　　(20世纪60-70年代)

(20世纪80年代)　　　　(21世纪初期)　　　　(21世纪20年代)

图 5-3　新街口中心区的演变

---

　　① 杨俊宴, 史北祥. 城市中心区圈核结构模式的空间增长过程研究——对南京中心区30年演替的定量分析[J]. 城市规划, 2012, 36(9): 29-38.

　　② 郑瑞山. 新时期南京老城商业中心体系发展演变及动力机制研究[D]. 南京: 东南大学, 2005.

（一）第一阶段：2000年以前新街口商业中心的形成阶段

在《南京城市总体规划（1981—2000）》中，新街口被确定为城市一级商业中心，规划用地性质为较大规模的商业用地。在该总体规划指导下，新街口开始大规模拆旧建新行动，拆除原先单位宿舍、工业厂房以及私搭乱建的棚户区，新建一批大型商场以及办公楼。1979年，新街口道路交叉口西北角拆除中山路、汉中路共计30多个单位、300多户居民房屋，建设了当时南京市最高建筑——金陵饭店。1983年金陵饭店建成的同时，曾经的背街小巷华侨路、管家桥、铁管巷、上乘庵（今洪武北路）的临街房屋均被拆除，取而代之的是现代化商业住房以及政府机关办公楼。华侨路上春风大厦、市房产管理局办公大楼、市房地产交易市场等相继建成，新街口商业中心得到延伸、拓展。尤其是在1990年代末，大型商业商务综合体如雨后春笋快速建成——新世纪百货商场、中央商场、金鹰商场等商场以及天安国际大厦等写字楼均为此阶段建成（表5-1），使得新街口地区的商业零售、文化娱乐以及商务办公空间大规模增加，为产业结构"退二进三"做好了准备。

根据1996年的商业调查，在新街口地区四环路以内有12个建筑面积为1000平方米至5000平方米的商业综合体，有14个建筑面积为10000平方米以上的商业综合体。1995年，该地区12家大商场的年销售额达到1亿元以上，其销售总额占全市社会商品零售总额的五分之一。2000年以前，新街口商业商务功能已经逐渐成型。[1]

表 5-1　1980—1999 年新街口地区代表性商业设施建设统计

位置	时间	升级后建筑	原先产业	现有产业	空间表现
西北象限	1979年	金陵饭店	餐饮、照相、服装（2层楼零散商店、住房）	酒店、宾馆	建设37层酒店（110米），产业升级
西南象限	1992年	金鹰购物中心	制造业（南京玻璃厂）	商业、购物、办公	产业"退二进三"：建立商业购物中心，营业面积2.5万平方米，商务楼（214米）
	1996年	友谊华联商厦	日用百货（华联商厦）	商业购物	友谊商店和华联商厦合并，销售定位转向，走中低端路线

① 杨婧雯. 大都市中心区中产化特征机制与效应研究[D]. 南京：南京大学，2021.

位置	时间	升级后建筑	原先产业	现有产业	空间表现
西南象限	1999年	东方商城	餐饮业（原1925年同庆楼酒家）	商业、购物	产业升级，营业面积扩张至2.5万平方米
	2002年（1992年开始建设）	大洋百货、天安国际大厦	传统零售业（新街口大菜场、三星糕团店）	商业、购物、商务	天安国际大厦建成（158米），建立6.6万平方米的商业空间
东南象限	1998年	中央商场	中低端百货销售（1936年建设的中央商场）	商业、购物	拆旧重建，面积扩张到3万平方米，中高端商业
	1994年	新百商场	百货销售（1952年建设的三层楼新街口百货公司）	商业、购物	面积扩张至4万平方米，产业升级

资料来源：根据《南京市志》等南京城市建设资料整理

（二）第二阶段：21世纪初新街口商业的转型升级阶段

进入21世纪，南京借"十运会"等"大事件"契机，推动老城区重点地区更新，塑造城市新形象。该阶段市政府拆除位于新街口北部片区的低档、破旧沿街商铺，小餐厅、零售店和书店被大肆淘汰，在腾挪出来的土地上建成高档大型的邓府巷商城。除零售与服务业外，金融、媒体、会议、展览等生产性服务业进一步向新街口地区集聚。同时，交通基础设施不断完善，2010年南京地铁2号线正式运营，与地铁1号线在新街口站交汇，促进新街口的第三产业与人口集聚能力提升。借助地下商业空间建设，新街口商业功能实现地上与地下联通联动，新街口的辐射范围再次扩大。商务写字楼建设是这一时期新街口地区建设的主要内容，新百商场的写字楼、金陵饭店新楼、金轮新天地和金鹰购物中心的二期项目均开始建设，丽思卡尔顿等国内外著名酒店、专业特色店、大型超市等商业业态入驻新街口，金融证券、信息服务、法律服务、会计服务等生产性服务业公司总部入驻新街口地区，新街口高端商务休闲能级显著提升，顶级商圈的地位得到进一步巩固（表5-2）。

这一阶段新街口地区更新最具有标志性的事件是东北片区德基广场建成，它占地4.1公顷，总建筑达到31.3万平方米，集聚几乎所有国际一线奢侈品牌门店，成为南京市最高端的综合购物中心。2015年，南京德基广场以70.2亿元的总业绩位居全国第一，成为"中国最赚钱的购物中心"。德基广场辐射南京都市圈范围内十余个地级市，极大提高南京市商业商务职能在整个长三角区域的竞争力。新街口凭借中高档商品和生产型服务进一步"虹吸"整个地区的优质资源、人才，这种正向反馈循环机制加速了新街口以及整个城市社会空间的重构。

表 5-2　2000—2009 年新街口地区代表性商业设施建设统计

位置	时间	升级后建筑	原先产业	现有产业	空间表现
西北象限	2008年	金陵饭店（一、二期）	酒店	酒店、餐饮、商务	加建二期新楼（242米），面积扩张、产业多元化发展
		金轮新天地	住宅（沈举人）	商业购物、高层住宅	产业置换，建立3.5万平方米购物中心和33层高层住宅
西南象限	2008年	金鹰购物中心（A、B座）、金鹰国际酒店	商业、购物、办公	商业、购物、酒店、餐饮	商业面积扩张由2.5扩张至7.3万平方米、产业多元化
	2009年	友谊广场	日月百货	商业、购物	产业升级，面积年轻白领客群
	2005年	大洋百货、天安国际大厦大洋百货（负一楼商业空间）	商业、购物、商务	商业、购物、商务、餐饮（打造-1F小餐饮空间）	打造-1F小餐饮空间
东南象限	2009年	中央商场	商业购物	商业、购物	产业升级，面积由3万扩张到6万平方米
	2008年	新百商场（A座），南京中心商务楼	商业购物	商业、购物、商务办公	加建塔楼（249米），引入商务办公功能
东北象限	2006年	德基广场	休闲娱乐（胜利电影院）	商业购物	建筑面积高达6.5万平方米、产业升级

资料来源：根据《南京市志》等南京城市建设资料整理

（三）第三阶段：2010年开始新街口商圈的逐渐成熟阶段

经过二十余年发展积累，新街口商业空间格局基本稳定，新建项目明显减少。然而在新一轮社区环境整治、老旧小区改造行动的推动下，新街口商场建筑外部立面更新、内部业态升级以及住宅楼底层商铺的微更新悄然发生（图5-3、5-4）。一方面，新百商场、大洋百货、中央商场等老牌商场均在商品品牌、空间体验、文化氛围、营销方式等方面改造升级，迎合"90后""00后"甚至"10后"年轻顾客的消费需求，主动迎接互联网时代网络购物对线下实体消费的冲击（表5-3）。另一方面，新街口商圈的溢出效应驱动餐饮、零售、生活服务等商业设施从中心商业区向周围的居住小区蔓延、渗透，越来越多社区内部住宅楼底层的商户开始自发重新装修商铺并改变经营项目，社区底层商业也逐渐从传统的日常生活类零售、餐饮业转换为连锁超市、连锁餐厅以及特色餐吧、酒吧、咖啡厅、精品买手店等时尚、个性化消费空间，整个新街口小微型商业空间持续拓展。

通过核密度分析发现，新街口地区的商业设施分布"热点"在进一步集聚的同时，沿着地铁线向东南西北扩散，在相邻地铁站地区形成次级"热点"（图5-5）。宋伟轩等发现，2008—2018年新街口娱乐消费场所数量增加近50%，个体经营门店增加近20%，大量传统低档零售业逐渐被小型精品店、小酒店、咖啡店、酒吧等中高档、迎合中产阶层消费品位和文化审美的消费场所替代。[1]

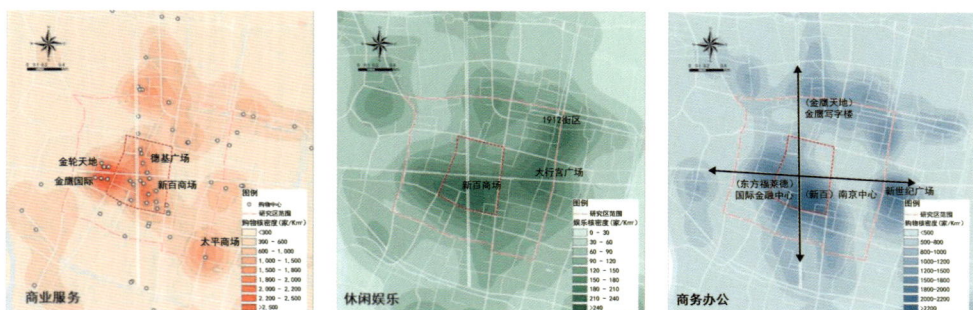

图 5-4　新街口地区商业、休闲娱乐以及商务办公设施的核密度

---

[1]　宋伟轩, 孙洁, 陈艳如, 等. 南京内城商业绅士化发育特征研究[J]. 地理学报, 2020, 75(2): 426-442.

表 5-3　2009 年—今新街口地区代表性商业设施建设统计

位置	时间	升级后建筑	原先产业	现有产业	空间表现
西北象限	2009年	金陵饭后（一期、二期、金陵风尚）	酒店、餐饮	酒店、餐饮、商业购物	连接一期、二期地下空间，建设1万平方米商业空间，产业多元化发展
	—	金轮新天地	商业购物、高层住宅	餐饮业增加	更多餐饮空间置换服装零售
西南象限	2019年	金鹰购物中心（A、B座）、金鹰国际酒店	商业购物、酒店、餐饮	商业购物、酒店、餐饮	A座翻新，连通A、B座地下空间
	2016年	友谊广场	商业购物	商业、购物、少年培训机构	产业转型，面向少儿培训、餐饮业
	2015年	东方福来德，打通国金中心	商业、购物、商务	商务、商业购物，亲子体验	面积由2.5万平方米扩张至5.5万平方米，建筑翻新，引入英国大型玩具城。
		大洋百货	商业购物	商业购物	锁定客户群体，年轻化改造，吸引网红餐饮店，建筑翻新
东南象限	2013年	中央商场	商业、购物	商业、购物	外墙翻新，网红餐饮店引进，完善地铁站的连接
	2016年	新百商场（A座），南京中心商务楼	商业、购物	商业、购物、商务办公	合并B座商业空间，面积扩张、产业升级
东北象限	2012年	德基广场（一期、二期）、丽思卡尔顿酒店	商业购物	商业购物、酒店、餐饮	商业面积由6.5万平方米扩张到15万平方米、产业升级。加建62层主楼（337.5米）引进酒店实现产业多元化

资料来源：根据《南京市志》等南京城市建设资料整理

随着新街口地区商业商务中心地位的巩固，新街口地区的消费群体也发生显著变化——年轻有活力的白领、大学生、游客、国际人士等中产阶层向新街口涌来，他们在城市中心区日益集聚，而原先老年人、单位职工居民却逐渐受到排挤。伴随着老旧住宅拆除新建和二手住房流转，一批年轻中产阶层家庭向此集聚，地区人口结构发生显著变化。因此可以认为，新街口地区社会空间的高级化演变特征符合学者们对商业中产化特征的界定。

三、城市中心区中产化特征识别

（一）商业业态的置换升级

商业业态的多样化与升级是新街口地区商业中产化的最突出特征，表现为部分零散低端商业的淘汰和高端精品商业的兴起。[①]2010年之后，新街口的商业中产化进程以小规模的更新和置换为主，具体表现为一部分传统、低档、家庭经营的小餐馆、修理店等商铺，逐渐被高档餐厅、精品店和酒吧替代，地区的商业业态构成呈现出"高低并存、空间分异"的特征。高档次商业服务主要集中在大型购物中心与主要干道沿街，其中高端商业服务最密集的地段为金轮新天地、德基广场、新百商场以及金鹰百货等大型购物中心，而开店时间较长、店铺较小、装修简陋、价格亲民的日常生活服务型商业主要集聚于居住和商住片区。一部分藏身于社区之内的商铺经过自发改造升级成为精品商铺，凭借时尚休闲的氛围深受年轻文艺青年、"雅皮士"等"小资"群体的追捧。此类店铺内布置精心设计的吧台和柔和的灯光，具有设计感的音乐、酒水及食品营造独特的环境氛围，满足年轻顾客的视觉体验和对生活品质的追求，不乏成为吸引消费者前来的"网红打卡地"。这些休闲场所的次均消费约为50—500元，整体消费水平较高。

（二）消费人群阶层置换

在计划经济时代，新街口地区的居民主要是南京市玻璃厂和煤气厂的制造业工人。改革开放后，随着城市经济水平的大幅提升与新街口商务中心地位的不断强化，大量白领、中产阶层消费群体向新街口地区涌来。进入21世纪后，由于中心城区土地稀缺，靠近新街口的新建住宅、商住公寓以及办公场所价格不菲，其附带的高消费商业场所与精英化办公环境对年轻"三高"（高学历、高职位、高收入）的白领群体具有巨大的吸引力。在这一地区更新的过程中，一批批从事高知识和高技能工作的中产阶层和富人阶层迅速取代制造业工人，使得地区居民的社会阶层发生"穷出富进"式重构。长期生活在新街口老旧小区里经济条件较差和社会地位较低

---

① 杨婧雯，朱喜钢. 南京新街口城市中心空间结构演变研究[J]. 西部人居环境学刊, 2021, 36(6): 101−109.

的原住民，则因为难以承受高昂的物价逐渐被边缘化，新街口也因中高收入人群的入侵逐渐成为"白领专属区"。[①]

通过在新街口西北象限老旧小区内发放的居民调查问卷，我们发现90%以上的住房为建于1970—1990年代的单位福利房，首批入住的居民包括工厂工人、国营商场营业员、高校教师以及其他企事业单位的职工，属于一个典型混合型社区。2002年南京市单位福利房正式进入市场销售，一部分富裕的居民为改善住房条件，陆续搬离新街口，同时一批年轻白领、中产阶层家庭迁入前者过滤、腾空的二手房。彼时，由于整个中国大城市房地产市场正处于增长时期，这些"老（旧）、破（损）、（面积）小"住房凭借中心区位优势，其二手房房价超过南京市城区住房均价。高房价门槛必然选择性地排斥了低收入家庭和外来流动人口。

当前，这些老旧社区的常住人口由退休职工、三代同住的中产阶层和单身白领三部分组成（图5-5）。其中，六成居民接受过高等教育，六成以上居民的年收入超过20万元，超过一半的居民在政府机关、企事业单位以及民营企业从事专业技术或管理类型工作。根据城市中产阶层的划定标准，显然超过一半的社区居民属于中产阶层，相比早期，当前社区整体的人口社会阶层正在提升（social upgradation）。

针对择居原因的调研发现，大约34%的原住民是基于养老需求居住在此，15%的居民是出于工作需求而租住在此的单身白领，47%的居民是由于子女教育需求选择在此居住。显然，与欧美中产阶层以个性化生活方式或者独特文化氛围为择居的重要考虑因素相比，中国城市中产阶层选择中心区住房更加看重实用性需求，如靠近工作地点或优质教育资源。

就未来的迁居意愿而言，超过76%的被调查居民表示五年内可能会迁居，这也意味着未来城市中心区范围内社区的人口流动性仍然较高，社区的居住稳定性较低。尽管随着老旧小区改造工程的推行，新街口地区老旧住房的居住舒适度能够维持在中等水平，但是从家庭生命周期的视角来看，年轻白领群体在未来三五年内结婚生子，中年中产阶层家庭子女毕业、升学或换校，很大程度上仍会重新选择居住地。

---

① 汪毅, 何淼. 南京内城棚户区改造过程中的社会空间变迁[J]. 《规划师》论丛, 2016(0): 63-69.

居民收入

40万元以
上，1%
30-40万元，
19%
6万元及以
下，8%
6-20万元，
28%
20-30万元，
44%

■ 6万元及以下 ■ 6-20万元 ■ 20-30万元
30-40万元 ■ 40万元以上

居住区人群职业

民营企业，
16%
商业服务
业，12%
国企、事
业单位，
23%
退休，43%
政府，6%

■ 退休 ■ 政府 ■ 国企、事业单位
商业服务业 ■ 民营企业

学历分布

研究生及以
上，4%
初中及以
下，29%
本科，24%
高中/技
校，11%
大专，32%

■ 研究生及以上 ■ 本科 ■ 大专
高中/技校 ■ 初中及以下

居住区人群年龄分布

61岁以上，
31%
18岁以下，
23%
46-55岁，2%
18-25岁，9%
56-60岁，3%
26-35岁，7%
36-45岁，
25%

■ 18岁以下 ■ 18-25岁 ■ 26-35岁 ■ 36-45岁
46-55岁 ■ 56-60岁 ■ 61岁以上

居住原因

其他，4%
养老/住房
需求，34%
(子女)
上学，47%
工作需求，
15%

■ (子女)上学 ■ 工作需求 ■ 养老/住房需求 ■ 其他

迁居意愿

观望，20%
继续居
住，4%
搬迁，
76%

■ 搬迁 ■ 继续居住 ■ 观望

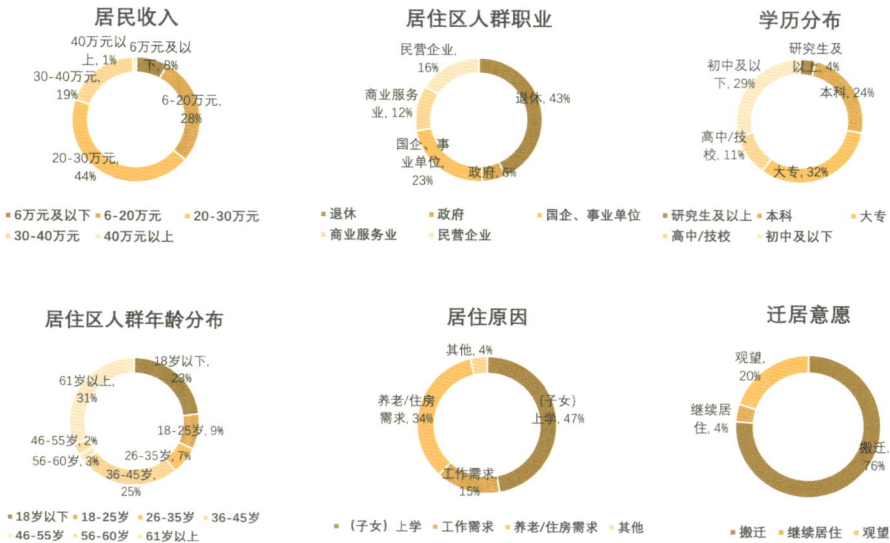

图 5-5　新街口地区老旧小区的居民社会经济属性特征

（三）物质空间持续更新

新街口地区的物质空间更新主要体现在新建高端住宅、棚户区拆迁和老旧小区改造三个方面。由于新街口在南京具有绝对的中心区位优势，在拆除低矮的单位住宅后，新建商品房均为高档精品住宅。例如，新街口西北象限的金轮国际广场商住混合高楼是一座33层塔楼，以一室一厅户型的小型公寓为主，满足年轻、未婚、高薪的精英白领居住需求以及投资目的；长江路9号街区项目2020年年初的房价已达到67902元/m²，超过相邻地区老旧住房的房价近30%。2018年开始，新街口地区停止大规模棚户区改造，转向老旧小区改造，政府出资进行大规模老旧小区改造计划，对2000年以前的住宅翻新，开展墙体粉刷、屋顶形态改造、加装空调室外机挡板等工程（图5-6）。同时，部分商业建筑翻新、修建过程中开始注重历史风貌传承，德基广场的二期项目在外立面镶嵌该地块原先民国时期建造的胜利电影院外立面，以作为再现新街口地区的历史与社会声誉的记忆符号。此外，在微观物质空间改造方面，一部分商家对社区底层商铺进行翻新，将其改造成具有标准化招牌、时尚装修装饰、"小资"情调的提供个性化商品和服务的精品商店，在景观视觉上迎合年轻中产阶层消费群体的审美与偏好。

图 5-6　新街口居住区老旧小区改造

四、多元中产化的形成机制

中产化现象何以发生，从宏观视角来看是经济发展不平衡的结果。Smith认为，土地实际价值与潜在价值之间的地租差距推动了地区的中产化进程。[①]众多学术研究十分关注政府和市场的作用，强调政府及公共政策对中产化的推动作用，主张资本、金融机构、房产代理和城市政府为中产化的主要驱动力。[②]在新自由主义背景下，城市政府通过优惠政策和发展规划刺激资本再投资，从而推动旧城衰退地区振兴、棕地再开发以及历史文化遗产再利用。另外，基于消费端视角的研究则认为，中产阶层消费偏好和文化主张是驱动商业中产化的主要原因，中产阶层对空间环境品质和文化的需求逼迫城市空间转型重构。[③]当前，既有研究对中产阶层的文化消费需求和教育资源需求等消费端的解释关注不足，本节借用经典的"供给端—消费端"理论作为解释中产化的框架，分别从政府和市场主导的供给端和中产阶层需求主导的需求端对新街口地区的商业中产化形成机制进行剖析。

（一）供给端：交通可达性加速"租差"形成

传统供给端的理论认为，土地的"潜在地租"和"资本化地租"之间不断扩大的"租差"，是驱动中产化进程的主要原因。土地功能由居住用地向商业用地的转变，或者由低端商业业态向高端商业业态的转变，将使得"潜在商业地租"和"资本化地租"之间的"商业租差"迅速增加，从而吸引政府与资本联手组成增长联盟，通过对居住用地的开发或商业地段的改造升级，推动地区商业中产化发生。

改革开放以来，城市政府、开发商、银行等共同组成"增长联盟"，土地财政

---

① SMITH N. Toward a theory of gentrification: a back to the city movement by capital, not people[J]. Journal of the American planning association, 1979, 45(4): 538-547.

② SMITH N. The new urban frontier: gentrification and the revanchist city[M]. London: Routledge, 1996.

③ LEY D. The new middle class and the remaking of the central city[M]. Oxford: Oxford University Press, 1996: 234-236.

驱动城市政府将城市空间作为实现资本增值积累的核心载体。[①]在此背景下，政府和房地产开发商、大型企业作为主要推手，以房地产开发、棚户区改造和街道环境整治作为具体路径，推动城市中心区的商业中产化。21世纪初以来，南京市政府通过拆除老旧厂房和住宅、新建大型综合商场和高档商务楼等措施，完成新街口功能的商业化转型，吸引大量商业资本和品牌商户涌入，进一步强化了其城市级甚至区域级综合商业中心的地位。2010年后，南京市政府持续推动新街口地区街道环境整治项目，以经营环境卫生达标、消防安全达标、店面外观形象等刚性要求，要求原有相对低端零售商自发重新装修商铺或主动离开，逐步改变其经营内容和项目。

更重要的是，南京市政府积极推动城市地铁的建设，进一步提高城市中心区的交通可达性，从而加速提升地区建设用地的潜在价值，通过存量空间再利用持续释放潜力价值。2008—2018年，新街口商业铺面租金大幅上涨，月平均租金由82元/平方米升高至159.2元/平方米，涨幅（94%）显著高于同时期南京市区整体水平（60%）[②]（图5-7）。随着新街口地区沿街店铺房屋租金持续上升，一部分低端业态如传统小吃餐饮、家电维修、小型日常用品零售商铺因为难以承受高昂租金而被精品店、连锁店和专卖店取代。

同时，地铁建设极大地促进南京城市中心区的资源集聚能力和辐射带动能力，进而促进新街口地区商业快速发展。[③]2004年南京市地铁1号线建成前，新街口地区的商业零售总额为126亿；2005年地铁通车后，其零售额增加至158亿；2006年，增加至180亿。2010年南京地铁2号线正式通车，两条地铁线在新街口地铁站交会，新街口地铁站建设0.5平方千米地下商业空间，逐渐集聚近2000户商家，并且通过近30个地铁出口连通新街口"小四环"地区11个商业载体和19栋楼宇。通过地上地下空间的打通，商业空间与交通空间实现连通，彻底释放了新街口地区商业商务空间的承载能力和集聚能力。全国500强金融、证券、保险、咨询服务、教育培训等生产性服务公司以及高端时尚商品品牌进一步向新街口地区集聚，中产阶层的集聚程度进

① 张京祥，赵丹，陈浩.增长主义的终结与中国城市规划的转型[J].城市规划，2013，37(1)：45-50+55.

② 宋伟轩，孙洁，陈艳如，等.南京内城商业绅士化发育特征研究[J].地理学报，2020，75(2)：426-442.

③ 陈敏慎，万佳庆.南京地铁站点区位特征及其对周边零售业的影响研究[J].经济研究导刊，2014(12)：145-147.

一步提高，促进了中心区产业结构升级和中产化进程。如同纽约、伦敦等全球城市，商业中产化帮助南京城市中心区成为吸引全球流动资本和跨国精英的"磁石"。

数据来源：中国房价行情平台

图5-7　2008—2018年南京市区与新街口地区商铺平均租金

（二）消费端：中产阶层文化消费需求驱动

中产阶层对文化消费的需求是商业中产化的重要驱动力。进入21世纪，随着文化在城市社会经济发展中所起到的作用日益受到重视，政府和开发商开始有意识地将文化符号融入建筑和街道景观的设计中，以吸引消费者聚集，满足中产阶层对文化的追寻。新街口地区德基二期复制了民国时期南京四大影剧院之一的胜利电影院门面，南京大牌档和桂满陇等复刻江南元素的连锁餐饮获得追捧（图5-8）。居住区内部品质较低的底商被外来商户改造成澳式餐吧、小酒吧、咖啡馆和创意书店等精品商店，这些精品店将外来文化融入本地社区中，深受大学生、文艺青年等中产阶层的青睐。中产阶层认为，商业空间不仅是购物的地点，更是结识朋友和培养感情的场所，也即城市设计所倡导的"第三空间"。他们希望可以在此找到被商业审美过滤后的同类群体，以强化自身的群体价值认同感。

更值得一提的是，除了购物、休闲等一般性消费行为，中产阶层为追求更优质的教育资源而在中心区购置学区房的行为可以被看作是一种文化投资活动。新街口地区作为传统城市中心，教育、文化、医疗等各类公共资源高度集中，尤其是拥有多所名牌中小学，吸引了众多中产阶层家庭聚集。这类"教育中产阶层家庭"的入侵，给新街口地区日渐老龄化的老旧小区重新带来活力，提升了区域内老旧房屋的价值。

图5-8　充满文化气息的商业街景

五、中产化的社会空间效应

有学者认为，中产化的正面效应主要体现在地区房价增值、地方政府财政收入增加以及土地空置率降低[1]；而中产化同时也导致住区隔离、贫困集中、通勤负担加重、建筑原真性破坏以及居民归属感缺失等负面影响[2][3]。我们认为，商业中产化显著增强了城市中心区的功能多样性、不同空间与人群的适配性，以及不同社会阶层的融合性。

（一）功能多样性增强

商业中产化对城市复兴功不可没，相比住宅，商业空间的开放性和公共性往往更强，商业中产化比居住中产化具有更广泛的积极效应。[4][5][6][7]一方面，商家为迎

---

① BRIDGE G, DOWLING R. Microgeographies of retailing and gentrification[J]. Australian geographer, 2001, 32(1): 93-107.

② 夏永久, 朱喜钢. 城市绅士化对低收入原住民的负面影响——以南京市为例[J]. 城市问题, 2014(5): 92-96.

③ 宋伟轩, 朱喜钢, 吴启焰. 中国中产阶层化过程、特征与评价——以南京为例[J]. 城市规划, 2010, 34(4): 14-20.

④ ZUKIN S, TRUJILLO V, FRASE P, et al. New retail capital and neighborhood change: boutiques and gentrification in New York City[J]. City & community, 2009, 8(1): 47-64.

⑤BURNETT K. Commodifying poverty: gentrification and consumption in Vancouver's downtown eastside[J]. Urban geography, 2014, 35(2): 157-176.

⑥ FERM J. Preventing the displacement of small businesses through commercial gentrification: are affordable workspace policies the solution?[J]. Planning practice & research, 2016, 31(4): 402-419.

⑦ GUIMARÃES P P C. The transformation of retail markets in Lisbon: an analysis through the lens of retail gentrification[J]. European planning studies, 2018, 26(7): 1450-1470.

合中产阶层多样化的需求，主动在商业空间中植入多种服务功能和文化元素，创新商场营销方式。例如，德基广场为吸引更多的消费人群，在顶楼建立德基美术馆，并在节假日开展相应主题的文化活动。在德基广场的带动下，其他购物中心、商业综合体也开始积极营造独特文化氛围和开展多样的商业活动。如针对青年群体引进"网红"店铺，定期举办咖啡节等时尚、开放的社会文化活动。再如，购物中心艾尚天地前的公共广场设置了露天集市，并为玩滑板的年轻人和晒太阳老年人提供了活动场地。这些商家的行为在不同程度上促进了城市中心区功能多样性和文化活力的提升，延缓了城市中心区老旧社区的衰退。

（二）空间适配性增强

在新街口商业中产化过程中，社区内居住群体的置换很大程度上增强了人口与空间的适配性，促进城市中心区复兴与居民择居的"双赢"。在新街口老旧小区内，除原住民和教育中产阶层以外，还有大约15%的居民是因为工作便利需求而租住在此的中低收入白领。城市公共轨道交通建设与商务空间集聚使得更多的白领选择居住在中心区。在棚户区改造过程中，拆迁置换出的原住民大多选择获得拆迁补偿款，前往新区购置面积更大、环境更好的新房；老旧小区原住民对中心区教育资源和商业资源的需求下降后，不乏主动出售房屋，以在新区购置舒适度更高的新房。在此过程中，中心区的中产阶层满足了自身对优质教育资源、丰富商业资源和便利交通设施的需求，被置换的原住民也通过房产增值获得了经济收益。总体来看，中产化形成的背后是市场配置资源的基本逻辑，这在一定程度上有助于不同阶层群体获得与其购买力相匹配的住房以及其他商品，提高了物品流通效率与经济效益。

（三）社会融合性增强

新街口老旧小区内部活跃着不同类型的空间主体，原住民、中小学生、大学生、快递员、小摊贩和外卖员等中低收入住户并没有被白领、中产阶层住户彻底置换，居住区仍然属于混合型居住社区（mixed-income community）。社区底商虽然在商业中产化后出现一些中产阶层消费空间，但残存的草根商铺作为一种低档消费场所，尚未彻底被社区型零售商业取代，仍旧能够满足原住民和学生等群体的日常消费需求，其仍然是社区商业空间的重要组成部分。从当前社区人口社会阶层构成来看，社区空间在容纳中产阶层群体的同时，也为底层群体留出消费空间，使得老旧小区的社会阶层融合性得到增强。

（四）商业中产化的潜在问题

新街口商业中产化过程中产生的潜在问题也同样突出。一方面，商业中产化所产生的空间排挤使得低档消费空间逐渐消失。新街口社区内的部分草根店铺因无法承受中产化进程中日渐高昂的租金而选择搬迁；另一部分店铺则在提升商品价格的同时，积极改善经营环境。对于低收入的原住民而言，在社区底商中产化过程中，很多日用品、熟食和早餐的平价小店都开始消失或者转移去比较远的地方，留下的店铺正在不断提高商品或服务的价格。因此，在社区商业中产化的过程中，低收入群体的消费空间在区域内被不断压缩，甚至被排挤至更远的区域。

另一方面，商业中产化带来了新的社交隔离。原本属于居民生活一部分的底层商业空间被中产阶层群体置换，原住民在失去消费空间的同时也失去了交流空间，造成了空间和情感上的隔离。部分年轻的创意阶层试图融入社区文化，打造更开放的营业环境，但多受到扰民投诉，不同的消费理念和价值观造成了原住民与中产消费者的社会隔离。

由于生活习惯的差异性，中产阶层的进入并没有带来居民之间更多的交往，邻里交往基本停留在礼貌的社交距离。老年原住民更倾向于三五成群地在居委会活动，很少和新住户交往，由于邻居的搬迁和社区的老龄化，更多的老年原住民逐渐失去熟悉的社交网络，他们的邻里关系在中产化进程中变得脆弱，甚至逐渐消失。同时，由于租客的流动性强，导致各类居民均缺乏地区认同感和社区归属感，间接加剧了社区邻里之间的社会隔离。

本节以南京商业中心区新街口地区为研究案例，通过实地观察、问卷调研和深入访谈等方式，分析中心区商业中产化特征，并重点解析商业中产化的特殊表现、形成机制与效应。主要结论如下：新街口地区的商业中产化过程是中国绝大多数大城市中心区近四十年来演变的一个缩影，这是一个从城市重建到城市改造再到城市更新的迭代、新生过程。新街口商业中产化表现出商业业态的置换升级、消费人群阶层置换、物质空间持续更新的综合特征。城市政府在"商业租差"的驱动下，通过房地产开发、城市更新和街道环境整治等行动推动新街口地区商业中产。中产阶层不断扩大的文化消费诉求成为消费空间重构的强大推力，企业和商家通过强化中产消费符号引导新街口商业品质提升。

我们认为，大都市中心区是城市各种功能与要素最集中的地区，因而也是中产化程度最高、最显著和最复杂的地区。在南京市中心新街口地区，商业中产化与居住中产化相伴发生，相互驱动。中产化对城市中心区活力再生具有更积极的影响，具体表现为对存量空间价值、空间适配性和社会融合的提升。中产化促进大都市中心区的持续"进化"，增强城市核心竞争力，对于建设国际消费中心城市的支撑作用突出，值得进一步推广。然而，与之同时，中心区老旧小区不同社会阶层的混合居住能否减弱对低收入阶层的排斥，如何缓解在中产化过程中不同阶层之间的隔离，仍值得继续探讨。进入以存量更新为主的城市高质量发展新时期，如何既推进城市中心区的中产化，营造具有特色的中心区形象，强化中心区的文化性，同时又能留住中心区的市井气息，营造包容性更强的消费空间，相关的城市发展政策与规划仍然需要进一步完善优化。

第二节 边缘中产阶层与新城消费空间生产

一、边缘中产阶层的社会空间

中产阶层是处于富裕阶层和贫困阶层之间的社会群体，通常学术研究会根据收入、教育、职业等特征划定社会等级分层，并且判断标准存在一定的变化（表5-4）。陆学艺提出以职业为标准来划分中产阶层，主要考虑不同群体对组织资源、经济资源和文化资源的占有情况。[1]李春玲指出，中国中产阶层划分的标准不能完全参照西方中产阶层理论，而应该适当放低标准。[2]刘欣以公权力和资产产权关系的享有情况为基础，定义了中国社会各阶层，同时又将中产阶层划分为中产上层和中产下层。[3]李培林、张翼选择收入、职业和教育作为划分中产阶层的三个指标，认为中产阶级的收入水平应该介于城市户籍居民的平均收入水平至该收入2.5倍的范围之间；中产阶层的职业应该是领取薪金的、具有一定管理权限或技术水平的非体力职业，也包括雇主和自雇型职业等；中产阶层应该接受过中专、大学本科及以上的教育。在此基础上，李培林和张翼将仅符合中产阶层划定标准的三个指标其

---

① 陆学艺. 当代中国社会阶层研究报告[M]. 北京：社会科学文献出版社，2002.
② 李春玲. 如何定义中国中产阶级：划分中国中产阶级的三个标准[J]. 学海，2013(3): 62-71.
③ 刘欣. 中国城市的阶层结构与口产阶层的定位[J]. 社会学研究，2007(6): 1-14+242.

中之一的社会群体定义为"边缘中产阶级"。[1]朱迪进一步指出，边缘中产阶层是已经拥有一定的经济、文化或权力资源，但是相对于真正的中产阶层而言又处于一定劣势的群体，包括受过高等教育的"边缘知识群体"、具有一定管理或技术能力的"边缘白领"，以及收入高于平均水平的体力劳动者"边缘富裕群体"。[2]按照该研究，收入和职业地位均不高的刚毕业大学生则属于典型的"边缘中产阶层"群体。此外，李强认为，边缘中产阶层勉强能够踏过中产阶层的门槛，只具备中产阶层的部分特征，因而是中产阶层的边缘部分。[3]

表 5-4　现有研究确定的"中产阶层"界定标准

学者/研究		描述性界定	收入指标	教育指标	职业指标
国外研究	戈得索普	下层非体力雇员和小业主组成的"中间性阶级"	—	—	1.雇佣他人的小雇主 2.不雇佣他人的小雇主 3.普通办公人员 4.非体力的商服人员
	EAMC项目	—	—	—	1.普通办公人员 2.非体力的商服人员
国内研究	李培林张翼	收入、教育和职业三项指标中仅符合其一	城市户籍人口平均收入线—2.5倍于平均线	中专和大学本科以上	1.具有一定管理权限或技术水平的非体力劳动者 2.包括雇主和自雇
	李春玲	修正上述收入指标	城镇人均收入的2.5倍	—	—
	朱迪	拥有一定的经济、文化或权力资源，但是相对处于弱势	收入高于平均水平	高等教育	具有一定管理能力或者一定技术能力

（一）边缘中产阶层的特征

国外研究指出，边缘中产阶层很大程度是白领阶层在面临工作环境恶化和社会福利锐减双重压力时向下流动产生的，其经济收入状况和社会地位有较大的波

[1] 李培林, 张翼. 中国中产阶级的规模、认同和社会态度[J]. 社会, 2008(2): 1-19+220.

[2] 朱迪. 城市化与中产阶层成长——试从社会结构的角度论扩大消费[J]. 江苏社会科学, 2013(3): 70-76.

[3] 李强. 中产过渡层与中产边缘层[J]. 江苏社会科学, 2017(2): 1-11.

动。①因此，相关研究十分关注以边缘白领为代表的边缘中产阶层群体的经济特征、社会特征及阶层上升的"地位恐慌"。相关研究发现，相对于传统中产阶层，边缘白领越来越多地向低薪、低技能的服务业部门集中，其经济富裕程度明显下降。②③这一方面是由于劳动力市场两极分化，对高技能、高收入和低技能、低收入两类职业的需求膨胀，对中等技能职业的需求减少④；另一方面，科技创新使得企业能够以更少的人力和资源完成原来同等量的工作，而被迫离职的白领员工往往找不到与过去经济报酬相当的新工作。边缘白领群体在社会结构中的地位逐渐向下流动，社会地位越来越趋近于工人阶层⑤，故引发其对自身身份不确定性的巨大紧张感，表现为身份焦虑、身份防御等⑥。

在中国，大城市边缘中产阶层普遍面临生活高成本压力、房贷压力以及子女优质教育压力等，这导致该群体难以实现"中产梦想"。⑦一方面，大部分边缘白领来自农村，缺乏足够的社会关系与社会资本基础⑧；另一方面，边缘中产阶层群体大多数从事底层白领职业，就业单位以技术要求较低的私营企业为主，工作的保障性不足、稳定性较差，财富的积累速度较慢，职业声望较低⑨。虽然边缘白领群体渴望过上中产阶层的生活，但是发展阶段的局限、制度的分隔、强势阶层的挤压等因素，造成他们缺乏经济资本和社会资本回报，跻身核心中产阶层之路充满阻碍。

① FRASER J A. White-collar sweatshop: the deterioration of work and its rewards in corporate America[M]. London: W. W. Norton & Company, 2002.

② FOSTER J E, WOLFSON M C. Polarization and the decline of the middle class: Canada and the US[J]. The journal of economic inequality, 2010, 8(2): 247−273.

③ VISSER M A. Restructuring opportunity: employment change and job quality in the United States during the great recession[J]. Socio−Economic review, 2019, 17(3): 545−572.

④ KALLEBERG A L. Job quality and precarious work: Clarifications, controversies, and challenges[J]. Work & occupations, 2012, 39(4): 427−448.

⑤ OPPENHEIMER M. White collar politics[M]. New York: Monthly Review Press, 1985.

⑥ BENSMAN J, VIDICH A J. The new American society: the revolution of the middle class[M]. Chicago: Quadrangle Books, 1971.

⑦ 李春玲. 中国中产阶级的不安全感和焦虑心态[J]. 文化纵横, 2016(4): 32−39.

⑧ 陈永杰, 卢施羽. 大学生就业困难与"蚁族"的出现: 一个社会政策的视角[J]. 公共行政评论, 2011, 4(3): 146−171+182.

⑨ 刘春卉. 大城市"边缘白领"的社会空间特征、机制与效应研究——以南京低收入大学生为例[D]. 南京: 南京大学, 2018.

（二）边缘中产阶层的消费特征

消费是社会阶层实现身份区隔的重要方式。高等教育的文化背景促使中产阶层消费者形成一种"高雅"消费模式，也更容易与时尚互动，因此时尚消费成为中产阶层社会群体有别于其他社会阶层的重要特征之一。[①]由于在社会地位、声望、财富等方面的攀比心理，中产阶层的消费往往是一种"炫耀性消费"。[②]年轻的中产阶层更偏好新颖、具有探索性的体验性消费，这种体验性消费通常具有学习性，因此也有助于其文化资本的积累。[③]中产阶层消费者会注重商品的符号价值，渴望个性化消费，其消费行为不再是一般意义上的物质实践，更是彰显自身身份地位和审美品位的诉求。中产阶层追求商品品牌的符号意义和象征意义，希望借助品位标志实现身份区隔。[④]有研究认为，中国大都市中产阶层群体具有自我导向型的消费倾向，其追求个人快乐和舒适的消费倾向与中国独特的社会背景紧密相关。[⑤]

边缘中产阶层的消费表现出两面性和矛盾性：一方面，对身份建构的追求驱使着边缘中产阶层追逐品牌消费和符号消费；另一方面，经济资本受限迫使边缘中产阶层的消费选择相对有限。受就业和居住地点的影响，中国大都市边缘中产阶层主要聚居在中心城区外围的新城，包括产业园区、大型居住社区、大学城以及城乡结合部等，因而他们也是新城、新区消费空间形成的推动主体。城中村、群租房等已有研究揭示边缘中产阶层在住房市场中的不利地位，并且指出住房保障不足对其融入城市和幸福感产生负面影响。[⑥][⑦]然而，既有研究对边缘中产阶层的日常消费空间却鲜有系统讨论，除住房之外，边缘中产阶层的真实消费空间如何，边缘中产阶层群体的矛盾性消费心理和消费行为在消费空间的形成演变过程中发挥了怎样的作用，都无从所知。本节尝试关注边缘中产阶层的消费特征及其对新城消费空间的重

---

① 齐奥尔格·西美尔. 时尚的哲学[M]. 费勇，吴䖝，译. 北京: 文化艺术出版社，2001: 72-81.

② 索尔斯坦·凡勃伦. 有闲阶级论[M]. 蔡受百，译. 北京: 商务印书馆，1964: 25-31.

③ WEINBERGERM F, ZAVISCAJ R, SILVAJ M. Consuming for an imagined future: middle-class consumer lifestyle and exploratory experiences in the transition to adulthood[J]. Journal of consumer research, 2017, 44(2): 332-360.

④ 张意. 文化与符号权力——布尔迪厄的文化社会学导论[M]. 北京: 中国社会科学出版社，2005.

⑤ 朱迪. 城市化与中产阶层成长——试从社会结构的角度论扩大消费[J]. 江苏社会科学，2013(3): 70-76.

⑥ 廉思. 蚁族: 大学毕业生聚居村实录[M]. 南宁: 广西师范大学出版社，2009.

⑦ 李强. 中产过渡层与中产边缘层[J]. 江苏社会科学，2017(2): 1-11.

构作用，反思新城消费空间对边缘中产阶层群体的反作用，从而揭示阻碍大城市边缘中产阶层健康成长和向上流动的空间因素。

二、新城消费空间的形成与演变

（一）研究区域与研究方法

本节选择南京市为研究案例。南京是中国高等教育资源最集中的城市之一，拥有53所普通高等学校（不含部队院校），大学毕业生达到20万，在校学生超过80万人，位居长三角城市群第一。另外，全市共有各类技工院校24所，毕业生人数为1.4万人。2000年以来，南京高等教育的扩张、人口增长与城市空间扩张同步发生，相互促进。截至2019年，南京市已建成浦口大学城、江宁大学城、仙林大学城、溧水大学城以及南京高职园。高等教育是社会阶层的"提升机"①，南京丰富的高等教育资源使其成为中产阶层群体规模最大的城市之一。2019年，超过30万大专以上学历的毕业生留宁工作，刚毕业的大学生成为这座城市社会经济发展的新兴力量，也构成这座城市最主要的边缘中产阶层。

江宁大学城拥有东南大学、南京航空航天大学、河海大学等十余所高等院校以及多所职业教育学校，在校大学生超过20万人。同时，江宁经济技术开发区也是南京市高端装备制造、生命科学、互联网、现代服务等产业集聚高地。在大学城和产业园的双轮驱动之下，江宁区形成若干以在校大学生以及新就业白领为主体的边缘中产阶层，他们重点集聚在靠近轨道交通站点的大型居住社区。我们进一步选取了位于江宁大学城的托乐嘉商业中心作为田野调研的基地，该田野调研基地总占地面积约为11公顷，包含托乐嘉购物小镇和南航后街两部分（图5-9）。

托乐嘉商业中心紧邻地铁S1号线翠屏山站，与南京航空航天大学、正德职业技术学院等院校一路之隔。托乐嘉商业中心周围分布着超过20家千人以上的国际知名企业，河海大学江宁校区、英华中学等学校，以及托乐嘉花园、翠屏清华园等大型住宅小区。就业岗位和租赁住房集中的双重优势使得这里成为南京市年轻白领和大学生的主要聚集地之一，也顺理成章地聚集了托乐嘉商业中心的最主要消费群体。经过十余年的发展，该地区商场、餐厅、便利店和小吃零售遍布，是整个江宁区人

---

① 张意. 文化与符号权力——布尔迪厄的文化社会学导论[M]. 北京: 中国社会科学出版社, 2005.

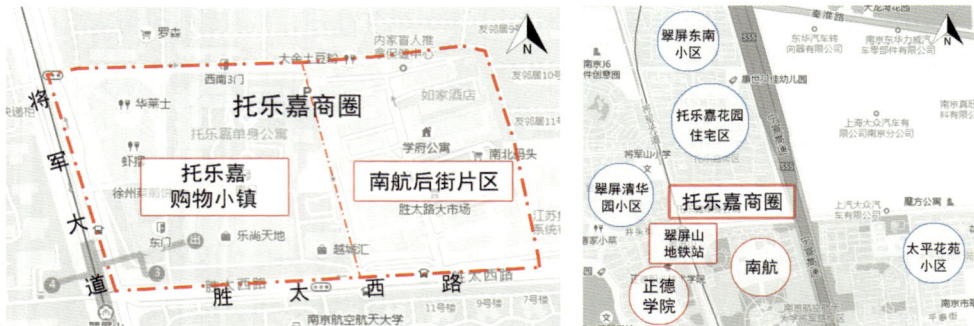

图 5-9　南京市托乐嘉研究案例的区位

气最高的夜生活目的地，是最有青年文化氛围的商业中心。

　　我们在托乐嘉地区向消费者群体发放250份问卷，其中有效问卷232份。分析发现，所有接受问卷调查者的年收入均不超过20万元，教育水平均在大专及以上，七成调查者处于单身状态，其中224位受访者符合边缘中产阶层的职业标准（图5-10）。因此，绝大多数受访的消费者属于前文所定义的边缘中产阶层。另外，我们还对50位经营者进行了问卷调查，深入访谈店铺老板10位、店员2位、大学生6位、青年白领3位、居民2位、大学生家长1位、政府管理人员1位、房屋中介3位以及拆迁安置原居民2位，以了解托乐嘉商业中心的发展历程，探寻消费群体的消费心理和消费行为，解析边缘中产阶层在消费空间生产、重构过程中发挥的作用。

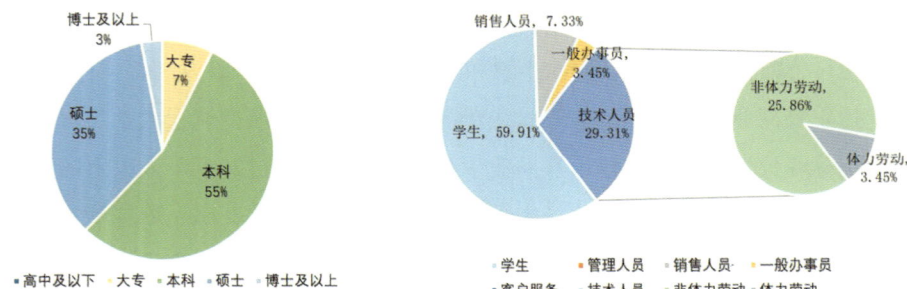

图 3-7　托乐嘉商圈问卷调查受访者的教育背景构成
图片来源：作者根据调查问卷自绘

图 3-8　托乐嘉商圈问卷调查受访者的职业构成
图片来源：作者根据调查问卷自绘

图 5-10　受访者的受教育水平（左）、受访者的职业（右）

根据实地调研结果，研究范围内商家多达649家。从业态类型构成上来看，托乐嘉商业中心的主体业态为餐饮业、生活服务业和商业零售，其中食品、餐饮类经营场所384家，占比高达59.17%；生活服务类经营场所109家，占比为16.80%；零售、商业类经营场所106家，占比为16.33%（表5-5）。

表 5-5　研究地区商业业态及商铺数量统计（单位：个）

一级类型	二级类型	网点数	
		数量	占比
住宿业	酒店、宾馆	15	2.31%
餐饮业	正餐、快餐、饮料、糕点	384	59.17%
商业零售业	超市、服装、蔬果、文具、药店、眼镜店、便利店、五金店、杂货店、电子设备店等	106	16.33%
生活服务业	理发店、日用品修理店、图文店、二手书店、干洗店、房屋中介、医院门诊、美容美体、培训机构、汽车等	109	16.80%
休闲娱乐业	网吧、酒吧、甜品吧、咖啡吧、KTV、电影院、健身房、室内游乐场	32	4.93%
其他配套设施	银行、邮局、通信服务等	3	0.46%
总计	—	649	100.00%

（二）从临时市场到购物中心

1990年代末，南京城市空间快速向外扩张，城市南部的江宁经济开发区建设率先启动，现代产业园区、大学以及房地产项目成为新城建设的主要动力。南京航空航天大学新校区于1998年正式开工建设，次年迎来第一批2500余名本科生；经过十多年的发展，目前该校区已容纳各类大学生近2万人。相邻的正德职业技术学院也在同期开始建设，占地面积约17.5万平方米，在校生超过5000人。为满足高校校园建设对土地资源的大量需求，江宁区政府征收湖滨村以及周边村庄的农田和宅基地，并建成太平花苑——一处大型回迁社区，以集中安置失地农民。江宁新城建设初期，商业、娱乐等公共服务设施严重缺乏，无法满足学生的日常生活和休闲需求。失地农民最早为大学生提供商品和服务的小商家以及流动摊贩，主要位于胜太西路北侧沿路的简陋铁皮房里。该处原为江宁区前进工业园的汽车零配件生产工厂，后因环境污染而迁出，其产权主体（湖滨社区）遂收回原工业园厂房，顺势改造为41间门面房以及34个固定摊位，成为小商贩聚集的胜太路大市场。胜太路大市场奠定托乐嘉商业中心的雏形，而最初的创业者主要是失业农民。

随着江宁经济技术开发区企业的集聚和大学城高校学生规模的扩大，大型房地产开发商和零售业资本进入江宁区。其中，2005年托乐嘉购物小镇和托乐嘉花园住宅小区建成，华润苏果超市、肯德基快餐、星巴克咖啡等大型连锁品牌入驻。同时，由于土地产权的变动和大型商场的开发建设，首批在此经营的小商家和流动摊贩被迫搬到远离主干道的地方，即大学生所谓"南航后街"（图5-11）。至此，托乐嘉商圈中托乐嘉购物小镇和南航后街"双足鼎立"，成为江宁大学城年轻人消费的大本营。2017—2018年，在多次城市街道整治行动中，该商圈内部商铺频繁翻新、转手，零售商业业态种类结构以及商家构成变化明显，不过仍有少数最初创业商家一直经营至今，成为托乐嘉商业中心有名的"老字号"商店。

图 5-11　托乐嘉购物小镇的商场（左）、老后街铁板房

（三）业态的高低并存与混杂

实地调研发现，托乐嘉商业中心具有高低业态并存、新旧空间拼合的特征。从消费需求层次来看，基本需求型的店铺占比近八成，只有两成店铺为满足高层次消费需求的经营场所，因此托乐嘉商业中心主要为日常生活基本服务中心（表5-6）。其中，经济实惠型的店铺和摊贩主要位于南航后街片区和托乐嘉购物小镇商场的底层，绝大多数店铺的面积较小，室内外装修比较简单实用，门头、招牌等朴素，桌椅简单摆放以使空间利用效率最大化。而偏向文艺"小资"型店铺如连锁品牌咖啡、"网红"美食店、品牌服饰或服务店，集中在托乐嘉购物小镇的大型商场。此类店铺重视室内外装修，采用大面积玻璃窗、花架、色彩、欧式建筑元素等

打造不同景观；注重个性化商品与服务体验、品牌知名度，迎合中等收入群体更高的文化和审美偏好（图5-12）。受访者认为，消费场所物理环境的整洁和装饰的美观程度，是商铺之间最大的差别。

表5-6　托乐嘉商圈的商业构成

等级	分类	主要业态类型	数量	占比
基本需求 78.89%	经常性需求	衣：服饰鞋包、饰品	477	73.50%
		食：正餐、快餐、饮料店、果蔬店、便利店		
		用：超市、杂货铺、理发店、文具店		
	必备性需求	图文店、书店、修理店、五金店、药店、电子产品店、眼镜店、银行、医院等	35	5.39%
高层次需求 21.11%	刺激型需求	特色餐厅、花店、宠物店、糕点店、专业器材店、中介机构、培训机构、健身房、驾校、美容美体、干洗店等	90	13.87%
	交往性需求	商品店、室内游戏厅	47	7.24%
总计	—	—	649	100.00%

图 5-12　托乐嘉时尚休闲消费空间

边缘中产阶层群体是托乐嘉商业中心形成与重构的核心主体，塑造其时空特征。[①]问卷结果显示，顾客群体中大学生数量最多，其次是在附近上班的年轻大学

---

① 郑文杰. 边缘中产阶层在新城消费空间生产中的效应及规划应对——以南京江宁托乐嘉商圈为例[D]. 南京: 南京大学, 2019.

毕业生。受到消费者尤其是年轻人工作时间的影响，托乐嘉商业中心的经营活动呈现明显的周期性。大部分商家表示：一年里寒暑假客流量会明显下滑；周一至周四客流量相对较小，周五晚上至周日晚上生意最佳；一天中晚餐时段和夜宵时段的客流量最大。因此，很多商家会选择在下午四点之后开始营业直至凌晨，这也与年轻人热爱夜生活的生活习惯吻合。

托乐嘉商业中心成为年轻大学生以及新就业人群最主要的消费空间，同时也是其重要社交场所。调研发现，超过70%的大学生消费群体认为，与校内食堂相比，在托乐嘉的校外消费能提供更多的闲聊机会和更长的闲聊时间；九成白领消费者认为，托乐嘉是自己与朋友、同事日常交流的主要地点。绝大多数受访者表示，托乐嘉是大学生活的宝贵记忆之一，不仅自己经常光顾，非常熟悉，而且会乐于向朋友推荐此地，并引以为豪。年轻大学生和新就业人群所代表的边缘中产阶层，对新城商业消费空间表现出极强的功能依赖和情感依赖。

三、边缘中产阶层与新城消费空间的互构

（一）边缘中产阶层与边缘空间的时空共轭

相对于城市中心区而言，新城、新区由于地理位置的偏远以及城市功能的不健全、不完善，在建设初期可谓物质与社会内涵双重意义上的"边缘空间"。中国大城市新城、新区的成长（即郊区化）离不开工业化、城镇化以及高等教育大众化三股最重要的驱动力，新城、新区（边缘空间）与边缘中产阶层群体的形成、壮大、成熟，在一定程度上具有紧密的时空共轭特征。

大学城、产业园以及房地产社区是新城、新区空间的三个主要要素，三者在地理空间上相互拼贴，并且具有内在的社会经济关联，共同构成边缘中产阶层的"制造工厂"。改革开放以来，全球化过程中中国产业转型，第三产业的快速发展催生对高素质脑力劳动力的迫切需求，国家通过实施高等教育扩张战略培养相应人才。相应的，产业外迁和企业向新城、新区集聚为高校毕业生提供了大量的就业岗位。企业、大学向新城集聚带动大规模房地产开发与地铁、公园等公共设施供应，以地生财的城镇化运行模式驱动大城市边缘地区空间重构，同时该过程也是该地区从乡村社会向城市社会转型的过程。

江宁区拥有近20所高等教育机构和职业院校，集聚华为、中兴、海康威视等

近千家大大小小的高新技术企业，以及大规模居住社区，住房供应充足。一个普遍人在新城能够完成"从高中生到大学生，再到高素质专业型职工、城市居民"三次连续的身份转变。托乐嘉地区是大学校园、地铁站、居住小区以及产业园要素的集中地，充足的房源、便利的交通和商业服务环境使之成为年轻大学生以及刚毕业大学生的集聚地。从社会阶层结构来看，托乐嘉地区属于典型的边缘中产阶层社区，逐渐形成边缘中产阶层的生活文化氛围。边缘中产阶层同时具有的"符号消费"与"理性消费"两种消费需求，共同驱动新城消费空间的生产与重构。因此，托乐嘉商业中心同时存在南航后街和托乐嘉购物小镇两个经营业态与空间品质完全不同的片区：南航后街片区的消费空间代表"装修品质较低、价格亲民"的日常消费空间，而托乐嘉购物小镇代表"较高品质、多元化消费"的个性化消费空间。

（二）新城消费空间供需的动态调配

大学生群体和边缘白领群体的经济资本和消费能力有限，导致他们的日常消费集中于基本的生活需求，其消费需求决定新城商业中心的业态。因此，餐饮业在托乐嘉地区的占比达54.37%，大部分业态满足日常性消费需求，提供廉价、实惠的商品或服务，与消费者群体的消费需求高度吻合。网吧等消费需求逐渐降低，商业场所正陆续被改造为餐饮场所。同时，具有高教育背景的边缘中产阶层表现出较高的审美品位，追求连锁品牌商品以及较高体验品质的消费空间。边缘中产阶层消费群体将装修环境作为商铺选择的重要因素之一，对托乐嘉购物小镇和南航后街片区的装修环境差异有明显的不同感知，并且绝大多数消费者会因为商铺卫生条件和装修品位而更倾向选择在托乐嘉购物小镇消费。边缘中产阶层对空间品质保持着较高的敏感度，他们对消费空间品质的追求也使得消费者在日常消费过程中逃离不符合其偏好的消费空间，进而迫使资本对消费空间进行再生产。以托乐嘉地下美食天地为例，该美食天地与菜市场同处在苏果超市的负一层，环境较为嘈杂，缺少自然采光，难以满足边缘中产阶层消费群体的空间品质需求，因此美食天地经营不到一年便因效益不佳而被迫出让。

托乐嘉商圈中所集聚的边缘中产阶层，不仅包括消费者群体，还包括经营者群体，两者具有相似的社会经济地位以及共同的文化偏好和文化需求，文化认同程度较高，因此从供给与需求方面双向逐步修正托乐嘉商业中心的业态结构和物质景观。经营者热衷于"网红"品牌的打造，频繁进行店铺装修，利用电影、音乐、挂画、餐具、摆件等文化要素装点店铺，不断推出新产品与服务，营造年轻、时尚、潮流的消费文化氛围，实现托乐嘉商业中心持续保持社会经济活力。边缘中产阶层聚集所产生的消费需求决定了新城消费空间的商业供给，而新城消费空间也在消费需求的变化过程中动态调整其业态，以吸引更多边缘中产阶层集聚。

（三）是中产的孵化器，还是阶层矛盾的缓冲带？

我们认为，相比大都市中心区中产化消费地而言，新城消费空间具有更强的社会包容性和更低的排斥性，可以容纳不同社会阶层群体共生。一方面，托乐嘉商业中心既包含廉价的零售、餐饮业态，也具有一定的高消费文化娱乐业态；活跃着除精英富裕阶层以外的大学生、普通白领、蓝领工人、失地农民、小业主以及小摊小贩，具有高度的社会包容性和多样性，多元化社会群体共赢共生，可以说，这是托乐嘉具有高度活力的原因之一。另一方面，边缘中产阶层的社会阶层具有不稳定性特征，既有可能通过财富积累而实现社会阶层向上流动，成为核心中产阶层，亦有可能因户籍制度或遭遇疫情、灾害等不利因素，而导致社会阶层向下流动。

对于边缘中产阶层而言，新城消费空间是一种特殊的过渡性空间，是实现由农民到市民、由高等教育学生到白领身份转型的"孵化器"，同时还具有抵挡社会阶层冲突的缓冲作用。可以说，新城商业中心不仅仅是一个消费空间，更是各类信息交流和社会交往的空间，是边缘中产阶层逐渐积累文化资本和社会资本，进而实现社会阶层向上流动的过渡性空间。对于大学生群体来说，在高校接受专业性知识教育的同时，也可以通过对城市空间的多种消费（住房、餐饮、文化、休闲）塑造自身文化品位，并借此建立、拓展社交网络。例如，在托乐嘉附近的毕业生、边缘白领等群体，已经成为大学生能够接触到的重要人脉资源。在消费过程中，大学生能够向朋辈寻求关于学业、毕业等方面的指导，获取大量关于实习、择业、就业、交友等多方面的信息。这已成为大学生拓展社会关系网络、积累经济资本的重要途径。

新城、新区的建设使得原有城市郊区从乡村社会向城市社会转型，物质空间和社会空间剧烈重构。当前，大城市居住空间的隔离与排斥程度正与日俱增，不同社会阶层在住房市场的竞争与冲突显露无遗。相比住房的私密性，商业空间的公共性和开放性较强，因而商业空间具有抵抗不同社会阶层冲突的缓冲作用，更有利于边缘中产阶层同其他社会阶层的交流、融合。

（四）新城消费空间的潜在危机

随着人口集聚与功能完善，郊区新城逐渐发展成熟。地铁等公共交通的建设，进一步提高了新城的地价与租金。托乐嘉地区超过一半的商铺为个体户，属于自主经营的小微企业，租金敏感性高。近年来，由于商铺租金上涨较快，经营者流动性较强，一定程度上导致商业活力降低。更重要的是，一部分边缘中产阶层成长为真正的核心中产阶层之后，便开始觉得托乐嘉的环境过于嘈杂，商品品质参差不齐，卫生安全状况堪忧，认为托乐嘉无法满足他们更高消费的需求，不能达到其消费预期。因此，核心中产阶层往往较少前往托乐嘉消费，托乐嘉地区也很少出现成熟的中产阶层群体和上层社会群体。新城消费空间虽然具有较强的社会包容性，但总体呈现的是"向下包容"，在一定程度上属于被中高收入群体排斥的边缘消费空间。边缘中产阶层无法与真正的中产阶层、上层阶层交流，也就可能由此失去向上拓展社会资本的更直接机会，最终长期受困于大城市新城的边缘地区，难以实现社会阶层的向上流动和向城市中心区位的空间迁移。

在快速城镇化过程中，大城市新城是边缘中产阶层这一特殊社会群体的"制造工厂"，边缘中产阶层群体的消费需求则是重构新城空间的强大力量，两者共生共荣。边缘中产阶层的形成、壮大及固化，对新城空间起着潜移默化的修正、重塑作用。我们认为，边缘中产阶层是一个具有社会流动且处于成长中的群体，而新城诸多的商业空间是相应尚不成熟的消费空间。中国城市边缘中产阶层群体与城市新城、新区同成长共命运，是一种社会阶层流动与物质空间生产的孪生过程。新城、新区的未来决定边缘中产阶层群体是否能够上升为核心中产阶层，边缘中产阶层的成长也反馈于新城、新区的发展。然而，在城市规划的早期实践过程中，以经济、生产等核心价值观来主导城市规划设计的方法，极大程度上忽视了人作为城市空间使用主体的重要性，生产至上的规划理念给居民的生活和工作带来极大的不便。进入新时期，大城市新城、新区建设必须坚持"以人为本"的发展理念，高度重视边缘中产阶层群体的现实消费诉求，消费空间应动态调配以适应边缘中产阶层未来的成长。为更好地发挥城市空间对边缘中产群体实现阶层上升的孵化作用以及应对不同社会阶层冲突的缓冲作用，城市公共空间的交往性、开放性需要进一步提升。我们应充分考虑新城居住人口对美好生活和未来成长的需求，尽可能地提高城市功能、商业以及社会群体的多样性，通过高质量改造更新，提高新城建设品质与活力。

第六章　创意产业发展与旅游中产化

第一节　创意底层如何推动城市更新

一、创意阶层与城市更新

吸引创意阶层、培育创意阶层以及发挥创意阶层的作用，是欧美国家进入后工业化社会的重要战略之一。[1][2][3]创意阶层是大都市经济社会转型和文化复兴的重要推动者，也是大都市最具有活力的群体之一。[4][5]然而，自佛罗里达的创意阶层理论提出以来，许多西方学者批评创意阶层概念的模糊性和不全面性。有学者指出，创意阶层定义不清晰导致其测度存在着很大偏差。批评者指出，佛罗里达的创意阶层概念在职业上是多样化的，将不同收入和生活方式的人混为一谈，忽视了创意精英（creative elite）和创意底层（creative underclass）之间的差异。[6][7]每个职业既包括

① 理查德·佛罗里达. 创意阶层的崛起[M]. 司徒爱勤, 译. 北京: 中信出版社, 2010.

② CURRID E. The Warhol economy: how fashion, art, and music drive New York City[M]. Princeton: Princeton University Press, 2007.

③ MORGAN G, REN X.The creative underclass: culture, subculture, and urban renewal[J]. Journal of urban affairs, 2012, 34(2): 127−130.

④ PRATT A C. Urban regeneration: from the arts 'feel good' factor to the cultural economy: a case study of Hoxton, London[J].Urban studies, 2009, 46(5−6): 1041−1061.

⑤ CURRID E. The Warhol economy: how fashion, art, and music drive New York City[M]. Princeton: Princeton University Press, 2007.

⑥ DEUZE M. Managing media work[M]. London: SAGE Publications, 2010.

⑦ MCKEOWN T. Non−standard employment: when even the elite are precarious[J]. The journal of industrial relations, 2005, 47(3): 276−293.

有创意的人，也包括缺乏创意的人。[①]国内已有学者关注到近年来创意群体的新变化。黄斌认为，由于创意表达与变现渠道不断拓宽，创意生产的准入门槛降低，创意阶层的构成已经不局限于佛罗里达所说的超级核心创意群体和创新专家，创意群体的来源不断扩大，大众化与多元化成为主要趋势，并且形成规模较大且与创意精英存在明显差异的创意底层。[②]

学者们将创意底层定义为通过互联网用户自制内容模式（User Generated Content，UGC）产出或者传播创意成果的群体，他们往往具备较高文化资本和较高创造力，但是与创意精英相比，他们的经济水平相对较低。区别于普通大众的社交需要，也不同于追求影响力（流量）和收益的自媒体，创意底层群体主要是出于对某种生活方式的认同感或自我实现的目的而进行创意产出。他们发挥创意才能已经不仅局限于自身从事的职业中，而且扩展到日常生活。[③]另外，随着文化创意的载体日趋"轻盈"，创意生产成为日常生活，而日常生活又为创意生产提供源源不断的广阔素材。创意底层成员可能是与大公司长期合作的自由职业者，或者是经营独立、小型的初创公司人员，也可能是自我雇佣或自由职业者。

目前，国内对创意阶层的讨论主要在创意阶层的理论框架下展开，聚焦于少数拥有着特定职业和话语权的创意精英群体，而对广大的创意底层缺乏关注。然而，广大的草根型创意人才是城市发展的重要人力资源，对城市和地区的社会经济发展具有重要的撬动作用。习近平总书记提出"人民城市人民建、人民城市为人民"的重要指示，量大面广的创意底层群体是城市建设发展的重要基础力量，赋予了城市创意文化的底色和特色，因此将研究视角从创意群体中的精英阶层转向草根阶层十分必要。

当前，城镇化进入"下半场"，全面实施城市更新行动成为存量发展阶段的重要任务。文化再生是国内外城市更新实践的常用策略，由于新媒介对个体空间实践的赋权，创意底层已经成为城市空间生产中的一股新力量。全国各地已经涌现出诸

---

① 安树伟, 李鹏. 城市创意阶层研究新进展[G]//北京大学北京论坛学术委员会. 文明的和谐与共同繁荣——新格局·新挑战·新思维·新机遇. 北京: 北京大学出版社, 2013: 298-306.

② 黄斌, 吕斌, 胡垚. 文化创意产业对旧城空间生产的作用机制研究——以北京市南锣鼓巷旧城再生为例[J]. 城市发展研究, 2012, 19(6): 86-90+97.

③ GORNOSTAEVA G. The wolves and lambs of the creative city: the sustainability of film and television producers in London[J]. Geographical review, 2010, 99(1): 37-60.

多由创意底层参与改造的文艺街区,例如上海田子坊[①]、厦门沙坡尾地区、成都泡梧桐街等。虽然从全国范围来看,厦门并不是创意产业和创意人才最集中、层次最高的城市,但是厦门是国内最"文艺"的旅游城市之一,文艺青年构成的创意底层较早开始介入城市更新与旅游业发展。厦门市旅游发展和创意底层的空间生产密不可分,厦门市和创意底层一直以来都被赋予"小清新"的形象标签[②],而沙坡尾片区又是近十年来厦门市创意底层主动参与城市更新、与规划互动合作的典型案例,因此本节选择沙坡尾片区作为重点研究对象。

通过深入访谈和问卷调研等方法,本节借鉴社会学中的文化资本理论,建立创意底层参与城市更新的理论分析框架,总结创意底层参与城市更新的过程、方式和效应。我们将城市更新中文化创意的研究视角从"产业"转向"个体",将创意群体的研究对象从"精英"转向"底层"。本节通过对创意底层参与城市更新实践的观察,分析创意底层在中国大城市的具体构成和特征,总结创意底层参与城市更新的方式、机理以及效应,并探讨将其作为一种城市更新策略进行推广的可能性和潜在问题,以期为城市更新策略制定提供参考。

二、沙坡尾:创新底层集聚与地区更新

(一)研究区域

沙坡尾位于厦门本岛西北部,毗邻南普陀寺和厦门大学,总面积约为20.8公顷(图6–1)。沙坡尾保留了传统闽南渔村风貌,渔村的避风坞长期以来淤积严重,四周道路狭窄破旧。2015年,沙坡尾封闭整治避风坞行动将渔民强行退渔,因此渔民和渔村不得不寻找转型发展的新路。

(二)沙坡尾地区的城市更新历程

1990年代以来,厦门市城市更新行动主要集中在厦门岛内,可以分为旧城、特色城中村和旧工业厂房三种类型。其中,特色城中村主要是分布在厦门岛南部环岛路沿线、拥有优越的自然环境和历史文化遗产的部分城中村;旧工业厂房包括湖里

---

① 孔翔, 钱俊杰. 浅析文化创意产业发展与上海田子坊地区的空间重塑[J]. 人文地理, 2011, 26(3): 46–50.

② 郭雅兰. 创意底层与城市更新: 过程机制及规划响应——以厦门市沙坡尾片区为例[D]. 南京: 南京大学, 2019.

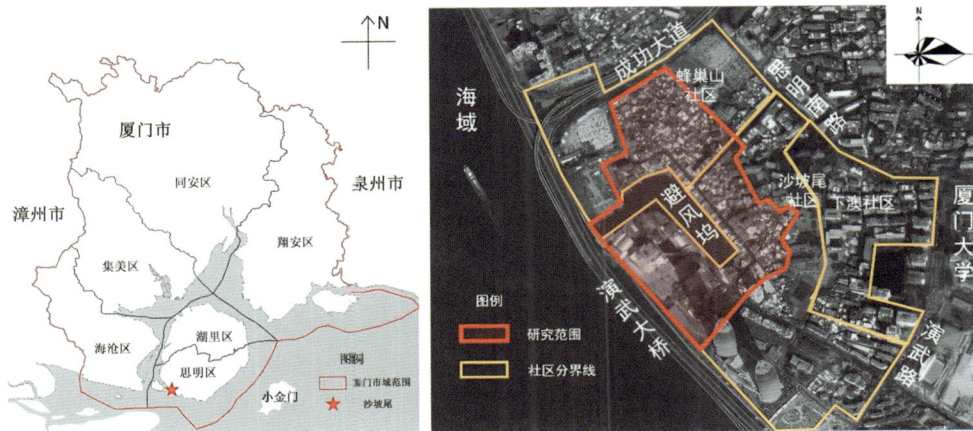

图6-1　研究案例区位图（左）、范围示意图（右）

老工业厂房文创园区、闽台（厦门）文化产业园、嘉禾良库、龙山文创园、沙坡尾文化创意港等片区。厦门较早借鉴日本等国家和地区的城市更新与社区营造经验，开展了"美丽厦门共同缔造"行动，鼓励自下而上的社区更新实践，为创意底层提供了良好的参与环境。

　　早在21世纪初，沙坡尾片区就被列入了厦门"十一五"旧城改造计划。2009—2013年，厦门市规划委员会编制了一系列相关规划，但是由于空间肌理复杂，拆迁安置困难，沙坡尾片区的城市更新行动始终未能正式展开。2012年9月，《沙坡尾海洋文化创意港行动规划》审批通过，沙坡尾片区的城市更新进入启动阶段。思明区政府在完成基础设施修缮、更新的同时，出台"以奖代补"的更新政策，调动居民进行私宅更新的积极性，改善建筑杂乱破败状况。同期，青年文化创意公司成立并受思明区政府委托负责沙坡尾的老城改造。第一批进入沙坡尾的年轻创意阶层开始启动沙坡尾一处冷冻厂的改造，打造名为"艺术西区"的文创基地，以作为地区发展的增长引擎和示范区。艺术西区利用音乐现场演出聚集人气，同时设立创意港共享空间作为社区茶社兼社区营造推动点，免费开放给所有为沙坡尾工作的团队使用。2016年—今，沙坡尾地区更新进入持续的社区营造阶段，创意群体进一步集聚，他们依托沙坡尾工作坊，纽建沙坡尾"公益学堂"，开设以传承渔港文化为主的系列课程和活动，如非遗文化传习、创业就业培训、互动讲座沙龙、创意分享会等，持续推动沙坡尾地区的城市更新与发展（图6-2）。

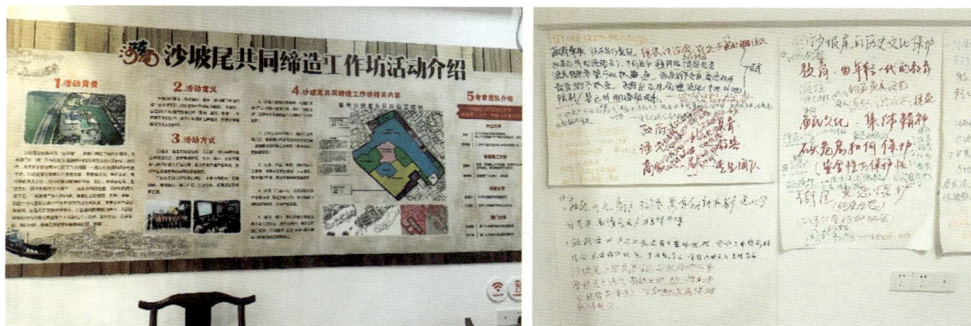

图 6-2　沙坡尾共同缔造工作坊活动海报（左）、参与者对沙坡尾更新的建议（右）

（三）沙坡尾片区的创意底层

通过实地调研和问卷访谈，我们发现沙坡尾的创意底层由多元群体组成，成员所处的阶级、教育程度和年龄都存在一定的差异，大致可以分为四类。

（1）青年文化创意公司的策划团队

策划团队成员主要为厦门本地青年人，平均年龄25岁左右，大多为重点大学毕业生且有传媒相关的专业经验。这一群体的文化资本再生产的内容主要包括艺术西区的发展模式、经营业态以及活动策划，他们注重自我价值的实现，表现出强烈的地方认同。

（2）沙坡尾的商铺经营者

商铺经营者们将自身的爱好、风格和个人价值观投射到商业经营中，店铺经营理念和物质空间装饰都以表达自我为主，输出某种生活理念或价值观，经营的内容杂糅混合。

（3）创意市集的流动商家

创意市集中的经营者大多拥有大学学历，大多数人都表达出对原有专业和日常工作的不满，工作之余摆摊赚取工作之外的收入。创意市集的商家大多是学生或是刚入职的白领、文职工作人员，由于自身兴趣或是与原有专业相关而开始创作，正处于从创意底层向创意精英上升的状态中。沙坡尾的空间为创意市集的经营者们提供了更多的上升机会，例如创投公司和基金公司会主动对接沙坡尾的创意市集，发掘、孵化有潜力的创意底层和创作产品。

（4）游客

游客同时也是互联网用户自制内容生产者。根据问卷调研结果，大约有9%前往沙坡尾旅游的游客正在经营个人自媒体账号，平台粉丝数大多集中在100—500人。内容输出平台以微信公众号和Bilibili网站为主，传播内容中深度图文和长视频创作日益增多。在游客群体中，92.31%的游客正在或已接受大学本科以上的教育，44.6%的受访者为学生，40%的游客月收入低于3000元。可以发现，游客受教育水平普遍较高，而收入处于中低水平，总体属于创意底层而不属于创意精英。

（四）创意底层何以集聚沙坡尾？

已有研究认为，创意底层比其他群体更有借用和分享想法创意的习惯，擅长通过网络渠道进行自学和与兴趣群体交流，同时也有更高的文化消费需求和能力。创意底层的职业分布广泛，包括自我雇佣（个体户）和自由职业者、参与非正式的创意经济者、"斜杠青年"等，甚至还有在工作之余从事创意工作的专业人士。Galina将创意阶层分为"工人阶级波希米亚"和"中产阶级波希米亚"两类，沙坡尾地区的创意底层有相当一部分人在社会地位和经济资本上更接近于"中产阶级波希米亚"——受过高等教育，拥有较高文化资本、社会地位以及自由时间，他们大多拥有经济资产来维持独有的社交网络并维持"卖弄贫穷"（ostentatious poverty）的生活方式。同时，沙坡尾地区也有少量创意底层属于"工人阶级波希米亚"，即青年亚文化群体——享受享乐主义行为，推迟进入成年期，代表着前卫的流行文化，同时他们还可能认同无政府主义，反对时尚，崇尚朋克或嘻哈音乐，拒绝传统生活方式和艺术产品的商业用途。这两类群体都渴望或擅长通过对特定空间的重塑实现地点的标签化，进而实现自身的身份建构和地方归属感的建立。

我们认为，厦门创意底层进入沙坡尾地区的最初原因是"边缘化空间"的原始吸引。类似纽约布鲁克林区，带有一定文化遗迹的城市衰落地带往往是适宜创意阶层生存的"边缘化空间"。[1][2][3]这类空间能够为创意阶层提供一种类似"匿名"的

① ZUKIN S. Urban lifestyles: diversity and standardisation in spaces of consumption[J]. Urban studies, 1998, 35(5−6): 825−839.

② ZUKIN S. Consuming authenticity: from outposts of difference to means of exclusion[J]. Cultural studies, 2008, 22(5): 724−748.

③ ZUKIN S, TRUJILLO V, FRASE P, et al. New retail capital and neighborhood change: boutiques and gentrification in New York City[J]. City & community, 2009, 8(1): 47−64.

环境和免受主流社会控制的自由。通常这些被中上阶层遗弃的"去投资化"空间在噪声控制、入场费用和开放时间等方面的限制较为宽松，为创意底层提供了一个廉价的生活、工作以及娱乐空间，为非传统生活方式的生产和消费提供了有利条件，例如街头贸易或当地市场的摊位。创意群体可以在此展示和销售他们的产品，并且获得相对廉价的零售产品。若不加干预，这些地区将随着市场发展的成熟而逐渐商品化，创意阶层也将失去生存的"草根环境"。

包容性的城市政策为创意底层提供生存土壤，在新媒体时代，创意底层的文化资本（尤其是其中的青年亚文化资本）通过"流量变现"等方式生产主流社会所承认的文化资本，并在直接参与主流社会的过程中为社会发展贡献力量。创意底层的聚集在一定程度上刺激了沙坡尾地区的经济活力，推动传统渔村退渔后向现代第三产业转型。正因为此，厦门市思明区政府为沙坡尾的摇滚音乐、小众乐队和独立音乐人颁发演出许可，对文艺青年的一些非主流的活动采取默许态度，还为年轻人在沙坡尾的创业提供政策、法规咨询和法律援助服务。

沙坡尾地区政府集中收储土地，有效抑制了房屋租金的上涨。创意底层本身就是高文化资本和低经济资本的结合体，该群体对租金较为敏感。当租金成本大于创意收入时，创意底层必然选择退出，继续寻找下一个合适的租金洼地。因此，为了创意底层能够在空间内进行持续性的生产，必须干预租金水平。沙坡尾借助对土地、商铺的集中收储抑制了租金的无序上涨，一方面借助原本就持有较多土地的国有企业（厦门夏商集团），通过厦港街道与国有企业进行协商，从公房准入把关和租金控制两方面调节街区商业种类；另一方面，青年文化创意公司在规划启动前期集中收储土地和商铺资源（包括自持和租赁），目前大约控制沙坡尾片区三分之一可利用的建筑。除此之外，政府还对进入沙坡尾指定区域创业的创意底层给予住房补贴和租金补贴优惠。

在新媒介的帮助下，创意底层实现了自我赋权，拥有在媒介空间塑造符号意义的文化权利。然而，在实体空间的更新中，创意底层要发挥更大的作用必须获得组织赋权，即在社区的更新中获得话语权。沙坡尾在规划前期提出，计划形成由政府代表、社区代表、社会代表组成的社区营造中心作为社区运营主体的机制，尽管在后来的实践中，这一方案没有真正形成常态化、制度化的运营决策机制，更多是以沙坡尾共同缔造工作坊的阶段性运作来实现各个利益主体之间的沟通和协商，但这仍然为创意底层表达自我诉求打开了渠道，社区居民、社会组织、片区商家、年轻设计师、文艺青年都拥有一个发声的可能。通过制度许可、组织赋权和政策补贴等方式，创意底层在一定程度上获得了对社会资本和经济资本方面不足的弥补。

三、创意底层参与城市更新的动机和方式

（一）创意底层参与城市更新的动机

（1）寻找身份认同

若个体在成长过程中曾经有过被剥夺话语权的体验，那么当其具备了一定的反抗能力时，就会主动寻找与主流社会不同的认同系统，并在这个系统框架下表达自我思想。后现代社会的碎片化和多元化为创意底层提供了能够建立个性化认同的基本条件，"80后""90后"创意底层追求真实自我的表达是能够向外展示"我是谁"的机会。沙坡尾的创意底层在早期普遍表现出明显的抵抗主流和父辈给予的统一描写和标签，这种抵抗通过青年文化创意公司的策划团队得到放大和表达。他们希望通过自己的文化生产实践重塑自我形象，借助个性化的非主流文化图示表述符合自身诉求的真实自我，以此重构个体身份的认同。如利用城市空间建构属于自己的视觉形象，墙面上的涂鸦、广场上玩轮滑的少年、公共空间的创意市集……创意底层无时无刻不在利用城市空间展示自己的身体、服饰、妆容、动作。[1]他们利用城市空间展示"我"的形象，通过改造城市空间建构"我"的形象。随着创意底层在沙坡尾的介入，他们逐渐搭建出满足自身社群休闲娱乐和社会交往需求的种种场景，吸引了更多具有相似审美偏好、生活方式的人群。

（2）寻求文化资本增值与转化

在一定条件下，文化资本可以转化为经济资本和社会资本。[2][3]通常情况下，文化资本蕴于实体的文化资源之中，需要通过市场交换才能真正产生经济效益和社会效益。创意底层所具备的创造力能够将自身的文化资本转化为具体的、可进入市场

---

① 周赞，刘泽源. 认同机制构建视角下青年亚文化现象解读——以Cosplay亚文化为例[J]. 当代青年研究, 2018(2): 5−11.

② BOURDIEU P. Distinction: a social critique of the judgment of taste[M]. London: Routledge and Kegan Paul, 1985.

③ PRATT A C. Urban regeneration: from the arts 'feel good' factor to the cultural economy: a case study of Hoxton, London[J]. Urban studies, 2009, 46(5−6): 1041−1061.

交换的文化资本。

（3）创意底层对城市问题的想象性解决

对自我身份认同的追寻往往伴随着对社会问题的想象性解决。当青年亚文化群体和主流文化共同面对着同样的社会问题时，他们通过仪式化的微抵抗行为，为主流文化和父辈文化中尚未解决的问题和矛盾提供象征性的解决方案。对沙坡尾的创意底层来说，这种象征的、想象性的解决方案除了"抵抗"以外，同时还带有一种强烈的社会责任感和地方认同感。不仅需要探寻"我是谁"、展示"我是谁"，同时还要"用我的方式改变世界"。创意底层在沙坡尾的身份认同和自我形象的建构是伴随着对城市问题的想象性解决过程的——在主动参与城市更新的过程中寻找身份认同，在城市空间生产的实践中建构自我形象，创意底层尝试用自己的方式提出象征性"解决方案"。因此，在寻求差异化身份认同、实现文化资本增值与转化，以及探索自我和改造世界方式的三重驱动下，创意底层主动参与到城市更新的过程之中。

（二）创意底层参与沙坡尾更新的方式

面对沙坡尾地区衰败、日常生活空间和休闲消费空间之间的割裂、地方文化和外来文化的交织、父辈文化和青年文化的冲突等诸多矛盾，创意底层介入地区的更新行动可以分为物理空间和虚拟空间两种基本路径。就物理空间路径而言，年轻有活力的创意底层积极介入沙坡尾地区本地居民的日常生活空间，用艺术形式和文化符号重塑空间形象。例如，创意底层主导的"老城复兴计划"和"再见鱼行口"创意市集，将社区菜市场摊位进行创意包装；吸引、邀请本地特色商家进入创意底层的生产场域，提取本地元素进行创意包装和商业化推广，运用打造潮流品牌的方式塑造地方传统小吃；等等。这些均属于城市更新的传统方式。按照城市规划，沙坡尾采取"土地产权基本不动、空间肌理基本不改、本地居民基本不迁"的改造模式，这决定了地区更新需要极大地依靠包括创意底层在内的市场力量。地方政府在基础设施投入、自主更新政策扶持方面为地区空间的改善奠定了良好的基础，而创意底层基于个人审美偏好直接参与地区建筑环境更新，沙坡尾逐渐呈现出色彩斑斓、广告牌林立的景观，空间艺术性和趣味性显著提升。

然而，真正凸显创意底层利用互联网和社交媒体进行创意生产的是其在虚拟空间的活跃角色，以及通过空间媒介化和内容符号化的参与方式。

（1）空间媒介化：从再现到交互

在新媒介时代，空间的意义由实体部分（物质空间）和媒介部分（赛博空间）共同构成。媒介空间不仅仅是实体空间形象和关系的再现，其与实体空间形成了越来越深入的交互关系，二者在相互影响中共同构成一个完整的空间。空间媒介化是指针对具体的空间地点，建立对应的媒介空间。当实体空间与媒介空间的组织者为统一主体时，空间媒介化的效应最为显著。新媒体赋予个体在赛博空间中对内容进行再生产和批判的权力，改变实体空间中参与者单向的信息接受者的角色。因此，空间媒介化的重要意义在于为个体的空间实践赋权，将决策的责任和资源控制权授予或转移到那些即将受益的人的手中。空间媒介化既是技术变革下的一种整体趋势，也是创意底层进行文化资本再生产时主动选择的一种空间策略。

目前，沙坡尾地区的创意底层主要采用自媒体形式和地点标签形式两种媒介化策略。在新媒介时代的空间建构过程中，起主导作用的是对于文化资本的支配权力。组织者在文化资本的支配中占有优势，因而能够按照自己的意志规划空间、构建空间秩序，而其他参与者则处于相对弱势地位，只能通过各种方式维护、巩固组织者为空间赋予的意义。

在沙坡尾，创意底层主要运用自媒体形式的空间媒介化策略。以艺术西区为例，在实体空间的建构中，创意底层一方面通过限定空间、制定空间秩序和渲染空间的文艺氛围等物质层面的空间改造，营造独具特色的空间景观和社区意象，为艺术西区的空间赋予了浓厚的艺术氛围和年轻气息。另一方面，他们通过各种活动（讲座、演出、派对、嘉年华等）构建信息空间、交往空间和意义空间，通过活动实现信息的传递，基于共同爱好进行相对平等的社会交往与互动，通过群体传播等方式加深参与者对艺术西区的归属感和认同感。

在媒介空间的建构方面，创意底层以互联网技术为支撑，依托各种应用软件和智能手机客户端，依靠集图片、文字、视频、音频等多种媒介形态于一体的社交媒体，将艺术西区的空间从实体拓展至微信公众号和微博。

在空间体验的过程中，身处现场的游客借助智能手机、网络等新媒体技术手段，将自己的感官体验转换为与他人分享的图片和语言文字，将自己的空间实践转换为空间的再现，以此实现了实体空间和赛博空间的连通和交融。个体在微信公众号、微博、小红书等媒介中的每一条留言的撰写和发布，都可以看作一次空间实践。"一个个账号构成了物理意义的地点……一段段微小的文本是蕴含丰富意义的实践，是探视社会和参与社会互动的空间。"①艺术西区微信公众号的订阅者，在潜移默化中接受和认可这一空间所表征的意义，而在空间体验的过程中，他们又会自觉或不自觉地为空间赋予同样的意义，并将"文艺""青年""潮"的自我认同附加其上。创意底层的空间实践行为呈现出与组织者的"空间再现"相近似的趋向，从而加强了对空间意义的认同。

（2）生产内容符号化：从表象到意义

在发达的文化工业支撑下，物质生产方式中的决定性结构开始转向以影响为主导的符号信息生产方式。符号是新媒介时代空间的存在方式，城市空间成为视觉表象中的符号景观。②除了视觉之外，任何要理解城市活动的努力都十分困难，符号使得内容更容易被广泛地传播。只有通过塑造被广泛认可的符号或者借助符号标签，内容才能够快速地吸引眼球。创意底层通过自身创造力将文化资本转化为客观形态的符号，把自己的意识形态寄居在符号的幻象中。新媒介时代的商品从有形的"物"转变为无形的"信息"，媒介不再是销售"物"的传播工具，而成为信息的生产工具。生产内容的符号化是一个从制造表象到建立意义、强化意义的过程。于是，视觉图像和文字借由新媒介进入人们的日常生活世界，在潜在的消费者中留下各种具体的意象，代替人们建立自己的生活，说服人们去消费并非必需的东西，从而实现资本的权力与意志。通过空间媒介化的传播和都市交往实践，符号的意义被不断强化。

在生产空间媒介化的前提之下，创意底层在沙坡尾进行内容符号化实践。实体空间的视觉景观为媒介塑造提供了注释的对象，媒介空间的意义构建和符号传播又进一步加速了实体空间的符号生产。沙坡尾在实体空间的景观由极具感官化的创意商品和视觉景观构成——进入大学路与民族路的街道空间，特色商店运用各种材质和有设计感的色彩装饰，标识着自身与众不同的存在，甚至商铺的名称及其字体都是创意的一部分，绝大多数满足居民日常生活的商店都能从名字中轻易地得知其具

---

① 肖荣春. 新媒体语境下传播活动的"空间转向"[J]. 国际新闻界, 2014, 36(2): 77–89.
② 孙江. "空间生产"——从马克思到当代[M]. 北京: 人民出版社, 2008.

体的经营内容。其中，创意底层把商铺的名称当作表达意义的一个重要载体[①]，例如"再生海"表达的是将海中的朽木进行再生、再创造的环保理念，透露出对时间和自然的敬畏，"反正"表达的是对主流文化中是非对错界定标准的质疑和反抗，而这两家店铺其实是咖啡馆和产品展示的结合体。在文化创意园的门口即可看到大型的市集海报或醒目的活动展板和精心改造后的工业遗址，一旦进入空间，参与者立刻被各式各样的声色光影、别出心裁的手工作品、富有设计感的包装以及配合活动主题的音乐包围，多种元素共同刺激着参与者的视觉、听觉和嗅觉。

在沙坡尾的特色商店和创意市集上展示、售卖的手工作品、糕点和其他创意商品并非具有不可替代的实用价值，更多的则是一种符号。"我消费，故我有身份"，消费者除在观看的过程中获得精神愉悦和审美体验外，通过消费还能够满足表达自身审美意趣和价值取向的需求。

创意底层在媒介空间会对内容进行有意识地筛选。媒介空间并非客观世界的镜像表现，而是一种认知空间。[②]任何地理图景在进入媒介空间时的编码过程、表现过程，都将受到信息生产者的主观认知作用。拥有更高关注度的创意底层有着塑造符号意义的权力，他们仅筛选出实体空间中符合自己意志的部分进行呈现，并附以主观文字诠释。创意底层对客观事实和存在进行主观描写，将自己的意志和观点隐含在自己描绘出的超真实（hyper-reality）的幻象之中。[③]例如，通过分析沙坡尾"艺术西区"公众号自2013年10月成立以来的推送文章（约2421篇）的标题，可以发现公众号借助文字渲染塑造了一个"年轻人的沙坡尾"的形象。文字注释配合文章中反复出现、有意筛选和修饰过的画面和场景，进一步限定和引导图像的理解方式。

有关沙坡尾的众多公众号之间的影响力存在着悬殊的差距。"艺术西区"公众号的订阅数量远远超过厦门市政府建立的"沙坡尾第一站"公众号，"艺术西区"公众号在构建沙坡尾的符号意象上具有绝对的文化权力（图6-3、6-4）。

① 郭雅兰，朱喜钢，孙洁. 我国城中村中产化现象的特征、机制与效应研究——以厦门市曾厝垵社区为例[J]. 城市建筑，2019，16(1)：172-177.

② 朱旭佳，罗震东. 从视觉景观生产到乡村振兴：网红村的产生机制与可持续路径研究[J]. 上海城市规划，2018(6)：45-53.

③ 马小茹. "超真实"的基本表征——解析鲍德里亚对资本主义症候的"诊断"[J]. 哲学动态，2019(3)：54-61.

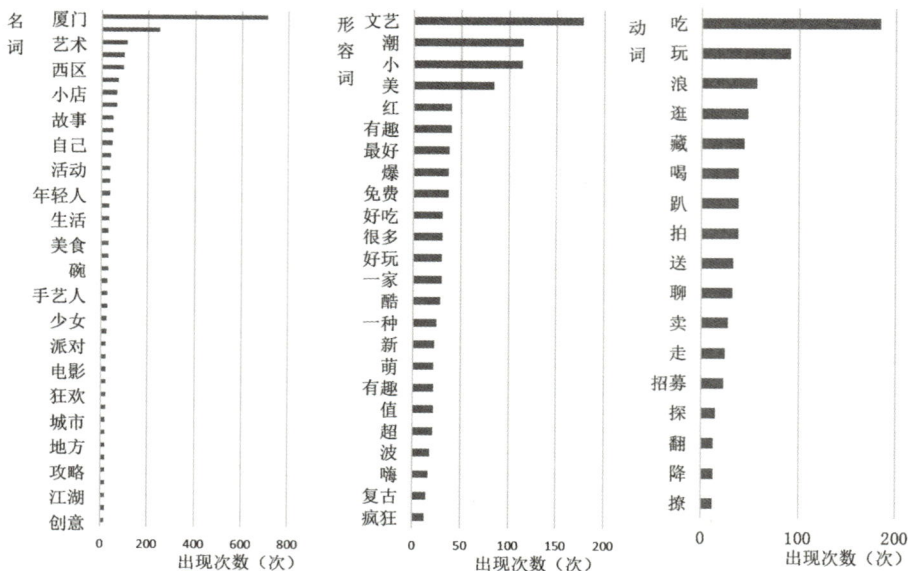

图 6-3 "艺术西区"公众号文章标题词频统计

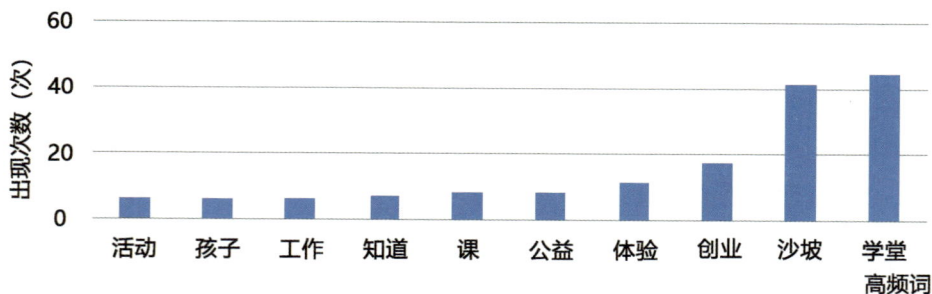

图 6-4 "沙坡尾第一站"公众号文章标题词频统计

四、创意底层参与城市更新的效应

（一）积极效应

（1）为地方文化注入新的内涵

创意底层在城市更新中发挥巨大的作用，他们为地方文化注入新的内涵，丰富了城市的意象。在文化资本和空间资本的再生产过程中，沙坡尾逐渐构建了

"潮""文艺""年轻"等新的形象和文化内涵,丰富了沙坡尾地方文化。同时,地方文化借助青年的语言得到了更好的传播。

（2）提升沙坡尾的地方知名度

随着移动互联网的全面普及,城市形象的传播从过去的政府主导、媒体执行,转变到政府与民众共同叙述的阶段。移动端的图文传播让民间和官方的话语出现分野,移动短视频的崛起更是令城市的特色和形象得到更加生动的诠释。随着城市形象定义者的扩充、城市形象相关内容的丰富,用户所感知的城市也更接近市井的日常生活,而创意底层正是移动互联网时代城市媒介空间形象的重要塑造者和传播者。2013年—今,随着创意底层的文化生产以及沙坡尾在媒介空间的形象传播,沙坡尾的地方知名度有了显著提升。

（3）地方知名度的提升为沙坡尾带来更多的游客和经济效益

2013—2019年,大学路、民族路的营业店铺比例逐步提升,街区活力明显增强。通过实地调研及对青年文化创意公司负责人的访谈,我们发现沙坡尾片区的商店平均经营时间仅有半年,店铺更迭率较高。经历七年的城市更新历程,沙坡尾片区的物质空间环境已得到了显著改善。根据实地调研和访谈,沙坡尾片区的租金已经从更新前的每月每平方米10—20元飙升至目前的每月每平方米800元,租金上涨近40倍。沙坡尾片区的周末日均人流量为8000—10000人次,有50%以上的人群在沙坡尾的单次游玩消费金额超过100元,超越了传统社区商业服务的一般消费水平（图6-5）。据思明区政府公布的数据,2019年春节期间,厦港片区（沙坡尾、演武大桥观景平台）共接待游客2.38万人次。

（4）促进公众参与

创意底层积极参与城市规划对公众参与具有正面的促进作用,他们在媒介空间所具备的力量,能够在无形中激发大众参与社区治理的意愿,从而促进城市规划更好更快地走向共建、共治、共享的新阶段。

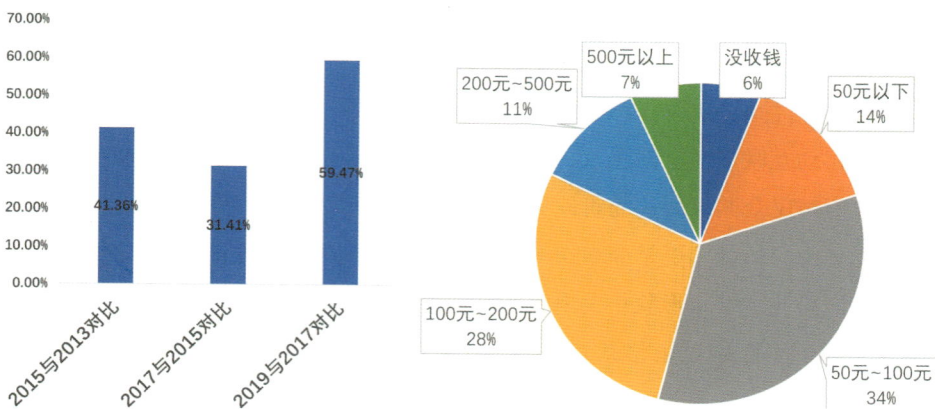

图 6-5　大学路、民族路店铺更替比例（左）以及游客在沙坡尾平均消费金额（右）

（二）消极影响

（1）视觉景观异质的同质化

沙坡尾是文化资本再生产的场域，也是文化消费的场域。在后消费时代，任何新的、有价值的符号都将迅速被市场吸收、模仿。商家为在竞争中获得最大化的利益，不断地"抄袭"成功的商业策略和最新的流行符号，最终导致城市空间在视觉景观上逐渐呈现出一种"异质的同质化"[①]。在市场的驱动下，沙坡尾地区更新后的建筑风格和形式逐渐走向多元化。但是，这种多元化更多的是为了吸引中产阶级消费群体而进行的表面化的符号拼贴，而非基于地域精神和文化内涵创作。

（2）新的文化意象伴随着对地方传统文化原真性的破坏

创意底层为沙坡尾带来新的"青年文化"，但是由于资本力量和新媒介的选择性展示，这种新的文化正在逐渐覆盖原有的文化内涵。疍民文化、海洋工业文化和渔业文化逐渐成为博物馆中的标本，演变成一种被观看的表演性活动。《威尼斯宪章》（The Venice Charter）提出，原真性保护不仅是要保护最初的状态，还要保护所有历史发展时期中产生的正当贡献。新的文化固然也将成为沙坡尾文化原真性的一部分，但是不应当抹去过去的正当贡献。消费者来到沙坡尾是为了感受这种截然不同的"原真性"，他们不仅想要有形的商品，而且更想要感受"怀旧""恢复"

---

① 扬米·穆恩.哈佛最受欢迎的营销课[M].王旭,译.北京:中信出版社,2012.

甚至"反抗"的气氛。消费者想要消费当地无形的遗产（如历史和记忆），同时也想要消费现代与过去戏剧性的冲突和交融。

（3）原住民精神所有权的消失，形成一种文化隔离和代际冲突

沙坡尾创意底层通过视觉景观和文字意义，渲染出他们期待中的沙坡尾的形象，并且构建出同样的价值观所青睐的环境。受访者认为，在沙坡尾可以按照自己的意愿打扮和活动，"像在自己家"，不会因为与众不同的服饰和妆容而感到不自在。但是，其中缺少自我表达的在地居民则处于被观看、被消费和被表述的状态。

沙坡尾仍有大量原住民居住在社区之中，商业化的经营导致原住民感到自己对街道的精神所有权正在消失。这种精神所有权丧失之后，原住民的社会交往空间和消费空间自避风坞向社区内部撤退的现象尤为显著。当本地商店发生类型演替时，常住居民和原有的消费者会产生一种痛苦的失落感。根据对2013—2019年大学路、民族路业态的连续统计，可以发现本地生活服务类的零售商店逐渐减少，服务于年轻群体的"网红店"逐年递增。其中面包店、蛋糕店、甜品店、饮品店的数量增幅最大（图6-6、6-7）。对原住民来说，大学路和民族路就如同潮水退去后留下的一道印记。

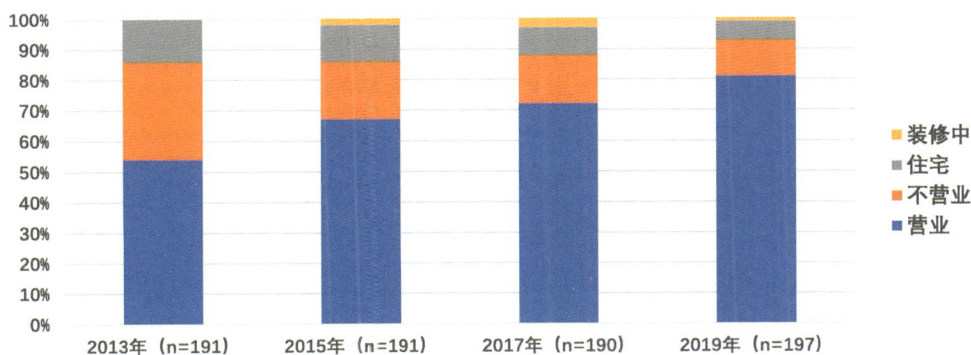

图 6-6　2013—2019 年大学路、民族路沿街店铺营业状况

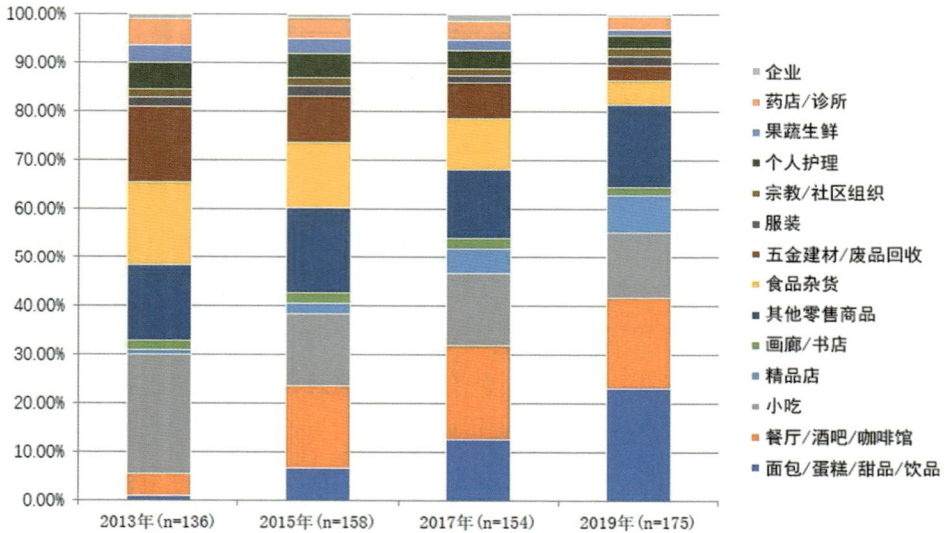

图 6-7　2013—2019 年大学路、民族路沿街业态变化情况

五、对创意城市发展的建议

相对于创意精英来说，创意底层的文化资本、经济资本和社会资本都有局限性。这种局限性导致他们趋向于"小微创意行为"，难以形成高附加值的文创产业链，并且对社区空间品质的提升作用有限。经济资本的缺乏令创意底层对租金高度敏感，如果无法抓住机遇提升自身的经济资本，那么终将随着地方发展而被过滤。另外，文化资本、经济资本和社会资本的不足又导致创意底层在价值理念上的局限。创意底层对社会问题的应对方式常常止步于想象性的解决和仪式性的抵抗，或者是在物质前景黯淡的预期下主动沉溺于"小确幸"的世界。看似积极的生活态度其实是一种对未来丧失希望后的当下狂欢，是一种短视、临时、应急的应对态度。如何更好地促进创意底层参与城市更新，仍然需要系统的政策保障。

（1）注重以人为本，关注创意底层的空间效应

城市更新应当注重以人为本，关注空间中各个群体与空间的互动关系和成长性，关注创意底层的空间效应，尤其是对地方产业升级和地方文化塑造的正面效应。激活地方创意底层的文化资本，引导流动创意底层的文化资本提高再生产的质量，弥补创意底层在社会资本和经济资本方面的短板。借助空间运营和社区治理，

营造有利于创意底层文化资本持续再生产的物质和社会环境，充分发挥创意底层的作用。推动高雅文化、青年文化、地方文化和大众文化的交融互动，从政策指引、产业培育、空间引导等多个方面促进创意底层向创意精英成长。

（2）推动社区共建营造，扩大创意底层的群体

激活地方创意底层的文化资本，有利于地方文化的可持续发展。创意是一种与生俱来的能力，只是每个人所具备的程度不同。在地居民也存在着潜在的文化资本，也可能成为创意底层。根据前文分析的创意底层参与机制，可以从激活驱动力、构建表达途径、培育表达能力、形成保障机制四个方面入手，激活地方潜在的创意底层。在空间规划和政策机制上对地方创意底层进行赋能与授权，鼓励落后空间的"寄居者"进行自我表达。充分发掘在地资源、社区历史和共同记忆，凝聚社区共识，使得物质环境承载的人文精神和社区生活形成紧密的关系，促进地方居民形成自我表达的内驱力。通过教育培训等社区文化服务，让社区居民拥有表达的途径和能力，让凝结在个体思想和行为中的文化资源真正转化为文化资本。从空间上保护地方创意底层文化资本再生产的场域，加强地方创意底层对场域的认同感。促进渔民和其他创意底层、创意精英合作共赢，组织技能培训，实施针对性的帮助扶持措施。在多维认同中建构空间和群体归属感，增强社区居民的凝聚力，为完成自我实现和自我表达建立基础。

（3）探索相应的租金补偿办法和业态准入制度

完备、适合的制度是保障创意底层生存空间的基础，同时还可以推动地方产业和空间品质持续提升。例如，通过仲裁、业主租户年度会议等方式调节租金；对富有创意内涵以及体现地方文化特色的商户提供租金减免等补贴政策；通过组建业主联盟等方式，严格审核商户的准入资格。

（4）优化治理机制，构建多元共治的长效机制

目前，沙坡尾在共同缔造的框架下，已经形成了以不定期的沙坡尾工作坊形式集中参与社区共治的模式。然而，目前的工作坊主要是一个开放的研讨形式，在社区的空间生产过程中起支配作用的还是对文化资本、经济资本和社会资本占有绝对权力的群体。对于地方创意底层（例如本地居民）来说，仍需要组织赋能；而对于流动创意底层（例如青年群体）来说，需要组织上给予更多的赋权。

第二节 "网红城市"重庆的旅游中产化研究

一、旅游业发展与城市社会空间重构

进入后工业社会，旅游业作为重要的第三产业快速崛起，并成为提升城市综合竞争力和吸引力的重要抓手。旅游资源开发和旅游服务设施的建设，不仅带动大量人口就业，而且促进整个城市的知名度提升和产业转型发展。从微观尺度看，游客集聚和旅游场所规模的扩大也会带动地区社会空间重构。2005年，Gotham提出旅游中产化概念（tourism gentrification），指出休闲娱乐场所、旅游场所激增和游客人口流入驱动社区转变为一个相对富裕和高档化的地区，例如上海的新天地、成都的宽窄巷子等地区，均经历类似的旅游中产化过程[①]。国内学者在引入这一概念时，将旅游中产化定义为依托大型旅游项目而发展起来的城市旅游，对城市交通和地域空间结构产生深刻影响，并催生城市更新和改造活动。[②]随着旅游业的迅速发展和旅游产业链的延伸，旅游人口和资本的空间影响范围也逐渐扩大。冯淑华和沙润在研究中产阶层的自驾旅行与接待地的旅游中产化之间的关系时，提出旅游中产化的空间尺度应该突破社区范围，扩展到中产阶层游客进行旅游实践的其他区域。[③]当前，城市全域旅游的发展和旅游中产化的发生地点，不再局限于旅游景区的毗邻地区，而是与整个城市的商业空间、文化空间紧密镶嵌、相互作用。[④]然而，现有的旅游中产化研究往往聚焦于中微观尺度的旅游目的地，对城区范围的旅游中产化现象的空间格局与类型缺乏系统研究；现有研究以质性研究方法为主，缺乏界定旅游中产化空间的量化研究方法。

本节以近年来在社交媒体迅速爆火的"网红城市"同时也是旅游热门城市的重庆为研究对象，以重庆中心城区为研究区域，系统分析旅游业快速发展驱动的中产化现象。重庆中心城区包含渝北区、江北区、南岸区、沙坪坝区、大渡口区、巴南

① 黄幸, 杨永春. 中国西部城市绅士化现象及其形成机制——以成都市为例[J]. 地理科学进展, 2010, 29(12): 1532–1540.

② 赵玉宗, 顾朝林, 李东和, 等. 旅游绅士化: 概念、类型与机制[J]. 旅游学刊, 2006(11): 70–74.

③ 冯淑华, 沙润. 我国自驾车旅游与旅游绅士化研究[J]. 人文地理, 2009, 24(3): 61–65.

④ 张海. 大型主题公园驱动下的旅游绅士化研究——以上海迪士尼乐园为例[D]. 上海: 上海师范大学, 2020.

区、渝中区、九龙坡区、北碚区等9个市辖区和两江新区、重庆高新区2个功能区，是重庆城镇化水平最高、城市功能最集中且人口最密集的区域，旅游业发展成熟，商业、文娱、休闲度假等相关服务设施完备，具备一定的研究代表性和典型性。本节首先识别旅游中产化的空间格局，并在此基础之上分析城市旅游中产化的特征、类型和形成机制，最后探讨重庆中心城区的旅游中产化效应，并为进一步优化城市规划与建设提出政策建议。

二、旅游中产化的研究综述

中产阶层是旅游的主要客群，其消费偏好、品位和文化需求是驱动旅游业发展的主要动力。从某种层面理解，中产化也是一场文化消费运动[1]。旅游业发展是中产化进程的重要组成部分，它既是推动地区人口和空间演变的驱动因素，同时也是社会空间重构的结果。旅游资源开发吸引大量资本投入，使得旅游服务设施周围的地价和房租显著上涨，导致当地低收入阶层无法支付日益高涨的租金而被迫选择离开。整个社区的低收入阶层的迁出和中产阶层的迁入，带来区域经济结构和社会结构重组，以及社会文化的巨大变迁。[2][3]国外学者发现，澳大利亚的布鲁尼岛（Bruny Island）由于旅游开发活动，岛上原来的产业基础从农业变成旅游观光业，吸引了大量的外界投资者对该地进行房地产开发。岛上的土地价格疯狂增长，大量游客在此购买第二居所或者永久居住下来，严重改变了当地的人口结构和生活方式。然而，讽刺的是，原本布鲁尼岛的"人烟稀少"和原住民的生活方式才是吸引旅游者前来此地的最初要素。[4]国内研究发现，历史文化街区和文化遗产地是旅游

① 吴启焰，王兆杰，刘咏梅，等. 文化能力作用下的中产阶层化及其后果[J]. 地理科学进展，2013，32(11): 1662-1669.

② GOTHAM K F. Tourism gentrification: the case of New Orleans' vieux care (French Quarter)[J]. Urban studies, 2005, 42(7): 1099-1121.

③ GLADSTONE D, PRÉAU J. Gentrification in tourist cities: evidence from New Orleans before and after Hurricane Katrina[J]. Housing policy debate, 2008, 19(1): 137-175.

④ JACKSON R. Bruny on the brink: governance, gentrification and tourism on an Australian island[J]. Island studies journal, 2006, 1(2): 201-222.

中产化的主要发生地。[1][2]沈苏彦和艾丽君在研究南京老城南历史街区转型时发现，旅游和休闲商业开发项目是中产化进程的主要推动力，但是单一的旅游导向型业态也未必能代表中产化，商业业态从服务本地居民转为服务游客、中高端商业业态的集中出现，才是旅游中产化的重要标志。[3]常江等在佛山岭南天地的案例研究中也指出，生活型空间转变为面向中高端收入人群的消费空间是旅游中产化的重要特征。[4]

根据形成原因的不同，旅游中产化可划分为旅游产业辐射型、高端商业区开发型、产品升级带动型。旅游产业辐射型是指旅游业的发展刺激相关行业投资行为的产生，从而带来旅游中产化；高端商业区开发型是指商业地产项目的开发导致旅游中产化；产品升级带动型是指住宅用途变更为商店、客栈、酒吧、餐馆等，大量的品牌购物店相继出现，促使旅游中产化出现。[5]

旅游中产化的形成离不开政府的产业发展政策和城市规划。在全球化的发展趋势下，欧美发达国家城市政府为改善城市环境，往往和开发商形成合力，推动高端的房地产项目或旅游项目建设[6]。例如，在大衰退时期（The Great Recession，2008—2014年），葡萄牙政府为克服金融危机对本地区社会和经济产生的重大影响，提出大力发展城市旅游业和城市更新，并通过一系列立法举措吸引跨国房地产投资和外来游客，使得葡萄牙里斯本变成南欧最重要的旅游城市之一。[7]旅游中产化的出现与城市更新密切相关，文化旅游、创意产业导向的城市更新项目在旅游市场也大获成功，例如上海新天地、田子坊等[8]。相比较而言，旅游中产化更容易发

① 赵玉宗, 寇敏, 卢松, 等. 城市旅游绅士化特征及其影响因素——以南京"总统府"周边地区为例[J]. 经济地理, 2009, 29(8): 1391-1396.

② 徐秀美, 韩富贵. 文化遗产地旅游绅士化的形成机制与影响分析——以丽江古城为例[J]. 旅游论坛, 2013, 6(3): 16-19.

③ 沈苏彦, 艾丽君. 城市历史文化街区旅游绅士化现象的探讨——以南京老城南地区为例[J]. 中国名城, 2018(7): 50-56.

④ 常江, 谢涤湘, 陈宏胜, 等. 历史街区更新驱动下的旅游绅士化研究——以佛山岭南天地为例[J]. 热带地理, 2018, 38(4): 586-597.

⑤ 冯淑华, 沙润. 我国自驾车旅游与旅游绅士化研究[J]. 人文地理, 2009, 24(3): 61-65.

⑥ 徐玉梅, 王朝辉, 张婷婷, 等. 国内外旅游绅士化研究综述与展望[J]. 人文地理, 2019, 34(2): 8-16+104.

⑦ SEQUERA J, NOFRE J. Touristification, transnational gentrification and urban change in Lisbon: the neighbourhood of Alfama [J]. Urban studies, 2020, 57(15): 3169-3189.

⑧ 黄幸, 杨永春. 中国西部城市绅士化现象及其形成机制——以成都市为例[J]. 地理科学进展, 2010, 29(12): 1532-1540.

生在低收入阶层社区或环境质量较差的区域。[1][2]此外，互联网技术在旅游行业的广泛应用，出行交通工具的不断升级，信息密度和人口流动均呈现爆炸式的增长，都为旅游中产化的发展提供了间接助力。[3]旅游中产化在某种程度上也是全球金融资本通过对工人阶层和中下阶层的空间剥夺和空间置换进行的空间再生产过程。

　　研究发现，旅游中产化是带动地方发展的双刃剑。一方面，修建大规模旅游场所、旅馆和精英住宅区，可以促进城市重获活力，增加就业机会，刺激地方经济增长，同时旅游中产化发展使得房地产价值提高并转向高端化，居民的生活质量也有所改善。一部分旅客具有更高的环境道德感，也有助于旅游目的地的环境保护。[4]另一方面，大量的旅游者前往旅游目的地甚至迁居长期居住，也引发一系列社会问题。[5]例如，柏林的克罗伊茨贝格区作为一个新的旅游目的地，旅游业的发展深刻影响了住房市场，尤其是位于市中心的小型公寓逐渐商用化（以短期租赁为主），如被转变为"爱彼迎"（Airbnb），导致原住居民被迫搬迁，社区邻里冲突加剧。[6]尤其是，以旅游者为目标客群的短期租赁住房市场可能会导致非旅游租赁市场租金的下降和旅游相关地区租金的上涨，潜在威胁低收入常住居民的居住稳定性。[7][8]而旅游中产化带动住宅转为他用，成为政府部门难以监管的灰色经济和共享经济，在一定程度上加剧了行业的不公平竞争，也严重影响为旅游者提

① MIRÓ S V. Producing a "successful city": neoliberal urbanism and gentrification in the tourist city—The case of Palma (Majorca)[J]. Urban studies research, 2011(9): 1−13.

② 谭华云, 许春晓. 舒适移民驱动的乡村绅士化发展特征与机理分析——以巴马盘阳河流域长寿乡村为例[J]. 经济地理, 2019, 39(1): 207−214+232.

③ PARK H. A case study on touristification phenomenon in Seochon, Korea: a critical realism approach[J]. Journal of tourism & leisure research, 2016, 28(11): 5−24.

④ JACKSON R. Bruny on the brink: governance, gentrification and tourism on an Australian island[J]. Island studies journal, 2006, 1(2): 201−222.

⑤ SANDFORD M R. Tourism in Harlem: between negative sightseeing and gentrification[J]. Journal of American culture, 1987, 10(2): 99−105.

⑥ FÜLLER H, MichelB. 'Stop being a tourist!' new dynamics of urban tourism in Berlin-Kreuzberg[J]. International journal of urban and regional research, 2014, 38(4): 1304−1318.

⑦ GANT A C. Holiday rentals: the new gentrification battlefront[J]. Sociological research online, 2016, 21(3): 112−120.

⑧ GANT A C. A struggling with the leisure class: tourism, gentrification and displacement[D]. Cardiff: Cardiff University, 2018

供的服务标准，从而影响游客对旅游目的地的印象和旅游市场的可持续发展。①虽然旅游中产化在一定程度上促进了文化遗产和城市景观的活化与保护，但是过度商业化开发也会破坏当地的文化和遗产。如Chan发现，马来西亚的槟城乔治市独特的地方文化是驱使当地发生旅游中产化的重要动力之一，但是游客大量涌入对当地文化已经造成严重侵蚀。旅游中产化不仅会对历史文化街区的原真性、传统生活方式和习俗等无形文化遗产造成负面影响，而且给原住民带来情感和精神上的伤害。②③④

三、重庆中心城区旅游中产化的识别

（一）旅游中产化的识别标准与方法

中产化基本的表征是物质空间的更新和社会阶层的更替，已有研究多从住房产权结构、人口结构、物质景观、房价或租金、文化特征等方面识别和判断中产化现象是否发生。我们认为，区域内旅游业发展引发了明显的商业高端化和社会阶层置换现象，可以作为判断该区域发生旅游中产化的标志，并且可将服务游客的商业、娱乐、酒店、文化服务设施作为表征旅游中产化的特性维度，而商业业态升级主要包括商业的高档化和专业化（图6-8）。

兴趣点（Point of Interest，POI）数据是以抽象的方式（点）来代表电子地图上的地理实体，包含了位置、属性等信息，能较好地反映出研究对象的空间分布形态和结构特征。⑤⑥因此，本节从旅游和娱乐功能、商业业态升级、社会阶层置换三个维度选取合适的POI数据，以判识旅游中产化现象。

---

① YRIGOY I. The impact of Airbnb in the urban arena: towards a tourism-led gentrification? The case-study of Palma old quarter (Mallorca, Spain)[M]//BLÀZQUEZ M, MIR-GUAL M, MURRAY I, et al. Turismo y crisis, turismo colaborativo y ecoturismo. [S. l.: s. n.], 2016: 281-289.

② 平措卓玛，徐秀美.历史文化街区绅士化对社区居民生活品质的影响——以拉萨八廓街为例[J].云南民族大学学报（哲学社会科学版），2016, 33(4): 68-72.

③ 牟映璇. 城市更新中的历史文化街区保护与绅士化[J]. 城市建筑, 2019, 16(27): 26-27.

④ 谭小芳. 旅游绅士化判识方法与特征机制研究——以重庆市中心城区为例[D]. 南京: 南京大学, 2021.

⑤ 薛冰，肖骁，李京忠，等. 基于POI大数据的城市零售业空间热点分析——以辽宁省沈阳市为例[J]. 经济地理, 2018, 38(5): 36-43.

⑥ 许泽宁，高晓路.基于电子地图兴趣点的城市建成区边界识别方法[J]. 地理学报, 2016, 71(6): 928-939.

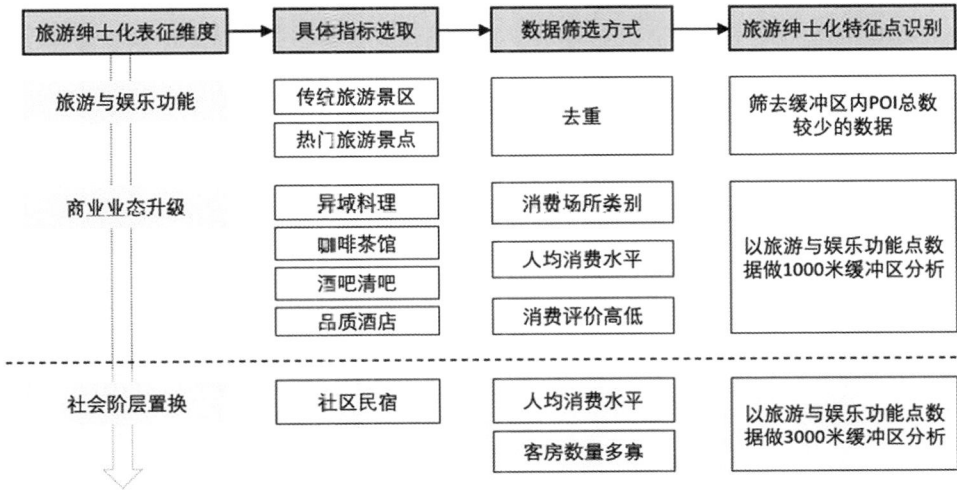

图 6-8 旅游中产化的空间识别方法

（1）民宿POI数据

我们从爱彼迎、去哪儿网以及百度坐标拾取系统获取民宿数据，筛选出开业时间在2017年1月之后且位于普通社区住宅楼内的民宿POI数据，以作为代表社会阶层置换的指标。根据新版《旅游民宿基本要求与评价》（LB/T 065—2019）中对民宿规模的要求，删除客房数量超过20间的数据。同时为避免部分低端招待所和家庭小旅馆混入数据中，采取价格筛查法剔除人均价格小于300元的数据（300元以上为中高档次民宿），最终获得有效的POI基础数据共3173条。

（2）景区景点POI数据

我们以从重庆市文化和旅游发展委员会官网和微博签到数据，以及从马蜂窝旅游攻略网中获取的景区景点POI数据，分别作为代表旅游和娱乐功能的指标，利用Python中的selenium模块取2019年国庆期间网友的旅游签到数据，筛选出游客在中心城区定位次数前30的热门旅游景点的信息，再辅以重庆市文化和旅游发展委员会在2018年12月31日更新的重庆3A级以上的传统旅游景区信息（通过百度坐标拾取系统对以上信息进行经纬度获取）。这三种途径获取到的数据可能有所重叠，经过数据处理，最终共获得景区POI数据77条。我们将重庆中心城区的旅游资源划分为三类：第一类，历史文化类，包括渣滓洞、磁器口、弹子石老街、二厂文创园、山城第三步道等；第二类，城市地标类，包括解放碑、南滨路、朝天门码头、洪崖洞、观音桥商圈等；第三类，生态资源类，包括歌乐山森林公园、缙云山国家级森林公园、统景温泉区等（图6-9）。

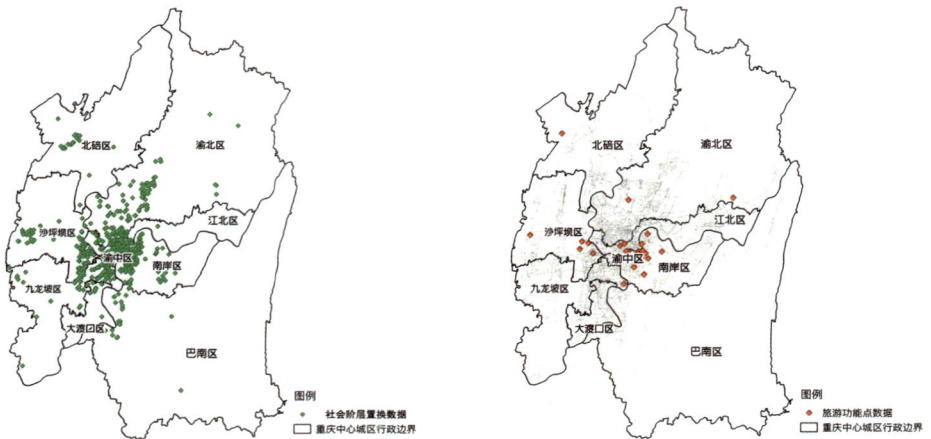

图 6-9　研究识别的民宿 POI 与旅游景区 POI 空间分布

（3）餐饮、娱乐、酒店服务POI数据

我们从大众点评网和百度坐标拾取系统爬取开业时间在2017年1月以后的城市餐饮、娱乐、酒店服务数据，挑选符合中高收入群体消费特征的POI数据作为代表商业业态升级的指标，并作为旅游中产化出现的重要空间表征之一（表6-1）。

表 6-1　研究所有指标的筛选标准

	异域料理	咖啡茶馆	酒吧清吧	品质酒店
消费场所类别	提供异域用餐氛围的高档西式料理的场所（不包括肯德基等西式快餐厅）	独具文艺风格的独立咖啡馆和高端中式茶楼（不包括兼职销售咖啡和茗茶的店铺）	风格显著的酒吧和高端小众的清吧	提供较为标准化和一定品质的住宿服务的正规星级酒店
人均消费	人均消费>100元/次	人均消费>40元/次	人均消费>100元/次	人均消费>300元/晚
消费评价高低评	评分大于4.00	评分大于4.00	评分大于4.00	评分大于4.50

在获得三类POI基础数据后，根据游客空间行为规律，研究通过缓冲区分析筛选出代表因旅游娱乐活动而产生商业升级和阶层变动的POI数据，即最终的旅游中产化特征点数据。通过核密度估计法对数据处理的结果进行可视化表达，以显示中心城区旅游中产化的发展特征（图6-10、图6-11）。

利用缓冲区分析、核密度分析两种分析方法，识别重庆旅游中产化的发生地点。

缓冲区分析的公式为：

$$P=\{x||d(x,A)\leq r\} \quad\quad （6-1）$$

其中，d为欧式距离；A为对象要素；r为领域半径或者建立缓冲区的条件。

核密度公式可表达为：

$$f(x)=\frac{1}{nh^2}\sum_{i=1}^{n}k\left(\frac{x-x_i}{h}\right) \quad\quad （6-2）$$

其中，h为带宽，n为带宽范围内的POI样本数量。

对于核密度分析方法而言，带宽的选择会较大程度影响核密度分析的结果。根据缓冲区分析的结果来看，中产化特征点分布相对集中。经过多次尝试，最终确定以500米为带宽对旅游中产化特征点数据进行核密度分析，输出像元大小为10，并采取自然间断分类法对输出结果进行处理。

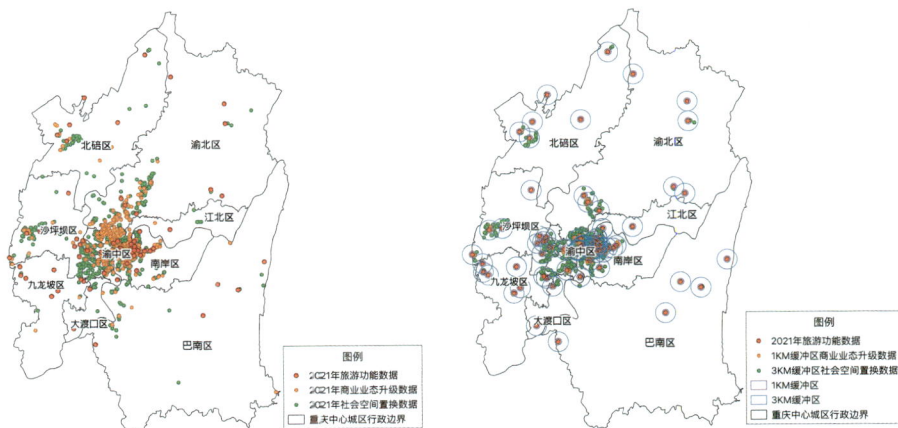

图 6-10 三类基础数据的空间分布（左）与缓冲区分析（右）

图6-11　重庆市中心城区旅游中产化特征点空间聚集格局

（二）旅游中产化的空间分布特征

（1）圈层分布于"两江四岸"核心区

通过旅游中产化特征点空间聚集格局分析可知，重庆中心城区已经出现较为明显的旅游中产化现象，在空间上表现为圈层分布于中心城区的"两江四岸"核心区范围（长江与嘉陵江交汇地区），而其他区域还未出现特别明显的旅游中产化空间（图6-12）。中心城区旅游中产化相对聚集于渝中区、江北区、沙坪坝区和南岸区靠近"两江四岸"的区域。这四个城区是重庆主城九区中最早发育形成的区域，属于城市的中心地带。由于城市建设历史较长，道路交通水平、房屋质量、城区整体环境比外围的渝北、九龙坡等区域差，这四个城区具备城市更新和中产化的潜力。根据第七次全国人口普查，这四个城区也是目前重庆中心城区居民受教育程度最高的城区，与识别结果显示出的中产化发育情况相符。

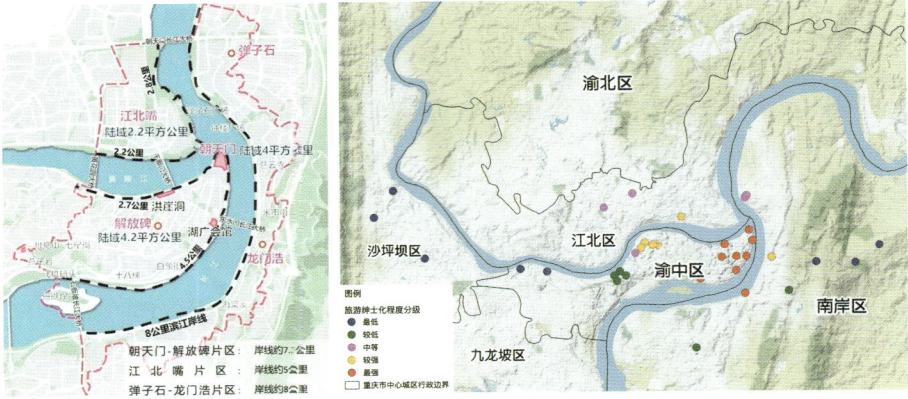

图 6-12 重庆市"两江四岸"核心区范围（左）、旅游中产化程度分级（右）

（2）显著聚集于城市传统商圈

对比重庆中心城区内现有商圈的位置与旅游中产化特征点分布可以发现，旅游中产化空间与城市传统商圈位置存在明显重叠（图6-13），旅游中产化表现为对三峡广场、观音桥、解放碑和南坪等四大商圈的高度依赖。重庆的独特地形深刻影响了城市空间结构、道路交通结构以及公共设施布局，形成了多中心的城市空间结构，旅游业发展与商业、文化、娱乐、交通枢纽等设施相互依赖、相互促进，因而旅游中产化现象发生在商圈范围内具有一定必然性。

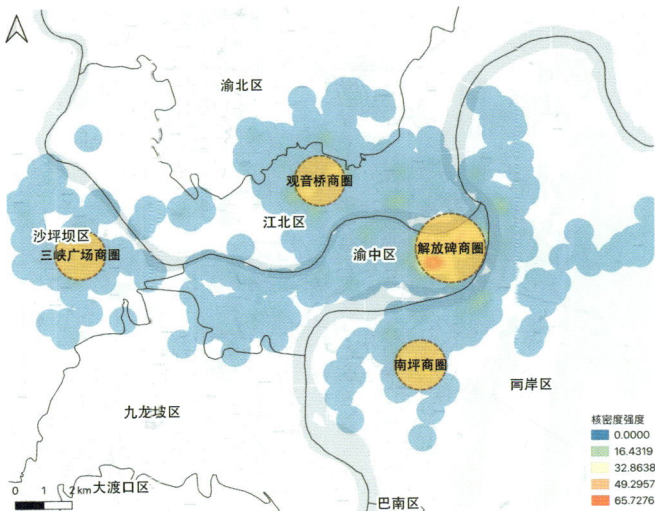

图 6-13 旅游中产化空间与商圈位置关系

（3）呈现"点—线—面"的空间结构

从形态趋势上看，中心城区的旅游中产化表现出明显的"点—线—面"空间结构（图6-14）。具体而言，在渝中区石黄隧道以东形成以较场口为核心、辐射上半城和下半城的面状中产化区域；在南岸区围绕南滨路热门景点（如弹子石老街、千佛寺、南滨公园、国际会展中心、南坪万达广场）形成点状中产化区域，并呈现出沿江线性延伸的趋势；在江北区和沙坪坝区则是分别围绕观音桥、九街、三峡广场、磁器口等形成多个分散的点状旅游中产化区域。面状旅游中产化区域与中心城区旅游资源的分布位置密切相关；线状旅游中产化区域一方面与旅游资源的分布位置有关，另一方面也依赖于南滨路这条重要的城市景观大道将这些旅游资源串联起来，形成联动发展效应；点状旅游中产化区域则是依托单个较为大型的旅游娱乐吸引物，形成辐射周边地区的小范围旅游资源集聚。

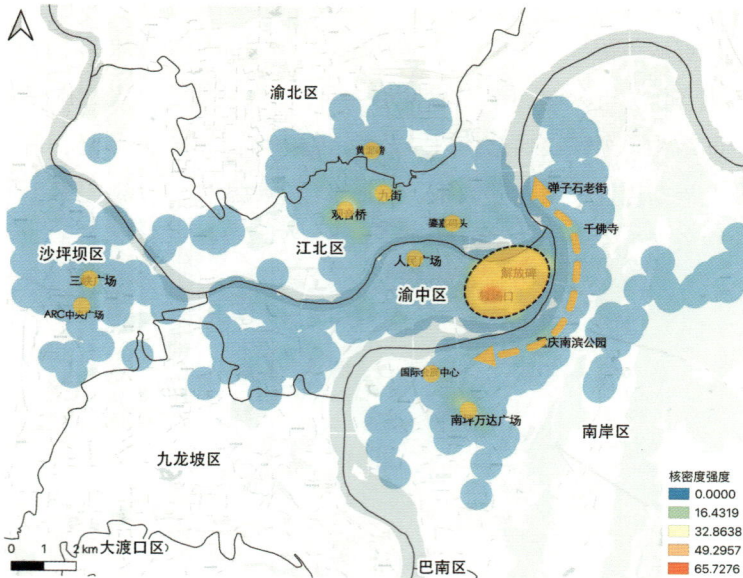

图6-14　中心城区旅游中产化"点—线—面"发展形态

（三）旅游中产化类型划分

（1）历史文化资源型

重庆中心城区的旅游中产化有相当一部分依托独特的历史文化特色而形成，典型代表区域有洪崖洞、白象街、山城第三步道等。其中，渝中区的历史文化旅游资源分布较为密集，且作为重庆历史最悠久的城区和重庆的"母城"，以历史的姿态拥抱前来参观游览的游客，成为重庆旅游资源关键的一部分。例如，渝中区的山城步道（第三步道），是重庆最长且坡度最高的历史古道，沿途串联抗建堂、古城墙、仁爱堂、山城巷等独具山城风味的历史景点，较为集中地反映出重庆作为山地城市的特色，登山城步道的深度体验可以让游客体验到原汁原味的老重庆市井生活。2011年开始，重庆市政府推动对山城步道的修复，旨在改善渝中半岛的步行环境，打造城市绿色交通体系。山城步道建设在一大片传统巴渝民居和老旧居民小区之间，沿线生活的主要是重庆本地人，虽然零星出现一些面向游客的饮品店和餐厅，但并未出现大规模游客。居民日常生活并未受到干扰和影响。2017年政府推动山城步道的第二次修复以后，其沿途社区的住房出现非常明显的商业化，且商业业态从原本的火锅店、饮品店、重庆小面馆变成"小资"群体偏爱的咖啡馆、茶社、民宿、书店、精品店等，这种迎合游客需求的商业化改造对本地原住民日常生活的影响十分明显。根据实地调研和访谈，我们发现2019年重庆本地原住民基本都已经搬走，留下一些空置的民居，引来寻找商机的年轻中产阶层。这些历史文化积淀深厚且充满独特场所感的空间在中心城区尤为常见，是最典型的旅游中产化类型（图6-15）。

图6-15　改造前第三步道（左）、改造后第三步道沿线（右）

（2）都市风光体验型

都市风光体验主要以南滨路景区为典型代表，形成了线状旅游中产化区域。重庆"两江四岸"地区的江景品质较高，是高端楼盘所在之地，因而也是中高收入阶层购房的首选之地。其中，南滨路位于重庆市南岸区靠长江一侧，面朝长江、背靠南山，因拥有夜间观看渝中半岛夜景的最佳位置而出名，历来享有"重庆外滩"的美誉。南滨路旅游中产化空间大致始于南滨公园，终于长嘉汇购物公园。南滨路中产化现象具有历史传承性。早在1891年重庆开埠时期，中国最早对外开埠的内陆通商口岸就设立在龙门浩码头，各国纷纷在南滨路设立大使馆和公馆。一时间商贾云集，南滨路成为重庆较早出现上流富裕阶层的居住区。1990—2010年，南滨路在广大市民心中的记忆是一条美食街，素有"吃在南滨""重庆餐饮一条街"的传统形象。2013年，南滨路依托一线江景和重庆夜景打造出一条长约25千米的4A级旅游观光带，并着重在南滨路公园打造音乐喷泉、烟雨公园等游览设施。同年，重庆举办了国家马拉松比赛，积攒了超高的旅游人气。在嗅到了巨大商业利益气息后，2016年房地产开发商在南滨路景区对面开始建设当时全市最贵的商品房项目，这个超级楼盘主打眺望渝中夜景的江景房，并且在其修建的过程中，拆迁掉原地老旧居民楼。这个现象级豪宅在2015年9月以每平方米5万元的单价开盘，仅一个月销售额就达到1.28亿元。2019年12月，该楼盘二手房房价攀升至每平方米7万元，而当时附近普通新房的均价仅为每平方米1.2万元。此外，该项目还有打包开发的大型商业综合体——东原1891购物公园，在其建设过程中，出于安全考虑修筑了非常高的围挡，将其与背后山坡上的居民区隔开，商业综合体建成后挡住了山坡居民的江景视线。2018年，弹子石老街建成开街，大批游客被吸引前往，一批大型房地产开发公司（如香港置地、招商蛇口、东原集团等）相继在南滨路开发多处面向城市精英阶层的高品质住宅楼盘，南滨路成为重庆乃至整个西南地区富人阶层的投资热土。南滨路通过包装、销售重庆稀缺性滨江景观资源，成功吸引大型资本和海量游客，带动了整个地区休闲旅游业的发展，最终成为旅游中产化地区。

（3）旅游娱乐活动型

旅游娱乐活动型中产化系游客为寻找精神和身体上的舒缓愉悦、获得心理满足和个性发展而进行的一系列活动所引发的中产化。江北区九街是旅游中产化的典型代表，是重庆夜生活的典型代表区域，在重庆本地知名度较高。近年来，重庆旅游业呈井喷式发展，大量外地游客涌入，九街的主要服务对象从本地居民变成外来游客，随之而来的是商业业态、物质环境以及周围社区人口结构的剧烈变更。2016年之前，九街的消费人群主要以本地大学生和年轻白领为主；近年来，九街的商业业态趋向高端化，以精致西餐、流行酒吧为主，"90后"年轻游客已成为绝对主力。

"90后"旅游消费人群对新潮、时尚的文化非常狂热，享乐型消费的心理需求在九街这种时尚商业街区找到完美的"落脚点"。

（四）旅游中产化表现特征

（1）旅游业发展带动高端商业设施数量快速增长

旅游业的发展，带动了高端商业设施数量快速增长（图6-16）。通过对数据的分析可以发现，2016年重庆旅游中产化区域仅有218家高端商业服务，而2021年的增长幅度达到75.2%，这说明在游客数量暴增的同时，中心城区的商业专业化程度日趋增强。2017年，重庆旅游中产化区域仅有72家中高端的酒店，而2021年已经达到105家，增长率达到45.8%。中产阶层较为青睐的咖啡、茶馆等休闲场所的数量相较5年前，增长了4倍。

不过，旅游中产化在促进重庆中心城区的商业业态升级方面表现出专业化明显但高端化不足的特点。原因在于，重庆本地的消费水平与东部沿海地区大城市甚至中部省会城市存在一定差距，虽然在旅游业快速发展的带动下，重庆的物价水平已提高很多，但是人均消费特别高的（单次消费为800元以上）商业设施数量并没有出现较大增长。平价、接地气的消费场所（如重庆小面店、重庆火锅店、麻将馆等）正是这座城市独一无二的魅力和特色，也是外地中产阶层游客真正想要体验的地方原真性，"地方独有的差异性引起旅游者的消费需求"[①]。

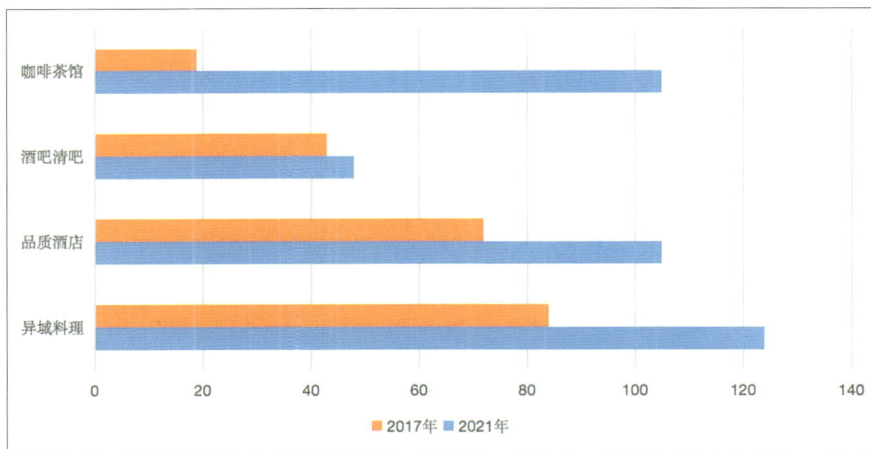

图 6-16　旅游中产化空间内高端业态细分

---

① 赵玉宗, 顾朝林, 李东和, 等 旅游绅士化: 概念、类型与机制[J]. 旅游学刊, 2006(11): 70-74.

（2）社会阶层结构的变化是旅游中产化最为明显的表现特征之一

重庆中心城区的旅游中产化对低收入贫困人口的置换，主要体现在以旅游功能开发为目的的城市更新活动中。出于历史原因和地形条件限制，重庆中心城区的城市建设布局较为局促拥挤，土地利用混乱低效，住宅、政府机关、商业、文物遗迹等用地犬牙交错，基础设施配置也较为滞后。城区内较多住宅年久失修、破损严重，已被列入危房名单，居民生活品质低。为进一步提高土地的使用效率和经济价值，低收入阶层所居住的老旧小区、棚户区陆续被拆除，重建高档房地产项目，而具有一定文化价值的地块则进行旅游开发导向的再开发，大拆大建成为重庆中心城区旅游中产化的重要路径（图6-17）。例如香港瑞安房地产公司投入巨额资本开发化龙桥片区，通过城中村拆迁、土地征收、房地产再开发，实现工业和居住混合用地向高端商业、商务、住宅用地的转变，将化龙桥片区建设成如今的重庆天地旅游区。再如，2019年沙坪坝政府为改善磁器口古镇夜晚游客数量骤降的问题，征收金碧正街附近的房屋，用于打造大型文艺商演剧场以吸引更多的游客。目前，该项目所在地原本的棚户区已完全拆除，原住居民已全部迁走。2021年，渝中区政府为进一步提升旅游环境，对十八梯景区附近的磨坊巷及白象街景区附近的富华大厦进行集中拆迁，为旅游项目开发腾挪空间（图6-18）。通过"拆除—重建"的城市更新模式，直接、快速地完成中高档旅游项目开发，其结果是大量低收入原住居民被整体转移到城市外围地区，他们本身不具备优越的经济资本，因此没办法重返中心城区，于是进一步加剧了社会空间的分异。

图 6-17　中心城区内拆建地块位置（不完全统计）

图 6-18　沙坪坝佘碧正街文旅项目所在地再开发的卫星影像图

（3）旅游热门景区"价格阴影"对原住民的间接排斥和挤出

除了城市更新和旅游项目开发导致重庆老城区原住民被替换之外，旅游热门景区所形成的"价格阴影"，同样导致对原先居民的间接排斥和挤出。这一过程可集中反映在三个方面：房价的飙升、居民消费者价格指数的上涨以及社区中住宅民宿的大量出现。大量外来游客到来使得景区周围的房价大幅上涨，看到商机的中小型业主逐渐将普通住房改造成民宿，同时中产阶层游客的消费活动也抬高了物价，使得一些低收入阶层被迫搬迁去生活成本较低的地方。以沙坪坝区的磁器口为例，2017年年初，当地二手房均价为每平方米9179元，年底为每平方米11041元，同期（2017年年底）的沙坪坝区二手房均价为每平方米9306元。中心城区旅游中产化热点地区（如朝天门、三峡广场、解放碑、南坪东路、观音桥地区）的房价更是一骑绝尘，上涨幅度明显超过中心城区其他非旅游热门地点。

近年来，渝中区居民消费者价格指数中居住部分的数值增长明显，2017年上涨1.9%，2018年上涨2.8%，2019年上涨2%。对一般居民而言，住房开支占家庭总开支比例最大，当居民的住房开支逐渐超过自身承受范围，便被迫迁往他处。据统计，2016年开始，渝中区旅游中产化最为明显的三个街道的常住人口流失较为明显（表6-2）。

表 6-2　渝中区旅游中产化街道常住人口数量变化

	2016年（人）	2017年（人）	2018年（人）	2019年（人）
朝天门街道	47393	35659	34671	33931
解放碑街道	56855	58517	57012	56217
七星岗街道	54795	52417	51854	51565

数据来源：重庆市渝中区统计年鉴。

随着重庆旅游热度的持续上升，社区中出现大量民宿，民宿经济呈爆炸式发展。《2019中国大陆民宿业发展数据报告》指出，重庆拥有的民宿数量在全国排名第一。据统计，2017年年底，重庆的民宿数量仅有5000家左右，2018年年底这个数字涨到33000。2019年大型预订平台榛果民宿发布报告称，重庆的民宿增量位居全国第二。通过对携程网有关数据的统计，重庆中心城区各热门景点附近的民宿占全市民宿的76.6%，其数量在短短三年内增长224%。这些民宿主要来自对普通居民住宅的改造，多分布于城区的老旧小区内，拥有优越的交通条件或靠近景点的区位优势。通过对老旧小区的房源进行改造装修，重庆的民宿满足了中产阶层游客的住宿需求，迎合了中产阶层游客的审美，从而达到盈利的目的。相较于传统星级酒店，这种在居民楼里的民宿拥有更高的消费性价比和出行便捷性，也更受中等收入游客的青睐。但是，游客的频繁出入对社区原有的邻里氛围带来不小的冲击——社区内部民宿的迅速扩张导致地区房价飙升，噪声、治安、商业化等问题进一步刺激社区人口流动，这一过程以原住民的不断迁出和以游客为代表的中产阶层不断迁入为基本特征。"价格阴影"的出现使得旅游景区附近地区的人口结构悄然变动，本地低收入居民被高收入阶层和短租流动的游客置换。

无论是棚户区改造还是居民自发地经营民宿，对重庆本地居民尤其是低收入人口的居住稳定性均造成了冲击。棚户区拆迁以物理空间重塑的方式进行本地居民的直接置换（direct displacement），是一种快速、大规模、彻底的人口置换；住宅商业化改造与民宿经营则导致本地居民被间接置换（indirect displacement），是一种季节性、较长期、小规模的排斥，并且从经济排斥（高房价或租金门槛）逐渐延伸至社会影响（游客与居民日常生活的冲突）以及地方文化的变迁。

四、中心城区旅游中产化的形成机制

（一）政府与资本的双重驱动

"十三五"以来，重庆市政府愈发意识到浑厚的历史底蕴和独特的地域文化是重庆的核心魅力，也是当代城市竞争力的来源，因而对历史文化遗迹保护和开发利用愈加重视。渝中区是重庆巴渝文化、抗战文化、开埠文化的发源地和重庆"母城"，虽然历史文化资源数量较多，但保存完整度不高，且许多历史建筑、文物保护单位需要系统修复。客观上，旅游开发促进了重庆历史文化资源的合理保护和开发，赋予了这些历史文化遗迹崭新的生命力，使得城市历史文脉得以保存和延续。在区域旅游中产化的进程中，政府前期的强势主导为资本投入提供信心、扫清障碍，吸引资本进入，推动了旅游中产化的进程。旅游业已成为城市新的增长点，旅游业的蓬勃发展拓宽了相关服务行业市场，政府也从中获得了可观的财政收入。

自改革开放以来，经历过产权和住房政策的多次变更后，历史文化资源和城市老旧小区居民住宅的产权关系模糊。资本受到多重因素限制，难以直接进场投资改造历史建筑，导致这些涉及历史文化资源的地块的资本化地租并没有随着时间推移而上涨，反而在逐渐降低。渝中区虽然是重庆最为核心的地带，但建筑老化严重，基础设施较为落后，城区环境整体欠佳，使得其资本化地租低于其实际价值。因此，历史文化资源的开发和利用只能由政府先行，以为社会资本进驻与历史文化资源的旅游开发打下基础。当后续达到资本进场的门槛，旅游中产化进程可以自行推动下去。近年来，渝中区累计投入270亿元资金用于补齐基础设施。如在城区内系统布置旅游标识系统，方便游客在错综复杂的"上坡下坎"中快速找到热门景点的方向；投入3000余万元推进"厕所革命"，新改建公厕147座，大力提升旅游配套设施品质。此外，政府还投入资金用于规整道路、拓宽路面，改善地块的可进入性和通达性，将"生地"转为"熟地"，以吸引资本投入。以南滨路为例，大型房地产开发公司（如香港置地、招商蛇口、东原集团等）已在南滨路开发多个高品质房地产楼盘；同时，建成商业综合体和购物公园，以满足高端顾客的日常生活或旅游需求。

（二）中产阶层的双重身份

中产阶层居民在参与地区旅游中产化进程之中，投资盈利和旅游休闲的双重驱

动会令其同时拥有两种身份（图6-19）。第一个身份是旅游中产化空间的生产者，通过主体行为满足外来中产阶层游客的消费需求，成为旅游中产化的重要推手；第二个身份是旅游中产化空间的消费者，通过自身文化资本推动旅游中产化进程。直接推动重庆旅游中产化发展的本地居民包含两个对立统一的群体，分别是中小型业主、投资者（投资社区住宅民宿和服务业的本地重庆人）和单纯作为消费者的重庆本地中产阶层。这两个群体的共同特点是拥有一定的经济、文化资本，受到住宿业的利益驱动，直接参与旅游民宿行业中产化。2017年，重庆城镇非私营单位就业人员月平均工资为5907元，而九街附近一室一厅的住宅民宿平均单价为每晚350元，若作为短期租赁房源，其利润每月能达到5000元左右，而作为长租房源，其租金在每月1500元左右。因此，九街及其周围小区的一批小业主将自家的房子改造成民宿，2019年九街附近民宿的数量与2017年相比增长了四倍。

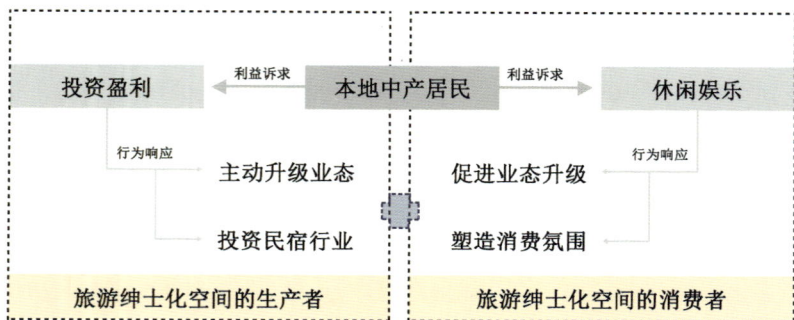

图6-19　本地中产居民的双重身份

中产阶层游客的消费能力对本地商铺店主而言，是潜在的商机。就南滨公园的商铺店主而言，在喜来登等五星酒店集体入驻南滨路的时候，商铺店主们并没有想过主动升级或者改造自家店铺的消费环境，他们认为这些"住五星级酒店的人怎么会来这里消费"，因此其主要客群仍是来公园休闲放松的周围居民。但是，在东原"1891时光"落成以后，南滨公园的商铺普遍出现第一轮业态的更新。原本一些提供餐饮和娱乐服务的小型商铺难以抵挡大型商业综合体对于客流的吸引，为了在激烈的市场竞争中生存下去，这些商户不得不主动升级——增加特色消费产品，重新改造室内装修，以吸引更多的消费者。例如，利用自己滨江的绝佳地理位置，将原本的茶馆、面馆升级成为内部装修考究、环境雅致、各具特色的西餐厅、咖啡馆、清吧等，以迎合中产阶层年轻人和游客的审美品位和消费习惯。同时，这些店家学习利用社交软件和新媒体软件进行宣传推广，吸引更多的游客和本地居民前来"打卡"消费。随着抖音、快手等众多短视频App兴起，地区形象和特色以一种直观具象的方式迅速建构，并在短短10秒钟内就深入人心，极大地丰富了城市意象和城市知名度。在某种意义上，游客于重庆中心城区而言是重要的媒介空间制造者和话题传播者，他们令城市知名度大幅提升。

本地居民的另一重身份则是作为普通的中产化消费空间顾客，通过参与旅游娱乐休闲活动推动旅游业转型升级。一方面，由于居民收入水平日渐提高，本地居民的休闲娱乐活动大幅增加；另一方面，本地居民对安逸生活和享乐的追求也有一定的历史原因。在"陪都时期"，大量的国民政府官员、各国使节、企业家、资本家先后迁入重庆，富裕阶层、权贵阶层的迁入以及文化氛围的不断渲染，让重庆人民形成"今朝有酒今朝醉"的及时享乐文化心理。本地中高收入居民自身也趋向于享受更高品质的日常生活和更有活力的、放松的社区生活，这些显著刺激了第三产业快速蓬勃发展。

五、旅游中产化的效应

旅游业通过拉高城市土地价值、提供就业岗位和产生大量的消费活动，刺激经济快速发展，直观表现在对城市GDP增长的贡献，重庆中心城区旅游中产化较为明显的四个城区的旅游业收入占地区生产总值的比例逐年上升。例如，2019年南岸区旅游收入占地区生产总值的29.14%，2017年仅为17.12%。旅游业的迅速发展使得开发商对中心城区的市场预期充满信心，并加大投资力度，使得城市中之前未能得到充分利用的资源得到关注，进一步刺激地方经济的增长。

旅游中产化为中心城区的城市更新提供强劲动力，客观上加速了城市物质环境更新的步伐，使得老城区的物质空间和环境品质在短时间内得到较大的升级。为给来渝旅行的游客更好的体验，地方政府近两年大力改善城区品质，补齐基础设施短板，加大旅游景点周围的环境整治，着重美化城区环境。游客在旅游过程中，通过自身文化资本的再生产输出审美，并反馈于城市的物质环境更新中，显著增加了城区空间的趣味性和艺术性。以往，重庆给外地游客的第一印象是"火锅""山城"，随着中产游客数量的不断增多以及游客通过其社交媒介的文化空间实践，重庆的城市特色得到了丰富，包括但不仅限于"魔幻""文艺""赛博朋克"等。

　　旅游业作为劳动密集型产业，能为社会提供大量的就业机会，这对于重庆提升居民收入水平、促进城市经济发展意义重大。因此，政府应该进一步进行体制机制创新，进一步推进中产化的发展，为旅游业发展提供更好的政策环境，充分调动社会闲置资源，积极进行优质文旅项目引入；提供更加灵活的金融环境，吸引资金投入，解决资金来源的问题；加快城市更新步伐，挖掘利用低效或者废弃的空间资源，进一步提升城市硬件设施服务水平，提升旅游接待能力。

　　此外，政府还应完善拆迁安置和相关补偿政策，为拆迁群体提供更多的迁居方案，强化低收入原住民的就业和社会保障，促进城市共享发展和社会公平正义。保障本地居民参与旅游业发展的权利，利用减免税收、降低租金等方式保障传统特色商铺和小微经营者的生存空间，促进市场主体多样化和良性健康发展。

第七章　青年友好城市与学生化

第一节　郊区化、大学城与学生化社区

一、大学郊区化与学生化

进入21世纪，中国高等教育招生规模持续扩张，城市郊区兴起大学城、大学新校区建设热潮。城郊大量农村集体用地被大学新校区建设所占据，农民撤村建居，统一搬迁至农转居的新型社区。因此，城市郊区出现大学新校园与农转居新型社区相互隔离、各自独立的空间形态。[①]同时，大学生人数激增，作为年轻又具有消费潜力的特殊群体，大学生的消费行为和知识溢出愈发影响城市与社区发展。新型社区凭借紧邻校园的区位优势和灵活多样的供给方式，成为学生聚居的场所。大学与城市、学生与社区如何互动等问题，越来越引发研究者的关注。乔家君、许家伟和李小建对近高校新区型村或商业活动时空演化的研究发现，校内居住、校外消费的新型功能模式已经形成。[②]晟龍、姜敏和许昊皓回顾了"堕落街"的"留"与"拆"，探讨其表现出的学生作为一种亚文化群体对特殊空间的消费偏好和独特的文化意义。[③]冯健和王永海对卩关村高校周边居住区的研究表明，社会空间结构在

---

① 张学本, 关涛. 基于"新都市主义"的混合社区：城市郊区化的一个新思路[J]. 城市发展研究, 2008(4): 146-148+141.

② 乔家君, 许家伟, 李小建. 近高校新区型村域商业活动时空演化——以河南大学金明校区为例[J]. 地理研究, 2009, 28(6): 1537-1549.

③ 晟龍, 姜敏, 许昊皓. "堕落"的街——对谈堕落街的前世今生[J]. 中外建筑, 2015(10): 16-23.

高校和社会双重力量的作用下，逐渐呈现出既混合又有序的复杂结构形式，表现出"阶层分隔"和"局部移植"的特点。①刘毅华等发现，"学生村"集聚与碎片化并存，产生明显的空间分异现象，与城市土地利用冲突明显。②在快速城市化过程中，高校扩建和房地产开发正逐步吞噬"学生村"③，也有高校校园与城镇化新型社区逐渐融为一体④⑤。

英国地理学家史密斯在对利兹市住房市场和本地社区的人口结构变化的研究中提出，当代大学生正在特定社区聚集，引发社会、文化、环境以及经济的显著变化。⑥他将这种大学生群体涌入城市居住社区的过程定义为"学生化"。⑦他认为，学生化现象是绅士化的一种特殊类型，与传统绅士化过程一样，会对原有社区的社会文化结构产生巨大影响。⑧⑨对广州学生村和北京海淀区的研究⑩⑪是为数不多的中国语境下对学生化现象的探讨：广州学生化城中村的研究将学生化作为一种矮化、异化的中产化现象进行研究；北京海淀区学生化现象的研究试图将中国的学生化与西方的学生化现象对接，侧重分析在北大及周边几种不同学生居住区出现的原

① 冯健，王永海. 中关村高校周边居住区社会空间特征及其形成机制[J]. 地理研究, 2008(5): 1003-1016.

② 刘毅华，陈浩龙，林彰平，等. 城中村非正规经济的空间演变及其对土地利用的影响——以广州大学城南亭村为例[J]. 经济地理, 2015, 35(5): 126-134.

③ 陈煊. 拼贴城市——以武昌高校密集区及其周边"学生村"拼贴发展研究为例[J]. 城市规划, 2012, 36(11): 20-28.

④ 余思奇. 城郊学生化新社区研究——以杭州望月社区为例[D]. 南京: 南京大学, 2017.

⑤ 余思奇，朱喜钢，孙洁. 地方感视角下撤村建居社区学生化现象解析——以浙江大学新校区周边望月社区为例[J]. 城市问题, 2018(6): 36-42.

⑥ SMITH D P. Patterns and processes of 'studentification' in Leeds[J]. The regional review, 2005, 12: 14-16.

⑦ SMITH D P. 'Studentification': the gentrification factory?[M]//ATKINSON R, BRIDGE G. Gentrification in a global context: the new urban colonialism. London: Routledge, 2004: 73-90.

⑧ SMITH D P, HOLT L. Studentification and 'apprentice' gentrifiers within Britain's provincial towns and cities: extending the meaning of gentrification[J]. Environment & planning a: economy and space, 2007, 39(1): 142-161.

⑨ SMITH D. The politics of studentification and '(un)balanced' urban populations: lessons for gentrification and sustainable communities?[J]. Urban studies, 2008, 45(12): 2541-2564.

⑩ 何深静，钱俊希，吴敏华. "学生化"的城中村社区——基于广州下渡村的实证分析[J]. 地理研究, 2011, 30(8): 1508-1519.

⑪ Gu Hao. Studentification in China: changing geographies of Haidian District, Beijing[D]. Loughborough: Loughborough University, 2015.

因和特征。那么，中国的大学生在校园周边社区的集聚是否对城市空间产生了突出影响，是否形成类似西方的学生化现象，这种变化的形成机制是什么，中国的学生化现象与西方有何异同，对未来的城市空间规划和治理又有何借鉴与参考意义，这些问题都亟待解决。

在中国，教育资源分布特征、高校宿舍管理制度、住宅形式、消费习惯等与西方国家明显不同，并未出现大量新建高档学生公寓与居住置换现象，因此中国学生化现象并不具有普遍性，研究需综合本国国情针对典型案例进行深挖。因此，本节以浙江大学紫金港新校区及其周边望月社区为例，运用学生化理论剖析望月社区的社会空间演变过程与机制，以期为中国学生化研究路径做出有益探索。我们尝试将学生化研究置于中国大城市郊区这一特殊的区域空间，在城市空间重构的宏观背景中攫取学生化这一微观社会空间变化，从而透视大都市居住空间分异和混合居住社区的复杂性。

二、郊区学生化社区的形成过程

望月社区位于杭州城西部，紧邻浙江大学紫金港校区，通过侧门与浙大学生宿舍生活区连接（图7-1）。望月社区占地170亩，共有住房1608套，居民2225人，大约有一半房屋用于出租，其中大学生租客占总租客数量超过六成。根据Smith的研究，学生群体占社区总人口的比例超过20%，即可被视为学生化社区[1]，而望月社区总人口中约39%为学生。从空间上看，连接浙大侧门与望月社区南门的育英路沿街大多是迎合学生消费的餐饮、零售、娱乐等小商铺，并且扩展到社区内部的住宅楼底层的商业街（图7-2）。由于望月社区住房租赁、人口结构变化以及社区商业兴起都来源于浙江大学新校区的嵌入以及大学生群体的城市生活需求，因此望月社区可被视为一个典型的学生化社区。

（一）第一阶段：郊区大学建设与学生人口增长

21世纪高等教育制度改革，高校扩张发展和地方政府推动城市扩张不谋而合，共同推动了高校郊区新校区的建设和大学生数量的爆炸式增长。为提升办学条件，促进高质量发展，浙江大学在杭州西北郊区新建紫金港校区。2002年秋季，首批

① SMITH D P. 'Studentification': the gentrification factory?[M]//ATKINSON R, BRIDGE G. Gentrification in a global context: the new urban colonialism. London: Routledge, 2004: 73-90.

图 7-1　左：望月社区区位图；右：望月社区平面图

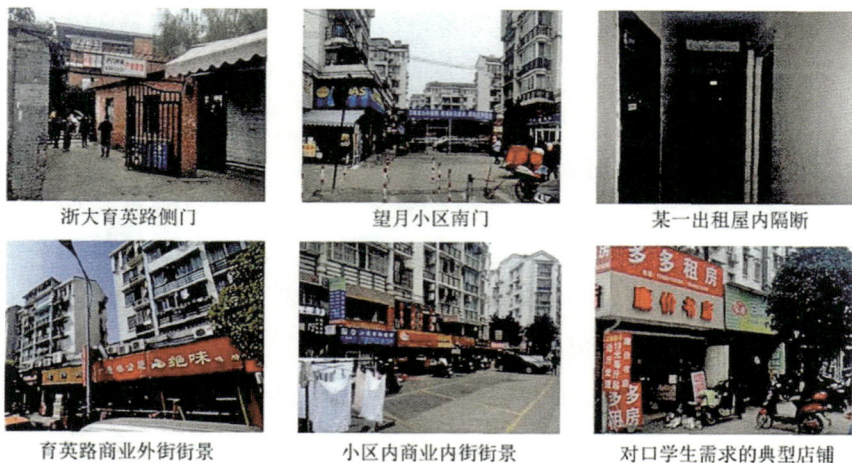

浙大育英路侧门　　　　　　望月小区南门　　　　　　某一出租屋内隔断

育英路商业外街街景　　　小区内商业内街街景　　　对口学生需求的典型店铺

图 7-2　望月社区内景图

15000余名大学生迁入紫金港新校区学习生活。望月社区是为了安置因浙江大学紫金港校区建设而征地拆迁的浦家桥、虾龙圩等地村民的城镇社区，村民于2001年6月迁出原村，2003年迁入新社区。郊区大学校园建设推动城市外围地区城镇化，农民完成市民身份、住房产权以及职业的彻底转变。

（二）第一阶段：学生商业街与学生租房市场兴起

学生数量激增带来的巨大消费需求，刺激了育英路上的商业兴起，也促使了望月社区居民将空余房屋对外出租。早期育英路的店铺经营规模较小，但经营业态多样且主要迎合学生消费需求。2008年，紫金港校区成为浙大的主校区，越来越多的学院和行政机构搬入紫金港校区，大学生数量持续增长。市场的扩大吸引了一批又一批商业资本向育英街集聚，甚至扩展到望月社区内部。不少住在一层的村民将自家住房或停车库改造成店铺，主要分布在靠近校园的小区南出入口，形成一条业态更加丰富的商业街。与之同时，望月社区私人房屋出租市场开始出现，村民自发将自家住房改造为学生公寓，包括合租型和单室套两种形式。

经过十年建设发展，截至2012年，浙大紫金港校区硬件设施建设基本完成，望月社区也进入稳定发展期。社区商业街的店铺因十年租期陆续到期，部分小型私营门面因租金上涨而退出，草根廉价商业业态逐渐被较高等级业态取代。社区内部店铺进一步集聚，形成多条纵横交错的商业街。其中，满足学生消费需求的餐饮、零售占据商业街主体，商业业态整体偏低，高层次消费需求的商铺数量较少（表7-1）。

表 7-1　望月社区的商铺构成

一级类型	二级类型	商铺数（个）		面积（m^2）	
		180		12422.35	
		数量	比例	数量	平均
住宿业	日租/短租/长租公寓、客栈、酒店	2	1.1%	622	331%
餐饮业	正餐、快餐、饮料、中高档餐厅	48	26.7%	3232	44%
商业零售业	便利店、杂货店、超市、服装店、蔬果店、文具店、药店、烟酒店、五金店等	87	48.3%	3210	37%
生活服务业	理发店、日用品修理店、图文店、二手书店、干洗店、房屋中介	24	13.3%	11157	32%
休闲娱乐业	网吧、酒吧、奶茶吧、咖啡吧	9	5%	1260	142%
其他配套设施	银行、邮局、通信服务	10	6.6%	4050	40%

三、学生化社区：混合社区还是隔离社区？

（一）社区人口构成的杂化

2003年望月社区建成之后，绝大多数村民接受政府的统一回迁安置，因此望月社区的居民构成单一。望月社区撤村建居过程中，绝大多数村民获得多套安置住房，大量空闲住房为社区房屋出租市场创造了有利条件。同时，大学城建设创造了大量新就业机会，吸引了大量外来人口涌入（主要是务工人员），他们在望月社区寻找租房。近十年来，随着大学生群体和外来务工人员的进入，望月社区的空闲住房被大量出租，社区居民人口密度提高，人口组成逐渐杂化，成为一个混合居住社区（表7-2）。随着第一批村民子女长大，结婚并继承房产，原住民内部社会阶层也逐渐开始分化。社区社会杂化体现在居民经济收入和受教育程度两个方面。一方面，表现为社区居民经济能力和财产收入的分化。其中原住民在失地后向非农化职业转变，或成为社区管理阶层，或在周边从事第二、三产业劳动，或依靠房屋出租成为职业中介。这部分原住民收入较高，年均收入超过10万元。租住大学生一般为在校学生，几乎没有工资收入。外来人口多数从事体力劳动，没有社会保障且收入较低，年均收入不超过5万元。少部分白领阶层收入水平较高，年均收入超过10万元。由此，望月社区成为典型的混合社区（mixed-income community）。另一方面，表现为社区居民的文化资本分化。社区中大部分原住民和外来务工人员受教育水平较低，以初高中教育水平为主，生活方式和思维观念仍未彻底从农民转向市民；学生群体普遍具有本科以上学历，其生活方式和行为方式对社区产生深刻影响。

表 7-2 望月社区居民构成

			居住特征	居住形式
原住民	望月社区原住民	第一代原住民	在望月社区中处于主导地位，拥有多处房产	长住
		第二代原住民	原住民的一部分，撤村建居时的未成年子女，现大多已成家。普通与父母居住，或已继承房产独立居住	长住
外来居民	外来务工人员	白领	在周边上班，如在浙大紫金港校区从事后勤工作等	长住 / 长租
		蓝领	在望月社区或者周边工作，从事房产经纪人、保安、快递员等职业	长租 / 短租
		非正规就业人口	没有正式职业的人群，如在望月疏导站卖小吃、在育英路街道给手机贴膜等	长租 / 短租
	学生	本校学生	有特定住房需求的浙大本校学生，或不满紫金港校区住宿条件，或宿舍在其他校区但需要长期在紫金港校区工作学习，或已经工作在望月租房居住	长租 / 短租 / 日租
		外校学生	准备考研，或来杭州探亲访友	长租 / 短租 / 日租

（二）学生与居民之间的隔离

我们发现，望月社区内部原住民、大学生租客以及其他农民租客、新就业白领租客四种基本居民之间社会联系不紧密。本地居民与外来人员之间主要为住房租赁关系，这种经济交易往来使两者之间发生社会联系，但租期的限制和较大的阶层差异使其难以产生稳定的社会联系，社会联系不强，社区网络较为松散。各类群体内部之间的联系相对紧密，表现为原住民基于原村集体保持的较强社会关系、外来人口大多因地缘关系而保持互帮互助的同乡联系、部分学生群体也因共同目标而保持着较为紧密的社会联系。

四、居民地方感的分异

在人文主义地理学语境之中，地方被认为是经由人类主观定义与建构、超越空间实体物质性的社会与文化意义的载体，地方感是能够影响"人—空间—行为"的内在机制之一[①]，在认知空间[②]、建构意义[③]、表达需求[④]、适应环境、减少冲突等方面具有重要作用。熟悉感、认同感和依恋感是从地方感延伸而出的三个维度，熟悉感反映人对地方本身特征的认识，认同感是在此基础上的一种情感性评价，依恋感则是人与地方之间的一种象征性依恋。

（1）原住民群体

在地方感的三个维度以及总体条目上，原住民的分值均较高，表明原住民积极参与到新的社区生活之中。原住民对地方本身特征认知度高（熟悉感0.78分），对现状空间认可度较高（认同感0.71分），由此产生强烈的情感依附（依恋感0.74分），对社区构建已经建立起新的地方感。一般认为，城镇化过程中的拆迁安置行为使得原住民传统生活和生产空间被迫置换，失地农民难以建立与新社区的互动关系和归属感[⑤]，而本次研究中并未发现此问题。我们认为，经济利益刺激社区原住

---

① TUAN Y. Space and place: humanistic perspective[M]//GALE S, OLSSON G. Philosophy in geography. Dordrecht: Springer, 1979: 387−427.

② 张敏, 汪芳. 北京市居民的历史地段的地方感研究[J]. 城市问题, 2013(9): 43−51.

③ 高权, 钱俊希. "情感转向'视角下地方性重构研究——以广州猎德村为例[J]. 人文地理, 2016(4): 33−41.

④ 孔翔, 张宇飞. 开发区建设中的居民地方感研究——基于上海闵行开发区周边社区的调研[J]. 城市发展研究, 2014, 21(6): 92−98.

⑤ 王萍. 撤村建居过程中的群体分化问题[J]. 浙江社会科学, 2008(2): 64−67+127.

民社会网络再构与生长。在望月社区，原住民从事职业房东的比例极高，大约占七成。租房经济成为社区利益共同体的纽带，在形成互惠性的合作行动中，原住民的社交活动频率增强，社交网络明显延伸，地方熟悉感增强。另外，虽然学生化过程带来的地理景观变化使得熟悉的生活空间变得陌生，但居住环境的提升和基础设施的改善快速重新建构起原住民对新社区的认同感。此外，对学生群体的认同促成对地方的情感融入，大学生"国家栋梁""社会精英"的身份使得文化素质普遍较低的原住民产生天然的认同感和钦佩感。

（2）学生群体

学生群体的社区地方感呈现"依恋度>认同度>熟悉度"特征。学生群体较低的熟悉感（0.31分）、较为一般的认同感（0.45分）与原住民之间有明显差异，这与其相对较短的居住时间和租客身份有关。在依恋感方面，学生群体与原住民两者无明显差异，都表现出较高的依恋度（表7-3）。我们认为，望月社区学生群体的社交关系网仍以校园关系为主，大学生作为不完全的社区居民，地方熟悉感的建立主要来自对社区服务功能的需求，与社区居民并未有深入联系。在望月社区，虽然丰富的生活服务设施极大程度上满足了学生群体的日常生活需求，学生群体将社区生活视为校园生活的延伸，将对母校的情结移于社区，构建起强烈的地方依恋，但是社区较低的空间品质阻碍了学生群体形成较强的地方感。一方面，作为居住主体的原住民基本素质不高，生活习惯仍延续乡村风俗；另一方面，社区内餐饮、娱乐、零售等商业服务业态低端，食品质量和安全不能够得到保证，不少学生都有与店家产生纠纷等不愉快经历（图7-3）。

表 7-3　两类居民地方感比较结果

		原住民／分	学生／分	差异显著水平
熟悉感	建设历程	0.82	0.41	0.002
	现状空间	0.79	0.32	
	社交频率	0.72	0.20	
	均值	0.78	0.31	

续　表

		原住民/分	学生/分	差异显著水平
认同感	社区条件	0.72	0.32	0.030
	社区氛围	0.70	0.45	
	关系密切	0.71	0.59	
	均值	0.71	0.45	
依恋感	社区自我化	0.75	0.69	0.727
	移居意愿	0.70	0.77	
	留恋度	0.78	0.82	
	均值	0.74	0.76	
地方感总分		0.74	0.51	0.028

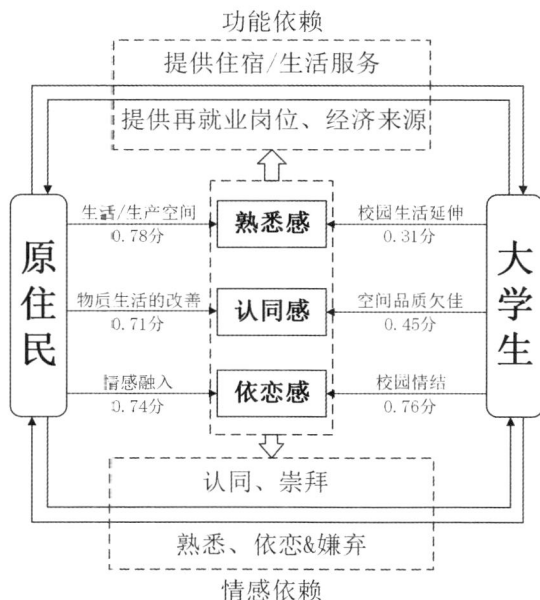

图 7-3　望月社区原住民与大学生关系图

五、学生化社区的治理建议

大学生消费增长和消费升级对经济具有显著的正面影响。大学生旺盛的住房需求刺激社区房租逐年上涨，2005—2010年，望月社区房屋租金几乎翻倍，越来越多的当地居民将自有住房转变为出租房投入租房市场，同时还出现一批房屋中介，专门服务学生租户和当地房东。学生进入望月社区，改变了社区的人口结构，使得流动人口数量上升，人口结构年轻化，受教育程度、居民流动性大幅上升。但是，与欧美学生化现象不同，租金上涨并没有导致社区原住民被排斥，因为原住民具有较高经济能力的同时居住迁移能力有限，且其就业机会高度依赖学生群体，两个群体之间形成相互依赖与互惠的关系。另外，由于社区流动人口增加，地方派出所加强了对社区的管理，在其内部增设警务室和流动人口管理站，增加了居民的安全感。

学生的生活方式与消费方式给望月社区带来了积极的文化影响。在学生化过程中，年轻人的聚集分享特殊的文化和生活方式。[1]学生群体多属于高素质人才，在撤村建居的原住民从农民向市民身份的转变过程中，对原住民起到一定的行为示范作用。例如，浙江大学法学院学生就曾自愿组织，进入社区对原住民进行普法宣传教育；由于经常需要与学生发生租房业务往来，房东学习年轻学生使用手机App的意愿较强；社区居民主动维护社区环境卫生，以创造良好的居住环境，改变原本拆迁安置社区"脏乱差"的形象。

学生化社区的形成是快速城镇化背景下大城市社会空间重构的一个重要缩影。进入高等教育大众化的阶段，接受高等教育的学生人数大幅增加，学生群体内部分化使得城市生活需求多样化。一方面，一部分学生或排斥集体生活，或因为私密性、谈恋爱、喜安静等原因选择在校外租房居住；刚结束大学生涯进入社会的高校毕业生作为中低收入群体，社会生境被边缘化，"蚁族"等成为其生活写照[2]。在望月社区中，大学生群体进入社区主要因为收入不高，而大学周边拥有高性价比和满足年轻人消费需要的城市设施。另一方面，失地农民身份从传统农民向城镇居民转变，凭借区位和住房资源从事面向学生的商业经营，获得经济资本和社会资本的积累。因此，未来的大学城规划设计或更新，应该鼓励大学和城市、大学和社区共享发展，积极引导大学生群体与周边社区的社会经济互动，通过城镇建设用地兼容性设计、共享空间设计、开放校园设计等，培育学生化空间的良性发展。在临近高

---

① SMITH D P, HOLT L. Studentification and 'apprentice' gentrifiers within Britain's provincial towns and cities: extending the meaning of gentrification[J]. Environment & planning a: economy and space, 2007, 39(1): 142−161.

② 张梦竹，赵鹏军．"蚁族公寓"的成因与管理优化——以广州市体育西地区为例[J].城市问题，2016(3): 75−82.

校地区，完善商业设施，吸引学生进入以创造更有活力的特色空间。

第二节　教育全球化、青年文化以及留学生的学生化

一、教育全球化带动来华留学生增长

为推动中国教育全球化事业发展，2010年，中华人民共和国教育部印发《留学中国计划》，提出"到2020年，全国在内地高校及中小学校就读的外国留学人员达到50万人次，并使中国成为亚洲最大的留学目的地"。近年来，随着"一带一路"倡议的推进，中国高校国际交流与合作日趋频繁和深入，来华留学人数持续增长，中国正成为世界第三大留学输入国[①]。据统计，2018年中国共接收留学生49.22万名，其中来自亚洲的留学生共计29.50万名，占来华留学生总数的59.95%，其中来自韩国、泰国、巴基斯坦等邻国的留学生数量最多。

目前，来中国的留学生主要集中在北京、上海、南京、西安等高校资源集中的大城市。在这些城市的大学城或大学集中地区，留学生聚集的现象已经萌发，留学生国际公寓、留学生商业街正逐渐形成，成为留学生的重要生活空间，例如北京五道口地区和上海五角场地区[②③]。作为跨国接受教育的特殊对象，留学生具有不同于本地居民的生活习惯、需求和文化认知，同时留学生群体由于国籍不同，又具有多样化的社会、经济和文化属性。留学生数量的日益壮大，已经引起教育学[④⑤]、社会学[⑥⑦]等学科关注，但是针对留学生的城市地理学研究较少。虽然研究发现，相

---

① 方宝，武毅英. 高等教育来华留学生的变化趋势研究——基于近十五年统计数据的分析[J]. 高等教育研究，2016, 37(2): 19-30.

② GU H, Smith D P. 'Living off the campus': urban geographies of change and studentification in Beijing, China[J]. Urban geography, 2020, 41(2): 205-224.

③ 孙洁，谷浩，余思奇. 国外学生化研究评述及其对本土化研究的启示[J]. 国际城市规划，2019, 34(6): 56-62.

④ 陈强，文雯. "一带一路"倡议下来华留学生教育：使命、挑战和对策[J]. 高等教育管理，2018, 12(3): 28-33.

⑤ 文雯，陈丽，白羽，等. 北京地区来华留学生就读经验和满意度国际比较研究[J]. 北京社会科学，2013(2): 63-70.

⑥ 叶淑兰. 中国文化软实力评估：基于对上海外国留学生的调查[J]. 社会科学，2019(1): 14-25.

⑦ 汪长明. 文化调试制度供给社会支持——跨文化视野中的在华留学生[J]. 当代青年研究，2014(4): 5-13.

比城市吸引力、大学排名或学科教育，在华留学生对住宿、吃饭、社交、休闲等日常生活环境的满意度较低，然而鲜有研究对其原因进行探索。留学生在中国的城市中居住、生活、休闲，是否形成留学生聚居区，这对其地方融入有何影响，均不甚清楚。

对留学生生活空间的忽视，显然不利于中国制定出真正"以人（留学生）为本"的留学政策。从长远来看，这也将不利于中国提高对国际化人才的吸引力，进而不利于提高城市发展的国际化水平。因此，迫切需要从微观尺度对留学生的日常生活及其生活空间进行深入解析，以了解其存在的困境及对城市公共服务的需求。本节以南京一处典型的"留学生街"为例，尝试对留学生的微观社会空间进行分析，并且比较国内外典型留学生生活空间的异同，从城市规划视角提出进一步提高中国高校留学吸引力、促进教育全球化发展的可行建议。

二、国内外学生化研究

2000年起，英国城市地理研究开始关注大学生在校园周边及城市特定地区的聚居现象，众多研究发现该过程使得房屋租金上涨、商业服务设施更替以及文化氛围变化，进而导致了地区人口阶层置换、社区不平衡。[①]史密斯将之称为学生化，并将大学生视为一种特殊的士绅群体，认为学生化是一种特殊的绅士化现象。[②③]大学生聚居往往与其他社区相互隔离，学生群体内部也存在群体分化与居住隔离。[④⑤]J. Sage和P. Chatterton等指出，学生街或学生社区的形成标志着大学生群体对特定地区的领域化（territorization），其背后是（全球）经济资本、文化资本对于地方空间的

① SMITH D P. Patterns and processes of 'studentification' in Leeds[J]. The regional review, 2005, 12: 14−16.

② SMITH D P. 'Studentification': the gentrification factory?[M]//ATKINSON R, BRIDGE G. Gentrification in a global context: the new urban colonialism. London: Routledge, 2004: 73−90.

③ SMITH D P, HOLT L. Studentification and 'apprentice' gentrifiers within Britain's provincial towns and cities: extending the meaning of gentrification[J]. Environment & planning a: economy and space, 2007, 39(1): 142−161.

④ HUBBARD P. Geographies of studentification and purpose−built student accommodation: Leading separate lives?[J]. Environment and planning a: economy and space, 2009, 41(8): 1903−1923.

⑤ SAGE J, SMITH D, HUBBARD P. The diverse geographies of studentification living alongside people not like us[J]. Housing studies, 2012, 27(8): 1057−1078.

重构。①②除英国之外，世界其他国家也出现了类似的学生化现象，学生化与学生消费空间正成为国际城市地理研究的新热点。

随着教育全球化的加速，全球范围的国际留学生数量快速增长，澳大利亚、葡萄牙等"留学大国"的一些大城市，已经形成了独特的留学生社区和留学生商业街。R. Fincher和K. Shaw对墨尔本留学生聚居社区的研究，揭示了留学生的住房需求刺激了住房租赁市场的兴起；开发商在经济利益的驱使下建设了大量高租金却低质量的留学生公寓。③由于生活习惯和地点、社交依赖不同，留学生聚居地与普通社区以及本土学生化社区相互隔离——留学生集中在位于城市中心的大学校园周边地区，而本地学生则选择郊区社区。④F. L. Collins发现，大量亚洲留学生聚集在奥克兰CBD地区，迎合其消费的零售、餐饮、教育及文化机构快速增长，留学生正成为推动城市中心重构的重要力量。⑤留学生带来的影响和教育产业、房地产开发、跨国移民等其他因素相互联系，同时与地方政府和中央政府的城市经营角色密不可分。此外，D. Calvo发现，葡萄牙里斯本的伊拉姆斯留学生（Erasmus student）在国际奖学金和家庭财富的支持下，成为特殊的跨国消费阶层，文化区隔使之正占据城市中特定街区，加速了城市空间的资本化。⑥

归结起来看，留学生聚居空间形成的内因是留学生对特定商品和服务的消费需求，受到留学生规模、消费偏好、语言障碍、社会交往、文化心理等因素影响；外因往往在于流入国家和城市的社会经济发展对留学生消费的供给态度（迎合或排斥），包括国际化策略、移民政策、产业转型以及文化包容等。留学生聚居空间是

---

① SAGE J, SMITH D, HUBBARD P. New-build studentification: a panacea for balanced communities?[J]. Urban studies, 2013, 50(13): 2623-2641.

② CHATTERTON P. The student city: an ongoing story of neoliberalism, gentrification, and commodification[J]. Environment and planning a: economy and space, 2010, 42(3): 509-514.

③ FINCHER R, SHAW K. The unintended segregation of transnational students in central Melbourne[J]. Environment and planning a: economy and space, 2009, 41(8): 1884-1902.

④ FINCHER R, SHAW K. Enacting separate social worlds: 'international' and 'local' students in public space in central Melbourne[J]. Geoforum, 2011, 42(5): 539-549.

⑤ COLLINS F L. International students as urban agents: international education and urban transformation in Auckland, New Zealand[J]. Geoforum, 2010, 41(6): 940-950.

⑥ CALVO D. Understanding international students beyond studentification: a new class of transnational urban consumers. The example of Erasmus students in Lisbon (Portugal)[J]. Urban studies, 2018, 55(10): 2142-2158

一种全球化力量（经济资本与文化资本）与流入国地方化力量之间博弈与融合的地方社会空间生产结果。

既有研究主要针对流入西方发达国家的留学生，其存在两个理论假设。第一，留学生多来自发达国家或发展中国家和地区的富裕家庭，具有较高的消费需求和消费能力。因而"富裕"的留学生受到流入地大学、政府和市场的热烈欢迎，被视为振兴地方经济与提升国际化水平的重要参与者。第二，相对于本地人口数量的基本稳定，外来留学生数量增长快速，故留学生群体愈加显著地影响流入地的住房、商业及文化市场的供需平衡。通常，大学校园周边的某些社区经历"侵入—演替"的过程之后，逐渐形成留学生聚居空间，最终导致本地居民的住房、商业、休闲愈发受到留学生排斥、置换。

然而，来华留学生的群体特征（国籍、生活方式、数量、文化等）明显不同于西方发达国家接收的留学生，中国的体制背景、留学生政策亦明显不同。因此，在华留学生是否形成聚居空间，具有怎样的特征，与西方国家有何不同，其形成与演变背后的机理是什么，对留学生的地方融入可能产生怎样的影响，均不得而知。本节拟从两方面进行创新性拓展：在理论层面，归纳中国语境下来华学生消费空间呈现的综合特征，总结其形成与演变的特殊机制；在实践层面，辨析留学生街的转变对留学生地方适应的影响，并基于留学生友好的目标，尝试从城市规划的角度提出完善中国留学政策的建议。

三、"留学生街"的形成与演变过程

（一）研究区域与研究方法

南京是中国重要的科教名城，拥有53所普通高等学校（不含部队院校）以及600多所科研院所。2019年，英国教育市场咨询公司Quacquarelli Symonds发布"全球最佳留学城市排名"，南京排名第99位，是中国大陆仅次于北京、上海的最佳留学城市。据统计，在南京登记暂住证的外籍大学生超过1万人，年均增长约10%。加上短期交流而未被统计的国际生，实际来宁留学生总数远超于此。因此，选择南京作为研究对象，既具有典型性，也具有较强的现实意义。根据统计数据与实地调研，我们发现南京市留学生主要集中在金银街、上海路、宁海路、汉口路（统

称金银街地区）①，这里正逐渐形成具有鲜明景观特色和文化氛围的留学生街（图7-4）。

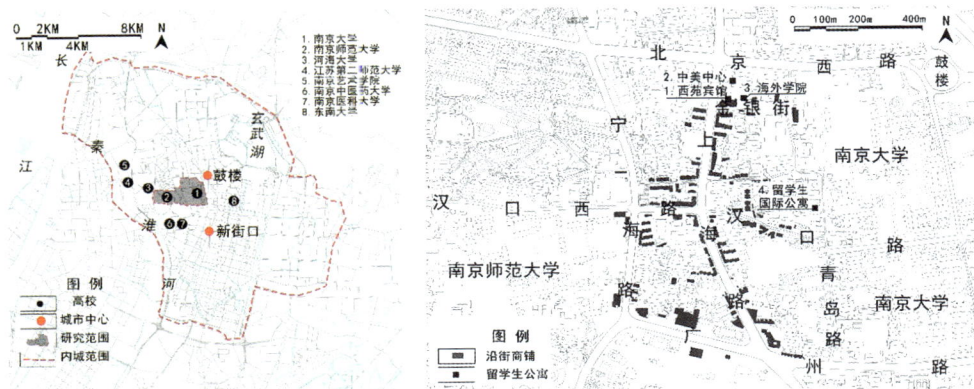

图7-4 研究区域

由于中国政府对移民统计数据实施的保密制度，我们未能获得全部留学生的属性数据，故采用定量与定性方法结合，运用参与观察、深入访谈和问卷调研等方法进行实证。2014—2019年，我们对金银街地区进行多次实地考察，其中正式调研于2015年12月—2016年3月、2017年3—6月、2019年8—10月多次开展。

调研对12名留学生进行深入访谈、问卷调研，留学生问卷（中文版和英文版）内容包括国籍、类型、留学时间、居住、日常生活、社会交往等情况，共获取有效问卷12份（表7-4），之后对其中5名留学生进行结构访谈；对研究范围内13家西餐厅、酒吧、定制西装店等商业街代表商户进行入户调研，访谈内容涉及创业经历、经营者社会经济身份、经营现状、消费者构成等，访谈时长0.5—3小时，且对其中部分经营者进行了多次访谈（表7-5）；对南京大学、南京师范大学海外学院教师以及南京市公安局出入境民警进行访谈。其他研究资料主要来自城市建设年鉴、大学年鉴、新闻报道，以及面向在宁外国人的杂志Nanjinger等。

---

① 孙洁，朱喜钢，宋伟轩，等.文化消费驱动的高校周边地区商业绅士化研究——以南京大学与南京师范大学老校区为例[J].城市规划，2018, 42(7): 25−32.

表 7-4　金银街地区留学生的基本属性

编号	国籍	性别	年龄（岁）	留学生类型	奖学金	来宁时间	居住地	日常活动范围	社会交往群体
S1	俄罗斯	男	24	□	①	2015	■	①	②③
S2	挪威	男	30	△	③	2015	▲	①②	①
S3	委内瑞拉	男	22	□	①	2013	▲	①②	①③④
S4	韩国	女	31	□	①	2013	▲	①②	①②
S5	韩国	女	33	□	③	2016	▲	①②	①②
S6	美国	女	24	△	②	2016	■	①	①②③
S7	德国	女	26	△	②	2016	■	①	①②
S8	哈萨克斯坦	男	29	□	①	2014	■	①③	②③④
S9	泰国	女	22	□	③	2017	■	①	②
S10	日本	男	20	□	③	2017	■	①	②
S11	乌克兰	女	28	□	①	2015	■	①④	②③
S12	法国	男	30	△	②	2016	▲	①②	①②

□—学位生；△—访学生

①—中国政府奖学金；②—学校交换；③—自费

■—学校留学生公寓；▲—校外租房

日常活动范围—①校园周边的金银街、上海路、汉口路、青岛路、宁海路、南阴阳营地区；②城市商业中心，如新街口、1912地区；③仙林大学城学则路；④其他地区

社会交往群体—①同班的留学生；②母国的留学生；③中国学生；④中国非学生的居民

表 7-5　金银街地区经营者的基础属性

序号	商铺名称	国籍	经营时间	选址原因	面积（m²）	年净利润（万元）	顾客数量排序	学生兼职
B1	对话酒吧	中国	2004	①③	70	120	②③①	无
B2	杰克餐厅	中国	1995	①③	70	100~120	②③①	无
B3	荷马花艺西点	中国	2015	③①	50	20~25	②①	无
B4	梅茜的小店酒吧	中国	2014	③①	70	20~25	①②	有
B5	乐福西餐厅	中国	2016	①③④	200	130	②③①④	有
B6	Happy English英语培训	中国	2016	①③	30	15	①②	有
B7	云中食品面包店	法国	2004	①③	80	70~100	②③④①	无
B8	Pause咖啡店	加拿大	2015	①③	100	20~30	①②③	无

序号	商铺名称	国籍	经营时间	选址原因	面积（m²）	年净利润（万元）	顾客数量排序	学生兼职
B9	贝尼尼意式餐厅	意大利	2012	①③	120	50~60	④②①③	有
B10	韩国料理	韩国	2012	①	50	20~30	①③②	无
B11	秀·爱尔兰酒吧	中国	2013	③①	230	200~250	②③④①	有
B12	老地方中餐厅	中国	1993	①	130	20~30	②①③	无
B13	红邦西装定制	中国	2004	①④	35	>15	③②④①	无

选址原因—①顾客市场；②房屋/房租可接受；③文化氛围；④交通便捷；⑤其他原因

顾客类型—①中国大学生；②中国非大学生；③外国留学生；④外国非留学生人士

（二）留学生街的形成过程

（1）"高校圈"留学生的自发集聚

南京市鼓楼区是南京主城的大学集中区，百年名校南京大学、南京师范大学、河海大学等多所高校坐落在此，东南大学、南京中医药大学、南京邮电大学等高校均在2公里范围内（图7-5）。近代以来，鼓楼"高校圈"是中西文化与学术交流的起源地，也是南京最早有外国人生活的地区之一。[①]1950年代，南京大学开始接受来华留学师生；1986年，南京大学首开国内高等教育国际合作之先河，成立了南京大学—约翰斯·霍普金斯大学中美文化研究中心（以下简称中美中心）。《南京大学年鉴》显示，1990年全年来校留学生达到160人，2014年留学生达到3295人（图7-5）。[②]截至2018年，南京大学先后接受了来自136个国家和地区的共2万余名外国学者、留学生。此外，几乎同时期南京师范大学、河海大学等高校也开始接受留学生，并且数量逐年增长。第六次全国人口普查数据显示，研究范围内有超过5千名留学生[③]。

回顾金银街的发展历史，其经历了留学生自发集聚与商业化的过程。中美中心成立后，南京大学每年开始规模化地招收欧美留学生，并出于安全考虑将其安置于校园西北角的西苑宾馆，与中国学生宿舍和本地社区隔离。随后，中美中心大楼建

① 南京市地方志编纂委员会.南京市志（第1册）[M].北京：方志出版社，2009.

② 南京大学校长办公室.南京大学年鉴（2015）[M].南京：南京大学出版社，2015.

③ WU Q, CHENG J, CHEN G, et al. Socio-spatial differentiation and residential segregation in the Chinese city based on the 2000 community-level census data: A case study of the inner city of Nanjing[J]. Cities, 2014, 39: 109-119.

成，为留学师生提供了一个新的封闭式学习和住宿的场所，相邻的金银街便成了留学生进出校园的必经之路。在市场需求（留学生）的刺激下，金银街沿街的住宅楼底层被本地经营者改造为商铺，出现了南京市最早之一的西餐厅、酒吧、面包店和咖啡馆（表7-5），金银街成为留学生日常吃饭、购物以及社交、休闲的主要去处。

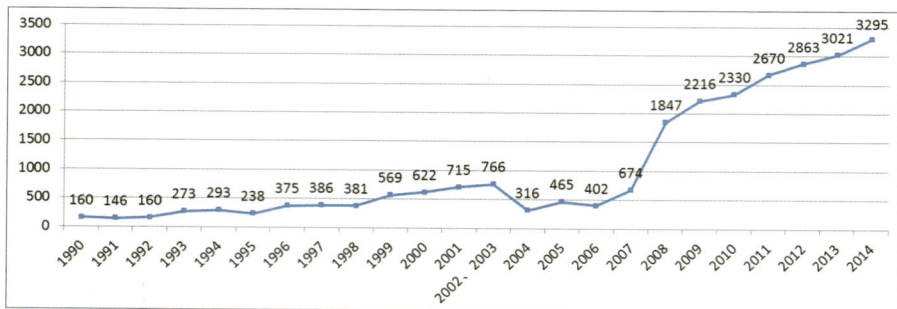

图 7-5　南京大学在校留学生数量

（2）政府推动下"留学生街"的形成

随着留学生数量增多，校园宿舍供不应求，部分留学生为了自由和独立空间搬出学校宿舍，租住在临近校园的金银街、上海路等地的老旧小区，留学生的日常活动空间也逐渐扩大。同时，商家看中留学生带来的欧美流行文化和兴起的商业机遇，对附近日益衰败的老旧建筑进行改造，异域餐厅、咖啡厅、酒吧逐渐增多；房屋出租、定制西装、茶艺、推拿等传统生活服务也开始转型，以迎合留学生的需求，金银街商业氛围初现，形成了类似族裔聚居区的雏形[1][2]。

与西方学生化地区类似，留学生既是校园周边商业服务的主要消费者，也是异域文化氛围的制造者[3][4][5]。欧美留学生的到来使得金银街的学术沙龙、聚会等文化

---

① 李志刚, 薛德升, Michael Lyons, 等. 广州小北路黑人聚居区社会空间分析[J]. 地理学报, 2008(2): 207-218.

② 刘云刚, 周雯婷, 黄徐璐, 等. 全球化背景下在华跨国移民社区的空间生产——广州远景路韩国人聚居区的案例研究[J]. 地理科学, 2017, 37(7): 976-986.

③ 孙洁. 中国大城市学生化空间特征、机制与效应研究——以南京为例[D]. 南京: 南京大学, 2018.

④ 孙洁, 朱喜钢, 宋伟轩, 等. 文化消费驱动的高校周边地区商业绅士化研究——以南京大学与南京师范大学老校区为例[J]. 城市规划, 2018, 42(7): 25-32.

⑤ 宋伟轩, 孙洁, 陈艳如, 等. 南京内城商业绅士化发育特征研究[J]. 地理学报, 2020, 75(2): 426-442.

活动非常丰富，营造了国际化的青年文化气息，令其与同样在校园周边但留学生较少活动的二条巷等地区迥然不同。

2011年，南京市政府推出"老旧街道整治"计划，其中金银街作为重点打造的八大特色商业街之一，被规划定位为"异域青年文化街"。鼓楼区政府投资、实施了金银街改造工程：通过路面、建筑、街道改造及景观小品的增添，复制了一条欧洲城市街道，试图迎合欧美学生的审美偏好（图7-6）。自此，金银街作为"留学生街"名声大噪，成为整个南京市留学生的聚会地。尽管地域范围不大，但金银街地区俨然成为城市微观社会空间结构中颇为独特的留学生聚居点。[①]

图 7-6　改造之后的金银街

（三）市场驱动下"留学生街"的嬗变

在市政府改造之后，金银街被赋予"促进不同国家青年交流与文化融合"的特殊功能，具有了"高大上"的象征意义。受欧美文化吸引，迷恋"小资"情调的本地白领和外地游客开始到金银街寻找西方美食，留学生光顾的餐厅和咖啡馆也愈加受到文艺青年的追捧。金银街原有的商业以日常生活必需品零售、餐饮、休闲为主，且基本都是小型或微型商铺，由于金银街地区地处城市中心，租金逐年上涨，迫使商铺更新换代加速。近年来，一些跨国教育培训机构、留学服务机构，以及特色商务旅馆、摄影工作室、休闲书店、精品青年公寓等具有更高盈利能力的企业，主动向金银街地区集聚。据统计，目前有20余家咖啡厅、西餐厅、酒吧以及30余家各国风味餐厅聚集在金银街地区，这些地方现成为南京市"网红打卡地"，追求另

---

① WU Q, CHENG J, CHEN G, et al. Socio-spatial differentiation and residential segregation in the Chinese city based on the 2000 community-level census data: A case study of the inner city of Nanjing[J]. Cities, 2014, 39: 109-119.

类消费体验的年轻人络绎不绝，本地白领、游客以及少量在宁外籍人士成为金银街餐饮娱乐的主要顾客（表7-5）。虽然这些商店多由中国人经营，但绝大多数商家提供中英文以及少量韩语、日语的菜单、招牌，并且为突出时尚、"小资"气质，建筑内部装修多为西式风格，外部装修也效仿金银街外立面风格。

由于金银街物价日益攀高，很多留学生被迫去距离校园较远、破败的南阴阳营寻找餐饮服务，金银街文化氛围逐渐"变味"，渐渐失去对留学生的吸引力。很多留学生表示，"很多中国人在咖啡馆里打牌，说话声音很大，不适合看书学习"。一些穆斯林留学生则认为，"很难在金银街附近找到适合的食物和餐馆"。随着非留学生群体的不断"侵入"，留学生群体愈加遭受排挤，其活动空间正逐步被压缩，金银街地区正朝着一个本土化和中产化特征愈加明显的空间转变。

四、"留学生街"嬗变的影响因素

与当前英国、澳大利亚等世界留学大国城市中留学生聚居空间不断扩张不同，北京、上海等中国大城市留学生的生活空间多处于萌芽阶段[1]。南京市"留学生街"在形成过程中"异化"，究其原因，可以归结为中国留学政策、城市扩张、市场化等多种因素复杂博弈下的城市空间重构结果。显然，这折射了出一种截然不同的全球化与地方化互动机制。

（一）留学政策导致留学生的"亚非化"

特殊的留学生政策使得中国留学生群体呈现出"亚非化"的特点。作为新兴的留学国家，中国高等教育全球化的历史较短，综合吸引力仍然较低。21世纪以来，中国高校主要面向亚洲、非洲、拉丁美洲国家接收留学生，并且为绝大多数欠发达国家留学生提供政府奖学金。[2][3][4]1990年代至2000年代初期，南京大学的留学生以北美、欧洲为主，而2008年—今则以亚洲、非洲为主，这与全国来华留学生的整体

---

[1] GU H, Smith D P. 'Living off the campus': urban geographies of change and studentification in Beijing, China[J]. Urban geography, 2020, 41(2): 205-224.

[2] 陈强, 文雯. "一带一路"倡议下来华留学生教育：使命、挑战和对策[J]. 高等教育管理, 2018, 12(3): 28-33.

[3] 文雯, 陈丽, 白羽, 等. 北京地区来华留学生就读经验和满意度国际比较研究[J]. 北京社会科学, 2013(2): 63-70.

[4] 叶淑兰. 中国文化软实力评估：基于对上海外国留学生的调查[J]. 社会科学, 2019(1): 14-25.

结构基本一致（图7-7）。据统计，目前在宁留学生主要来自印度、巴基斯坦、印度尼西亚、哈萨克斯坦和孟加拉国等亚洲国家。调研发现，来自伊斯兰国家的留学生受信仰约束，禁止喝酒，因而没有去酒吧的饮食习惯。发展中国家的留学生生活节俭，而当前南京大学留学生获奖学金的留学生比例不到30%，绝大多数留学生月生活费不超过两千元。不难理解，2010年后留学生的消费习惯与早期欧美留学生的消费习惯相差较大，消费能力明显偏低。正如一些西餐厅和酒吧的老板认为的："开始在此开店是因为这里留学生多，现在却不靠留学生挣钱。留学生只喝最便宜的啤酒，而上班族往往会点洋酒。"因此，即便近年来留学生数量日益增长，消费能力却相对下降，对市场刺激较弱。

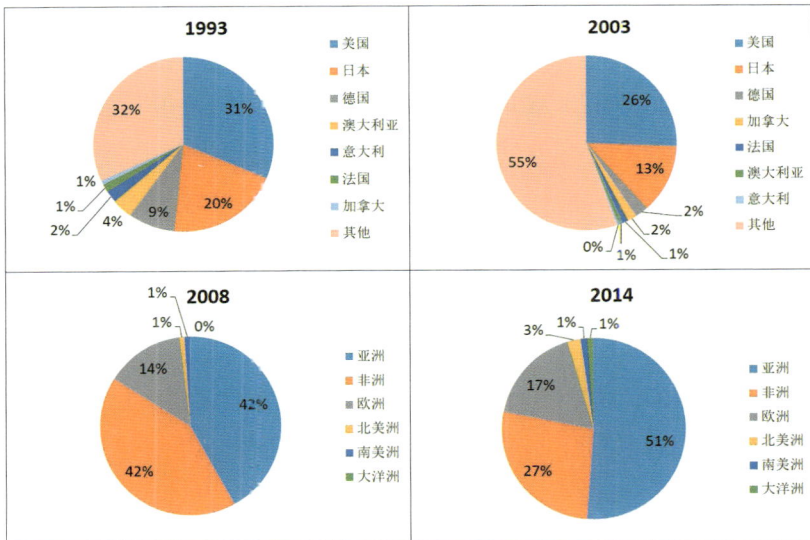

图 7-7　南京大学历年留学生来源国统计

（二）市场竞争导致留学生消费受排斥

在墨尔本等留学生规模日益庞大的城市，留学生代表的全球化力量主导了地方空间的再生产，使本土社区逐渐演变为一个学生化的空间。[1][2]然而在中国大城市

---

[1] FINCHER R, SHAW K. The unintended segregation of transnational students in central Melbourne[J]. Environment and planning a: economy and space, 2009, 41(8): 1884−1902.

[2] FINCHER R, SHAW K. Enacting separate social worlds: 'international' and 'local' students in public space in central Melbourne[J]. Geoforum, 2011, 42(5): 539−549.

中，留学生聚居空间的形成却受到多重因素制约。原因在于，经历了三十年的经济高速增长，中国国民生产总值跃居世界第二，具有中等以上收入和强烈文化消费需求的本土中产阶层正快速成长并壮大。相比之下，来自亚洲欠发达国家的留学生在数量和经济资本上都处于相对弱势地位，留学生所代表的全球化力量在与地方化力量的博弈中被吸纳、同化。具体而言，在墨尔本等城市，城市政策与市场均持"亲留学生"态度，依靠留学生消费带动经济社会发展是两者共同的目标。然而，中国城市政府和市场却不完全相同。尽管地方政府基于提高城市国际化水平的目标，自上而下地进行留学生街的物质空间更新与文化再生产，试图使之成为留学生聚居空间。但是，市场对待留学生的态度却表现出两面性。商家代表的资本力量一方面自下而上地依赖于留学生所形成的国际化和青年文化（仍以欧美文化为核心），并将之包装化、商品化，使之成为具有高附加值的文化符号；另一方面，利润驱使商家在产品和服务供应上重点满足本土中产阶层而非留学生对文化消费需求的偏好。

相比国外大学对学生住宿的宽松管理制度，中国大学普遍对留学生群体进行了校内集中居住管理，学校管理制度和市场竞争的双重约束导致留学生的社会空间隔离。一言以概之，来华留学生群体自身的社会经济属性以及城市发展政策、大学管理制度限制了中国城市中留学生聚居空间的形成与发展。

（三）城市更新加速"留学生街"的瓦解

2000年代，南京市浦口、仙林、江宁三处大学城相继建成，主城区十余所高校纷纷迁往新校区。2014年后，鼓楼"高校圈"老校区的大学生数量仅2—3万人，已经缩减至高峰时期的五分之一。大学外迁瓦解了留学生在中心区聚集的可能，南京没有出现类似墨尔本、奥克兰等西方留学热门城市的中心城区普遍出现的学生化现象。留学生的骤然搬离对金银街原本的小餐饮店、廉价书店造成了沉重冲击，加速了商业的置换。在经济利益驱动下，商家或主动或被动地重新进行商铺装修，改变经营业种，以迎合具有更高消费能力并且群体更加庞大的本土年轻白领。

五、对高校管理的启示

本节以南京金银街为例，揭示了中国城市中留学生聚居空间的发育、形成到"异化"的曲折过程。"留学生街"是一种（教育）全球化在地方城市的空间投影，而资本和权力的共谋是内在动力。最初，欧美留学生作为具有较高经济资本和文化资本的群体，刺激了金银街西式商业、休闲型经营场所的兴起。留学生数量增多和空间扩散，催生了类似族裔聚居区雏形的商业街。随后，政府主导的城市更新进一步加速了留学生街的文化兴盛，而且加速了商业自发改造升级，以迎合留学生的消费需求。在转型阶段，国家留学生政策导致留学生群体发生变化，城市空间重构导致留学生外迁，市场的逐利性驱动了金银街商业和文化的转型，规模更大、消费能力更强的本土年轻白领、精英外国人以及游客逐渐取代留学生。不同于西方国家留学生聚居空间的扩大，南京"留学生街"却在形成中嬗变，该社会空间演变现象折射出一种另类的全球化与本土化融合与角力的复杂机理。在中国独特的全球化、市场化与大学封闭式治理语境下，留学生所代表的全球化力量在城市空间重构中遭到排挤。

由于中国长期以来对留学生实行统一的集体宿舍管理，留学生活动范围大多局限于校园及周边地区。日常活动范围受限带来了留学生与本地学生、居民的空间隔离，进而限制了相互之间的社会交流，使留学生处于被边缘化的"孤岛"中。"留学生街"的嬗变，在一定程度上阻碍了这一族裔群体的地方融入，更加不利于跨国文化交流。为推动中国高等教育全球化发展，我们还有很多可以做的事情。对高校而言，大学校园规划建设应适当增加符合留学生生活需求的服务设施，如国际标准的公寓、餐厅、超市等，同时保持相对较低的留学成本；局部地区的景观风貌可以迎合多元化留学生的审美品位，弱化空间的陌生感，帮助留学生尽快适应新环境，打破其跨文化求学的心理障碍和生活上的不适应。对于城市政府而言，文化空间营造是促进留学生群体地方融入的重要措施。邻校社区建成环境应该与校园规划相协调，重视文化场所、公共空间设计，增强留学生之间，留学生与中国学生、老师、社区之间的文化交流，强化留学生对大学校园的地方认同和社会融入；更加人性化、多元参与的管治方式，促进留学生和普通城市居民和谐共处。

第八章 中产阶层社区与环境中产化

第一节 滨水地区更新驱动的环境中产化

一、绿色消费与环境中产化

环境中产化是指一个地区因为生态环境改善而吸引中产阶层群体迁入，导致低收入群体被排斥、置换的现象。通常环境中产化有两种类型：第一种是通过清理环境要素，如棕地清理、整治，实现土地再开发；第二种主要是借助环境美化来实现，如改造和美化滨水地区，新建公园、绿道以及开发山、湖、河等景观资源优越地带。W. Curran和M.Bockarjova等认为，邻里环境魅力提升催生房价抬升是造成地区低收入居民被迫迁居、流离失所的原因。[1][2]D.Immergluck和T. Balan认为，发生环境中产化的地区往往存在可持续发展项目的引入。[3]十几年来，西方城市研究领域日益关注环境中产化效应，而国内对环境中产化的研究较少，绿色空间的生态、经济、社会效应只是作为中产化研究的切入点呈现。既有研究多关注滨水公共空间和大型公园绿地开发引起的居住置换，并对广州和杭州等地的绿色空间开展中产化研

① CURRAN W, HAMILTONT. Just green enough: contesting environmental gentrification in Greenpoint, Brooklyn[J]. Local environment, 2012, 17(9): 1027−1042.

② BOCKARJOVA M, BOTZEN W J W, VAN SCHIE M H, et al. Property price effects of green interventions in cities: a meta−analysis and implications for gentrification[J]. Environmental science & policy, 2020, 112: 293−304.

③ IMMERGLUCK D, BALAN T. Sustainable for whom? Green urban development, environmental gentrification, and the Atlanta Beltline[J]. Urban geography, 2018, 39(4): 546−562.

究。[1][2]但是，对于绿色空间社会效应的讨论仍集中在其生态和公共健康效益方面，对绿色空间的社会效应研究偏少。滨水地区更新是如何走向中产化，是由哪些主体推动，又将产生怎样的社会空间效应，是当前研究值得关注的地方。本节以南京三汊河河口片区为例，分析中国语境下环境中产化的表现特征、驱动机制与效应，从中产化的角度关注城市更新中绿色空间生产如何与城市空间重构及社会阶层分化互动。

二、三汊河河口片区环境治理与社会空间重构

（一）三汊河河口片区的环境治理过程

三汊河河口片区位于南京外秦淮河与长江交汇处，视野开阔，自然景观优越。该片区的环境整治过程可以分为秦淮河环境整治（南侧）和长江滨江地区土地开发（西侧）两个部分（图8-1）。新中国成立初期，南京下关地区秦淮河沿岸基本被码头、仓库以及工业厂房占据，后"下放青年"返城并沿河聚居形成大片棚户区。与此同时，秦淮河沿岸工厂将工业废水废料排入秦淮河，造成滨江岸线油污遍地，河水污染状况严重。1990年代以来，下关沿岸棚户区改造问题被历届政府多次提上议事日程，但因拆迁体量巨大、资金筹措困难、政策制约等问题，实际推进速度缓慢。2002年开始，南京市斥资40多亿元开展外秦淮河环境综合整治工程，完成水利、环保、安居、景观一系列城市更新项目；拆迁沿河居民5000余户，搬迁企业120余家，截断城市排污口约550个，清淤数十万立方米，沿线新增绿地公园150公顷，最终外秦淮河两岸景观和风貌显著提升（图8-2）。2012年之后，秦淮河沿线持续完成一系列"增绿增蓝"工程，三汊河河口闸集防洪排涝、改善城市河道水质及人文景观功能于一身，成为秦淮河风光带的亮丽景观（图8-3）。

在秦淮河环境改造的同时，2003年南京市政府以18亿元将滨江宝善地块整体出让，规划建设世茂滨江新城——一个大型超高层江景国际高尚住宅区。2006年后，三汊河河口片区的棚户区改造、旧厂房拆迁和土地再开发持续推动，共拆除危旧房17.5万平方米，拆除工业厂房、仓库以及办公建筑5.1万平方米，取而代之的是大规模新建高档商品房小区（表8-1）。最终，该地区物质景观、自然环境以及人口结构均发生彻底改变。

---

① 楚晗. 广州市环境绅士化研究[D]. 广州：广东工业大学，2020.

② 王诗文. 杭州市中心城区绿色绅士化问题研究[D]. 杭州：浙江大学，2020.

图 8-1　研究区范围示意图

a. 整治前：秦淮河水门西段　　　　　　　　b. 整治后：秦淮河石头城段

图 8-2　秦淮河综合整治工程整治前与整治后资料

图 8-3　左：三汊河河口红云桥；右：三汊河河口闸

表 8-1　2009 年下关区拆迁项目一览表

序号	项目名称	拆迁单位	项目性质	住宅（平方米）	非住宅（平方米）	建筑面积（平方米）
1	复兴街—二板桥	南京市下关区国有资产投资发展有限公司	危旧房改造	42790.57	5149.70	47940.27
2	梅家塘地块	南京市下关区房产管理局	危旧房改造	12212.72	11104.48	23317.2
3	商埠街地块	南京市下关区国有资产经营中心	危旧房改造	5422.34	3273.9	8696.24
4	宝善小区二期	南京市土地储备中心	土地出让	122108.61	19871.11	111909.55
5	沪宁城际铁路	沪宁城际铁路股份有限公司	市政工程	35210.7	1166.88	36377.58
6	永宁街热河路地块	南京市下关区国有资产投资发展有限公司	危旧房改造	68488.99	11007.64	79496.63

数据来源：根据《下关年鉴（2004 年）》整理

　　2013 年，南京市进行行政区划调整，将原下关区并入鼓楼区。行政区划调整前的鼓楼区经济发达，科教、高端产业集聚度高，但城市发展空间逐渐不足；原下关区产业结构优化调整和功能品质提升不够，但建设用地潜力相对较大，可用作转型发展的城市空间较为充裕，行政区划调整有利于实现资源整合与优势互补。在行政区划调整之后，滨江地区作为南京主城最后的尚未建设的长江岸线，生态环境资源得天独厚，在城市发展中的价值日益凸显。2013 年，南京市专门成立滨江风光带建设总指挥部，负责长江两岸 58 千米岸线的环境综合整治，鼓楼区全力推进长江岸线城市建设，加快滨江地区的棚户区改造。

　　三汊河河口片区被纳入规划的滨江商务区范围，并在滨江商务区管委会的指导下进行了长江沿岸土地再开发与景观环境建设。为实现发展目标，2010 年之后，南京市编制完成多项滨江岸线的开发利用规划设计，旨在调整滨江岸线的利用方式，重塑滨水岸线的土地价值，打造高品质的滨江城市功能区和城市风貌（图 8-4、图 8-5）。其中，2014 年《下关滨江商务区区域发展规划》中，三汊河河口片区被定位为依托水景资源的"滨水高尚住宅区",规划明确提出"重建区域内的人口素质结构",将滨江岸线打造成"兼具景观资源、公共空间和商业价值的人气岸线",推动鼓楼区的总部型、成长型企业和优质教育文化资源在滨江地区复制。

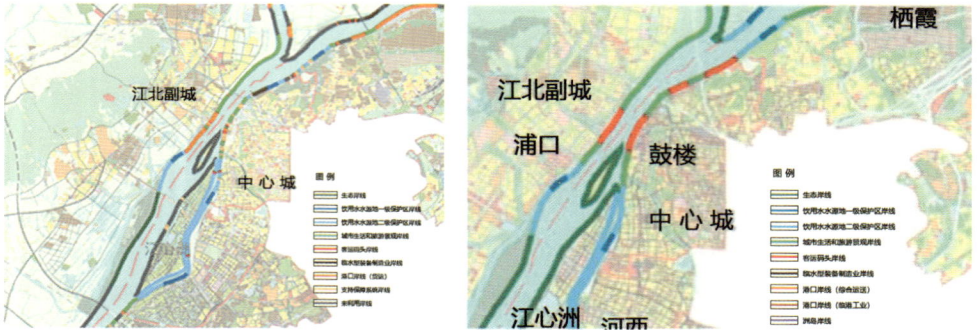

资料来源:《南京市域滨江岸线利用详细规划(2014-2030)》

图 8-4　滨江岸线利用现状示意(左)与滨江岸线利用规划示意(右)

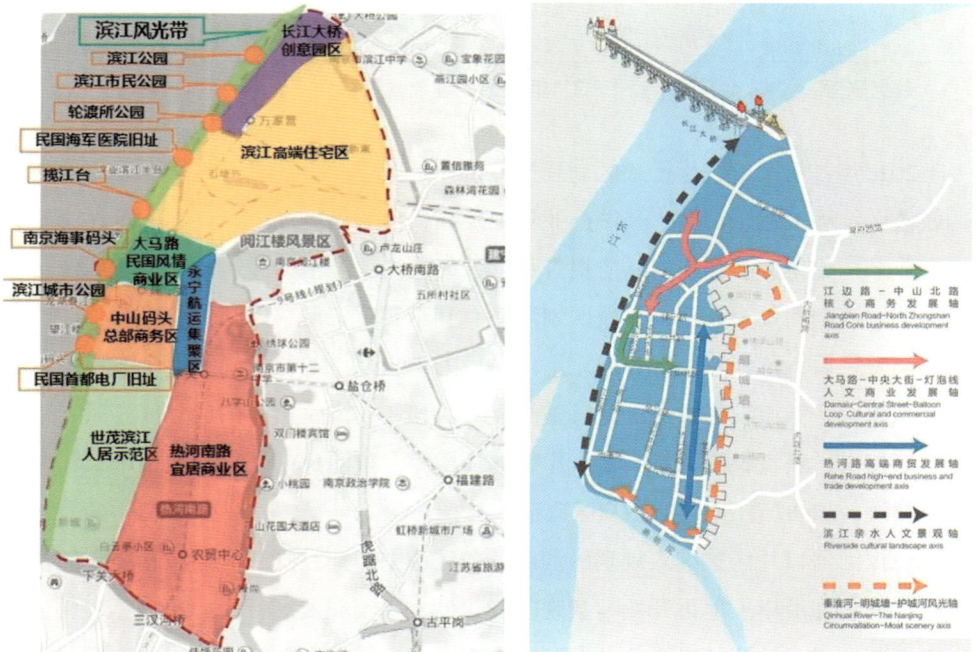

资料来源:《下关滨江商务区区域发展规划》

图 8-5　滨江商务区八大功能区(左)与滨江商务区五条空间发展轴(右)

（二）环境治理带动的土地利用变化

随着三汊河河口片区滨水环境品质的显著提升，地区的土地利用特征发生显著变化。2005年前，片区内土地利用类型混杂，工业用地、仓储用地密布，居住用地分散，商业用地沿长江、秦淮河和郑和中路分布，滨水地区以待建为主。除护城河河岸存在狭窄绿地外，片区内几乎没有绿地空间。根据2000—2020年片区内的土地成交数据和卫星影像数据粗略统计，改造后约80%的用地为居住用地，商业用地和教育用地各占约10%（图8-6）；土地利用强度显著提升，50%以上的居住用地为中高强度（图8-7）。以宝善一期为例，原有低矮的棚户区转变为超高层的大型商住楼（33层）、世贸滨江新城（54层），地块的容积率大幅提升。滨水岸线不断被新建高档住宅填充，地块内部原本搁置的拆迁地块也开始被盘活、重建。

资料来源：《南京市下关区总体发展研究及控制性详细规划》

图 8-6　土地利用现状（左）与土地利用规划（右）

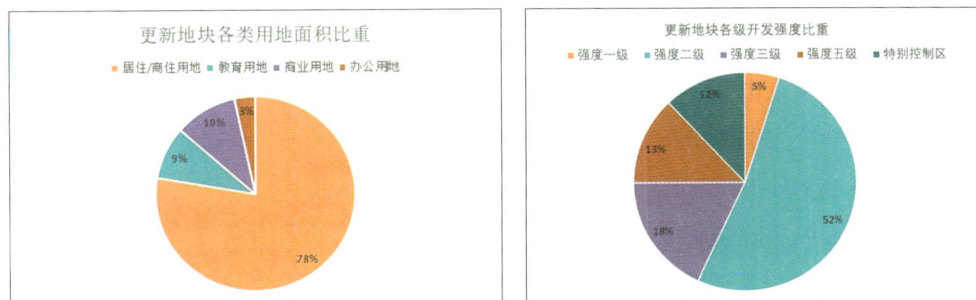

图 8-7　左：更新地块各类用地面积占比；右：更新居住地块各级开发强度占比

在片区内，原来作为"菜篮子"工程配套的果品市场、水产品批发市场、干货市场等低端商业，以及酿酒厂、客车厂、造漆厂等制造业工厂全部拆迁，原建设用地全部被转换为中高端商业用地。例如，1999年落成的副食品市场被改造成集图书馆、美术馆、小剧场等功能于一体的白云亭文化艺术中心（图8-8）；原中国石化华东局办公楼被更新打造为集财务规划、知识产权、软件研发、创投基金为一体的高科技、高层次、创新创业的城市"硅巷"。片区内的产业结构正在从传统生产功能向创新与文化艺术功能转换。

图8-8　原白云亭副食品市场（左）与改造后的白云亭文化艺术中心（右）

（三）土地开发引发的功能提升

一系列环境整治工程不仅引起土地利用类型的变化，而且带动整个片区内商业设施高档化、公共服务设施完善升级以及公共机构迁入。调研发现，新建的高档商品房小区周边的商场、酒店、学校、银行、健身设施等生活配套服务不断完善、升级，一方面商业综合体、五星级酒店等综合型消费空间在滨江集中布局，另一方面专业化与私人性质的美容机构、辅导机构、艺术培训机构、健身会所、宠物医疗店等出现在高档小区底层商业街，这些业态类型更加迎合中产阶层的消费习惯和生活方式。

幼儿园（南京市第一幼儿园、圣玛丽幼儿园）与南京著名中小学（南师附中树人学校、力学分校）纷纷迁入三汊河河口片区，其中世茂滨江配建的圣玛丽世茂幼儿园学费达到每年33000元，几乎是鼓楼区学费最贵的幼儿园。鼓楼区区级行政机关如鼓楼区人民法院、鼓楼区司法局、南京市规划和自然资源局鼓楼分局等行政办公机构，也陆续迁入三汊河河口片区。此外，滨江风光带和明城墙风光带的绿道体系实现联通，成为片区最重要的滨水休闲空间。总体上，随着城市优质资源不断转入，三汉河河口片区逐渐由原本城市外围边缘区转向重要的城市节点。

（四）环境治理带动的居住人口置换

凭借自身土地资源的稀缺性、滨水景观的独特性以及城市"拥江发展"的战略机遇，环境整治工作完成之后的三汉河河口片区土地价值显著提升。随着南京市区划调整，鼓楼区的优质教育资源、行政资源拓展至三汉河河口片区，带动地区公共服务资源升级，环境资源与公共服务资源获得有机叠加，进一步推动了地区新建高端住宅的价格攀升，在一段时间内三汉河河口片区房价甚至达到南京市平均房价的2—3倍，2000年以前所建的老旧小区二手房价也保持在城市平均房价之上。例如，天正桃源小区房价从2012年2月的每平方米1.6万元，迅速上涨至2017年1月的每平方米4.6万元（图8-9）。显然，只有中产阶层和富裕阶层家庭才有在该地区购置住房的经济能力，而中低收入家庭则被排斥在该地区之外。自然环境改造叠加政府一系列公共资源倾斜，驱动三汉河河口片区从原来的城市贫民区迅速脱胎换骨成为今日的中产化地区。

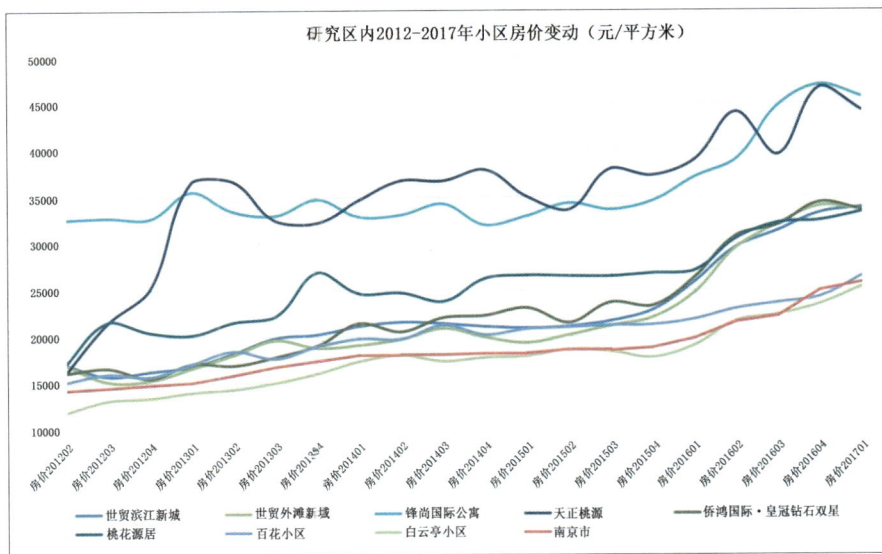

图 8-9　2012—2017 年研究区内小区房价与南京市房价变动对比

我们以秦淮河两侧滨水空间800米纵深范围为处理组，沿线800—1600米纵深范围为对照组；以房价对数作为解释变量进行双重差分（Differences-in-Differences，DID）分析，发现2012年之前处理组与对照组的差距较小且基本保持平行趋势，

2012年之后处理组与对照组的差距逐渐拉大。这说明在2012年之后，秦淮河两侧800米纵深范围内的房价显著高于800—1600米纵深范围的房价，而且出现明显跃升，这验证了秦淮河的环境整治对沿线地区房价产生的正向溢出效应（图8-10、8-11）。进一步分析发现，该地区距离秦淮河800米以内的新建小区几乎都是高档商品房小区，房价对中低收入家庭的排斥从侧面说明了秦淮河两侧地区在环境改造之后，居住人口呈现明显的中产阶层化倾向。这种由于环境治理而引发的社会阶层高级化重构，即环境中产化，不同于西方城市中产化过程人口渐进式置换的"侵入—接替"模式，而是以"拆旧—建新"为主要方式进行的。

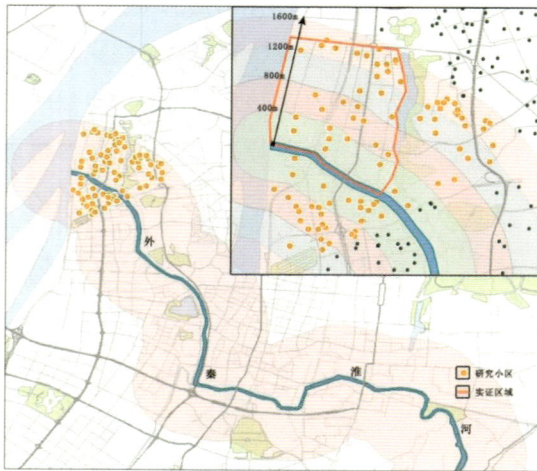

图 8-10 双重差分法运用对象示意图

图 8-11 双重差分法平行趋势检验

三、三汊河河口片区环境中产化的动力机制

自然环境改善是环境中产化的触媒因素，而非导致中产化的直接因素。[①]环境中产化不能被简单地理解为从物质空间演变到社会空间演变的单向传导过程，而是应该像对待所有中产化问题一样，思考其中政治、经济、社会以及文化多种因素的综合作用。本小节从企业家型城市政府的绿色空间生产、资本介入的住房空间生产以及中产阶层的绿色消费需求（滨水空间消费）三个主要维度入手，尝试分析环境中产化的供需动力机制。

（一）企业家型政府的绿色空间生产

进入后工业化社会，欧美发达国家城市政府越来越倾向利用绿色可持续发展的话语，推进公园、绿道等绿色基础设施的新建项目，以及利用棕地、空地等低效用地开展城市重建项目。[②]尤其在美国，"绿色经济"已然成为新自由主义制度下一种重要的资本积累方式，并且转变为一种新型治理方式。绿色城市（green city）、绿色基础设施（green infrastructure，GI）、基于自然的解决方案（nature-based solution，NBS）等新兴城市规划理念得到发展，强调以提升城市环境品质获得经济、社会复兴的动力，成为欧美发达国家应对城市可持续发展问题的重要思路。21世纪初，中国提出建设国家卫生城市、国家环保模范城市、花园城市等目标，多次开启城市环境卫生整治行动。2004年，南京市提出建设"绿色南京"生态城市的新战略，并且将"绿色南京"与"科教南京""文化南京"作为城市品牌一同推出。近年来，"城市双修""公园城市"等城市发展理念和目标同样强调生产、配置与优化自然生态要素，提升城市人居环境水平，进而增强城市综合竞争力。

在三汊河河口片区的城市滨水空间更新过程中，政府利用"绿色南京"作为城市治理的新话语，通过城市环境治理、绿地建设以及历史文化遗产保护等"城市双修"工具，将原本衰退的地区纳入绿色发展的宏伟计划，从而唤起全民的生态环境意识，为城市绿色转型做足社会动员与心理建设。同时，南京市政府借助"十运

---

① 金霜霜. 城市更新中滨水区环境中产化进程与机制研究——以南京市三汊河河口片区为例[D]. 南京：南京大学, 2021.

② 连泽锋, 张甜甜. 空间三元辩证法下景观空间生产的解构[J]. 现代城市研究, 2018(12): 89-95+118.

会""青奥会"等大事件推进河西新城的招商引资,将城市形象塑造作为修补破损空间最快速、最直接的机会。在举全市之力的城市更新行动推动下,三汊河河口片区获得强劲的城市改造动力,快速完成大规模的环境治理与棚户拆迁。滨水环境的中产化过程表现出强烈的企业家型城市(entrepreneurial city)特征①,政策不仅为城市居民提供绿色服务和福利,而且积极利用企业家精神改革公共部门的管理,完成地方经济、社会发展的目标。

为扫除既有体制机制的障碍,政府积极改革公共部门的管理制度,利用土地储备与"招拍挂"的方式进行土地融资,从而使得滨水地区不仅自然环境得到恢复与改善,而且地区的基础设施水平大大提高(图8-12)。企业家型政府在滨水空间更新中强力推动绿色空间打造,通过"做好环境"实现建设土地的增值,为启动环境中产化程序"打开开关",形成一种以优质人居环境为触媒,激发地区持续城市更新的路径。

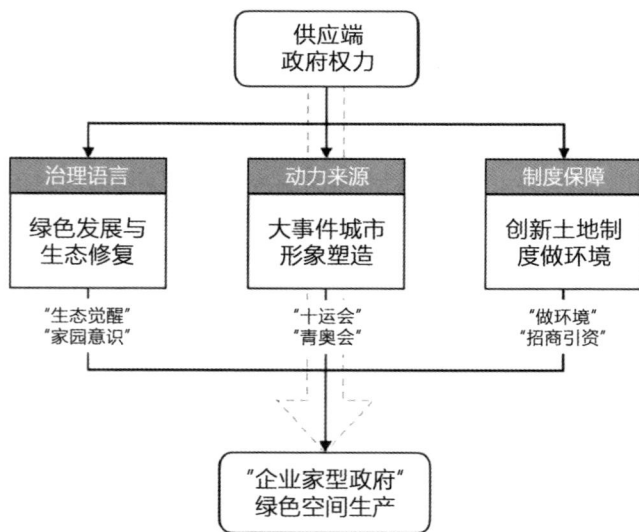

图 8-12　政府权力的作用机制

---

① JESSOP B, SUM N. An entrepreneurial city in action: Hong Kong's emerging strategies in and for (inter)urban competition[J]. Urban studies, 2000, 37(12): 2287−2313.

（二）资本介入的高档住房生产

史密斯最早指出，中产化的过程是"资本的返程运动"。这个资本通常包括政府投资、开发商投资以及私人投资。政府的公共财政投入主要包括环境美化和公共设施建设两个方面，政府通过建设公共设施改善地区的投资环境，从而释放出积极的市场信号，吸引社会资本投资（图8-13）。以秦淮河整治一期工程为例，其工程规模大，资金需求集中、回收周期长，单纯依靠政府财政投入的传统模式难以满足项目对资金的巨额要求。因此，南京市开创"政府主导、市场化运营的环境整治模式"——政府引介项目法人，挖掘秦淮河两岸的土地开发潜力。2003年7月，南京市城建集团出资2亿元组建南京秦淮河建设开发有限公司，负责整个项目的投融资、建设、管理和经营。到2008年底，秦淮河整治一期工程的政府拨款仅为1.5亿元，南京秦淮河建设开发有限公司通过各类债券发行、银行贷款，筹集开发性金融贷款资金约37.89亿元，累计达到近40亿元。社会资本的筹措保障了秦淮河环境整治和滨水土地再开发快速、滚动推进，为环境中产化提供巨大动力。

在政府完成外秦淮河河道清理和棚户区拆迁之后，在市场利益驱动下，以房地产开发商为主体的各类社会资本深入参与三汊河河口片区的重建。滨水地区的整体建成环境得到改善，并作为"环境商品"被政府纳入土地出让的宣传中，吸引资本利益集团进入，以最大程度挖掘土地再开发价值，政府从而能够在滨水地块的出让中获得超额土地出让金。根据南京市土地成交数据，2003—2016年，三汊河河口片区内多处土地以"招拍挂"的方式出让，且多次拍出超预期高价。例如，2003年占地面积为48.4公顷的宝善地块以18亿元超高价出让，用于建设超高层的高档住宅。此后，2015年热河南路果品市场地块和热河南路客车厂地块，分别以20.8亿、48.2亿元出让，成交价几乎达到起拍价的两倍，成为当时南京房地产市场的"地王"。

开发商敏锐地捕捉了滨水环境景观的资源价值，并且通过房地产项目的目标定位、小区风格、大户型、房介、精装修、高端物业管理等，将业主锁定为中高收入的精英阶层。一方面，开发商通过对住房和居住小区的精细化设计，塑造高级滨水景观住宅，迎合中产阶层群体的消费需求。例如，侨鸿国际房地产项目占据三汊河河口的绝佳位置，极力宣传和包装滨江稀缺景观资源，并在住宅建筑设计中提出"观景阳台宽达4.5米、各个卧室带有观景飘窗"的思路，利用中产阶层对绿色环境、人文情怀、身份象征的追求，打造具有极强排斥性的精英阶层社区。

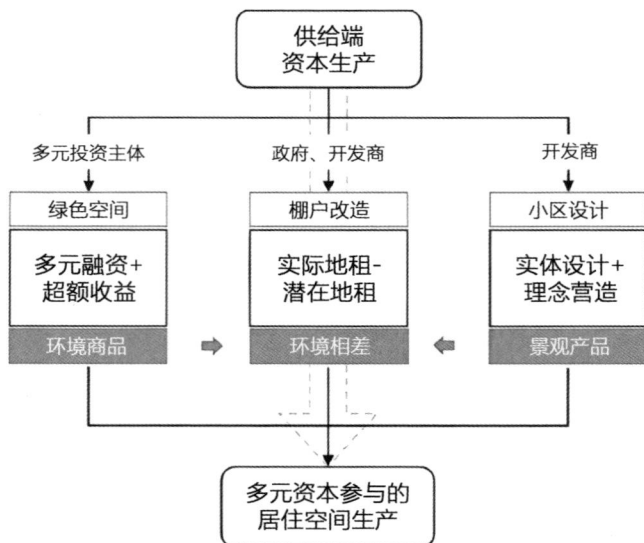

图 8-13 资本生产的作用机制

　　回看三汊河河口片区，滨水环境整治与大规模棚户区改造相互驱动，缔造了三汊河河口片区建成环境与社会空间的重构。由于中国的土地所有制与西方的土地所有制有本质差别，因此中产化的实现方式和土地租差的内涵也具有明显的本土特色。我们尝试提出"环境租差"（environmental rent gap）的概念，即生态环境资源借助城市更新而实现资本化——良好的生态环境资源对土地和房产的增值产生积极影响，自然环境资源的稀缺性越高，对地价和房价的溢出效应越强。早期政府投入相对较少的公共财政治理环境问题，却获得相对较高的土地出让收入；后期开发商通过建设高端商品住房实现环境资源市场价值的最大化，并且以超高的房价向中高收入群体销售优质环境的住房，开发商同样获得高昂的利润回报。环境基础设施的改善提升，使得土地开发的潜在价值远远超过现状土地的价值。

　　（三）中产阶层的绿色消费需求

　　调研发现，三汊河河口片区的新居民总体集中在30—50岁，其中41—50岁的居民约占45%，31—40岁、51—60岁、60岁以上的居民分别占21%、16%、13%。相比之下，30岁以下刚就业的年轻人最少，原因在于刚就业的年轻人经济收入难以负担三汊河河口片区的高昂房价。从家庭结构来看，总体以中青年父母的核心家庭（夫妇+未成年子女）居多。另外，业主的受教育程度普遍较高，拥有硕士研究生学历的业主占到总数的26%，大学本科学历的约占56%，高职或大专学历的约占12%。从职业和身份来看，业主主要包括两大类型：第一类是以个体工商老板（甚至包括温州、杭州等外地企业家）、企事业单位高级管理人员为代表的高收入人群；第二类是以退休干部、高校教师、政府公务员、科研人员以及律师为代表的高专业技能、高社会地位人群。这些业主所购置的住宅户型大（180平方米以上）、总价高，如天正桃源、万国府等小区的单套住宅房价可能超过一千万元，而绝大多数业主拥有两套以上的城市住房资产。从职业类型、受教育水平以及经济水平来看，三汊河河口片区新建居住小区的人口结构呈现明显的中产化特征，其中绝大多数业主属于中产阶层的中上层（图8-14）。

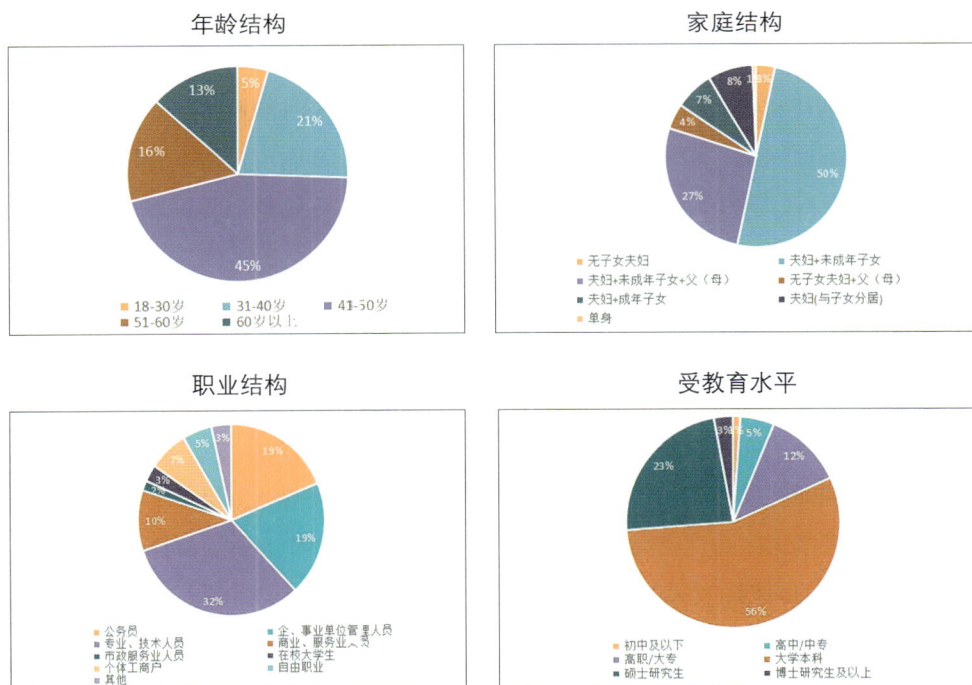

图 8-14　三汊河河口片区的新居民特征

绿色消费是欧美发达国家中产阶层消费的重要理念，也是消费的主要领域。"临绿（地）而居"符合中产阶层追求生态环境的公共健康价值和美学价值的择居偏好，滨水景观豪宅是其追求绿色健康生活方式，更是标榜身份与地位的重要消费品之一。改革开放以来，社会主义市场经济的崛起带动沿海地区一部分群体率先致富，城市中等收入群体日益壮大，社会中产阶层逐渐形成。当前，中国特色社会主义进入新时代，我国社会主要矛盾已经转化为人民日益增长的美好生活需要和不平衡不充分的发展之间的矛盾。在满足基本生活需求之后，中产阶层逐渐开始追求美好生活方式。高品质人居环境一方面能够满足中产阶层对于身体健康、运动、休闲活动的追求，另一方面可以满足其向往自然山水的审美情趣。在绿色发展、生态文明的发展理念倡导下，中产阶层逐渐形成一种绿色消费理念，这种理念很大程度体现在择居理念与行为，自然环境的可观赏性和可达性成为吸引中产及富裕阶层群体聚居的关键要素。

三汊河河口片区滨水景观资源所提供的高品质人居生活，无疑是南京中产阶层梦寐以求的人生目标，优质的自然环境是构成健康生活空间的重要因素，稀缺、私密的景观资源彰显了财富和社会的地位，三汊河河口片区的高端住宅成为"社会成功人士"构建身份认同的重要工具。调研发现，超过58%的业主选择购买所在小区住宅的首要原因是"靠近滨水空间，生态环境好，远离闹市，适宜居住"，另有29%的业主表示，滨江公园绿道体系和游憩设施完善，入住新小区后运动、散步、休闲频率明显提高。

在棚户区改造的时代背景下，三汊河河口片区通过"绿色发展联盟"以"拆旧—建新"的方式，合力推动地区再开发（图8-15）。政府在其中扮演了主导者的角色，在环境中产化过程中主导绿色空间生产和社会资本引入；以私人资本为核心的资本生产集团前期以环境改善项目投资，参与绿色空间的生产，中后期主导居住、教育、商业等设施的实体开发建设，并通过建设符合中产阶层需求的滨水住宅项目，促成滨水地区物理空间的改善与社会空间的重塑；中产阶层群体不断向邻近优质滨水景观的高档住宅小区集聚，完成对原有居民的替换，并通过媒介化的空间进行符号输出，使得空间成为自身阶层属性的映射和自我身份展示与认同的平台，完成"空间的中产阶层化"。然而，令人遗憾的是，三汊河河口片区贫困的原住民群体在整个过程中被政府安置于外围郊区，几乎没有参与地区重建的发言权与行动力。虽然原住民获得相比过去条件更好的补偿安置住房，实现了居住条件的显著改善，但是由于住房位置偏远，区位优势下降，获得城市优质教育、医疗、文化等公共资源的可达性降低。

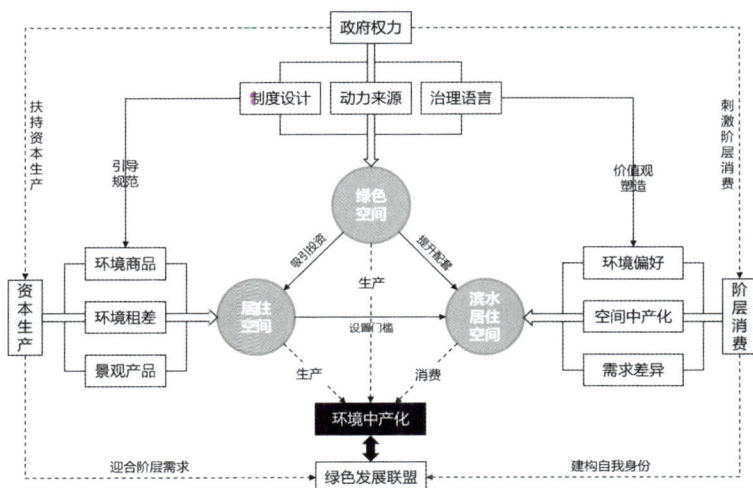

图 8-15 "绿色发展联盟"在滨水地区环境中产化中的作用机制

四、环境中产化的人口置换效应

滨水地区具有较高的生态价值、经济价值以及人文价值，因而成为城市绿色转型的重要先行地区和机遇空间。滨水环境改造引发"富进穷出"式的居住置换，环境中产化扭转了三汊河河口片区的人口构成与产业结构的持续低端化，充分挖掘出滨水低效土地的经济价值，推动了城市空间功能快速重构。滨水地区的中产化重塑了水城关系、人城关系和人水关系，推动城河关系走向共荣。秦淮河在此轮治理之前，沿岸居民是河流污染的最直接受害者，但是受到生活条件、人口素质以及环保意识的限制，这些棚户区的居民同时也是污染的生产者，在与河流的相处中更多地扮演索取与消耗的角色，导致"公地悲剧"（the tragedy of the commons）的出现。随着经济、社会发展，人们的物质水平和环保意识普遍得到提高，中产阶层凭借其良好的教育水平和文化资本掌握了更高的群体智慧，其除了顺应环境保护的要求，还具有主动参与环境治理的意识与能力，不仅能够促进滨水自然资源的保护，也能够理解景观背后的文化内涵与历史价值。滨水地区中产化已经成为世界各国进行城市绿色空间修复的重要工具，中产化的强劲动力在推动城市更新的同时，也促进了环境品质与景观品位的提升，进而惠及全体市民，帮助整个城市人居环境水平进一步提高。

然而，虽然滨水资源是公共的开放资源，但是滨水地区更新的成果并没有均衡地惠及所有市民——优质滨水岸线往往被门禁社区、高消费商业场所占据，成为富人的"私家花园"，而普通市民可望不可及。在三汊河河口片区拆迁与棚户区改造的二十年间，中产阶层新居民彻底置换了原先的低收入阶层。由于拆迁补偿款多数情况下无法支持住户在原地购置新建商品房，原住民基本上选择购置郊区住宅或者保障房。据原下关区房管局工作人员介绍，三汊河河口片区内约60%的居民在棚改过程中被安置到距离三汊河河口片区10千米以外的丁家庄、岱山这两个远郊集中型保障房社区。入住保障房的棚户区家庭，大多属于低收入困难家庭，失业和老龄化严重。尽管拆迁安置后的居住条件得到了大幅改善，但是由于保障房区位偏远，安置家庭在就业、子女教育和通勤休闲等方面，仍然面临诸多新困难。[1][2]

五、滨水空间的绿色治理建议

共享发展理念的内涵之一是全民共享，共享的绿色发展观不仅应该关注生态环境改善所创造的价值，而且应该重视所创造的价值如何公平地分配，避免优质环境资源的私有化和商品化。只有更加充分、均衡地推进生态文明建设，才能彰显"绿水青山就是金山银山"的真正内涵。因此，城市政府作为绿色空间的生产者和分配者，既有权力获取绿色发展效益，也有义务采取多重政策保障环境中产化中弱势群体的绿色福利诉求。滨水地区更新理应贯彻公园城市和社区营造的目标导向，树立绿色治理和精细化管理的理念。其中，空间规划设计应更加关注不同阶层人群的需求。完善城市绿地系统和绿道规划，在更大范围内均衡布局城市公园绿地；通过植入小型公园绿地、口袋公园，建立步行绿道、生态走廊，提高绿色空间的连通性和多样性，加强大型绿地空间之间的连通、互动，促进生态景观效益的渗透，提高绿色生态福祉的包容性。此外，亟须改革优化城市环境治理过程中的棚户区、城中村拆迁方式及安置与补偿制度，通过评估测算环境提升效益、建立收益基金库等方式，保障当地低收入原住民能够公平分享环境中产化后带来的社会经济效益。

① 宋伟轩，刘春卉，汪毅，等. 基于"租差"理论的城市居住空间中产阶层化研究——以南京内城为例[J]. 地理学报，2017, 72(12): 2115—2130.

② 宋伟轩，袁亚琦，谷跃，等. 南京棚户区改造的城市社会空间重构效应[J]. 地理研究，2021, 40(4): 1008—1024.

第二节 郊区大型社区的社会空间重构

一、快速城镇化背景下的郊区社区

21世纪以来，中国城镇化快速推进，大城市为缓解中心城区人口过载的压力，引导人口、产业以及教育等公共服务功能向郊区疏散。土地开发和人口增长的住房需求，共同推动郊区大型居住社区如雨后春笋般涌现，成为大城市向外扩张的"先锋队"。郊区大型房地产项目又被称为"郊区大盘"，它们往往远离城市中心，占地面积大（部分项目超过100公顷），居住人口超过2万到3万人，是名副其实的"巨型社区"。这些超大型居住社区虽然有力地解决了城镇化人口的住房需求，形成了人口聚集的新城，然而由于郊区公共交通和公共服务设施供应不足，"孤岛效应"突出，不仅造成郊区居民职住不平衡，而且随着居住人口流动和住房过滤，逐渐面临衰退与贫困化的危机，给郊区的可持续发展带来巨大挑战。[1][2]国内已有研究指出上海、北京的郊区大型社区建设中所面临的物质空间问题，但是欠缺从社会空间角度的认识。即使是针对大型社区社会问题的讨论，也仅聚焦于邻里关系和外来人口，大多以静态研究为主，对于个体迁居活动及其形成的社区社会空间演化趋势鲜有探究。

2001年，南京市城市总体规划提出"一疏散、三集中"的空间发展战略，在此指引下，南京举全市之力建设浦口、仙林、江宁三个郊区新城，引导主城区人口、大学和产业逐步向郊区新城、大学城和产业园集中。这一时期产业和大学的郊区化带动居住郊区化，推动郊区二地开发突飞猛进。2006年到2017年，浦口区、江宁区的土地出让规模最大，住房供应规模超过主城八区住房规模之和（图8-16）。其中，长江以北的浦口区是大型居住社区最集中的地区，它紧邻南京长江大桥的北引桥，俗称"桥北地区"，也是主城区进入浦口区的桥头堡。本节选取南京市浦口区的威尼斯水城作为案例，关注郊区大型社区的物质形态与社会结构变迁，聚焦社区内部的微观居住空间分异、社会阶层隔离以及同质化演进现象。

---

① 安童鹤, 沈锐. 转型时期下城市边缘大型居住区发展研究——以北京市和天津市为例[C]// 中国城市科学研究会, 海南省规划委员会, 海口市人民政府. 2017城市发展与规划论文集. [出版地不详]: [出版者不详], 2017: 148–153.

② 冯健, 周一星. 转型期北京社会空间分异重构[J]. 地理学报, 2003(8): 829–844.

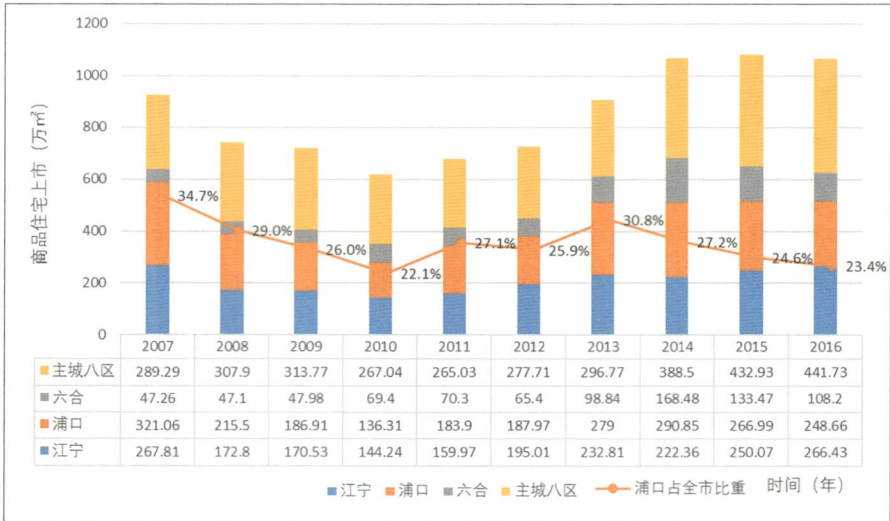

图 8-16　2007—2016 年南京主城区及郊区的商品房交易面积及占比

　　威尼斯水城规划占地面积约300公顷，总居住人口接近6万人，是一个名副其实的郊区大型居住区。本节从宏观和微观两个尺度分析郊区大型社区的演变特征，总结大型社区社会空间演变的动力机制，提出优化郊区新城发展的规划应对策略，以期为城市政策制定和空间管理提供参考。

二、大城市郊区社会空间研究

　　大城市郊区是现有建成区与农业用地的过渡地域，此类区域在土地利用形态上表现出从城市到乡村的渐变性，在社会、经济、人口等方面具有复杂性。魏立华和闫小培指出，大都市郊区由于市场机制和政府空间配置，塑造出多种相互隔离的社区，呈现出"破碎化"的社会空间特征。[①]由于早期城市开发管理力度较弱，大尺度土地开发大行其道，因而形成大量超大型居住社区。《上海市大型居住社区规划设计导则》明确提出，大型居住社区是指用地规模约为5平方千米，人口规模约10万人，以居住功能为主体，生活与就业适当平衡，功能基本完善的城市社区。从全国范围看，北京天通苑和回龙观、上海曹杨新村、西安紫薇田园都市小区等，都

---

　　① 魏立华, 闫小培. 大城市郊区化中社会空间的"非均衡破碎化"——以广州市为例[J]. 城市规划, 2006(5): 55−60+87.

是较为知名的大型居住社区。朱锡金认为，需要将大型居住社区当作新城来看待，"大型"体现在社区建设与公共服务设施供给的集约效应，而"社区"则强调社区的人文关怀和人居属性。[①]

如同西方早期新城由于缺少就业机会和城市服务职能而被视为无法实现社区平衡的"卧城"，由于远离中心城区，交通不便导致城郊大型居住区的居民存在长距离、高时耗的通勤难题[②]。而社区规模过大，带来了大型居住社区邻里交往浅层化、社会网络构建困难的问题。[③]穆晓燕和王扬通过对北京天通苑、回龙观和望京三个大型社区的研究发现，无论是单位社区还是新型商品房社区，最终都由于不同因素驱动而逐渐走向人口同质化。[④]混合居住政策仍难以有效引导不同收入群体在大型社区里真正实现融合。[⑤]

三、郊区大型社区的人口多样性

（一）桥北地区居住社区演变过程

南京桥北地区距市中心12千米，2000年以前属于城乡过渡地带。1990年代以前，南京长江以北地区以化工产业园区为主，桥北地区几乎没有任何城市开发，土地以农田荒地为主。1990年代后，南京高新技术开发区和浦口大学城的建设带动了桥北地区的房地产开发，目前桥北地区已经建成数十个商品房小区，是浦口区住房和人口最集中的区域之一。[⑥]

随着房地产的持续开发和城市功能的引入，桥北地区的住房逐渐分化为高档住宅、普通住宅、拆迁安置房和城中村四种类型。高档住宅主要沿老山分布，普通住

① 朱锡金. 对大型居住社区的概念认知和上海住宅建设发展的断想[J]. 上海城市规划, 2011(3): 3—6.

② 符婷婷, 张艳, 柴彦威. 大城市郊区居民通勤模式对健康的影响研究——以北京天通苑为例[J]. 地理科学进展, 2018, 37(4): 547—555.

③ 冯健, 吴芳芳, 周佩玲. 郊区大型居住区邻里关系与社会空间再生——以北京回龙观为例[J]. 地理科学进展, 2017, 36(3): 367—377.

④ 穆晓燕, 王扬. 大城市社会空间演化中的同质聚居与社区重构——对北京三个巨型社区的实证研究[J]. 人文地理, 2013, 28(5): 24—30.

⑤ 楚静, 王兴中, 李开宇. 大都市郊区化下的社会空间分异、社区碎化与治理[J].城市发展研究, 2011, 18(3): 112—116.

⑥ 王兴平. 中国开发区空间配置与使用的错位现象研究——以南京国家级开发区为例[J]. 城市发展研究, 2008(2): 85—91.

宅集中于浦珠路和大桥北路沿线，拆迁安置住宅主要位于原珠江镇中心地区，而城中村散落在长江沿岸以及主要交通枢纽（大桥和浦口火车站）附近，不同类型居住空间呈现出拼贴式格局（图8–17）。从居住人口来看，郊区相对主城区更低的房价和租金吸引年轻的新就业人群和流动人口，是"宁漂"一族落脚城市的第一站。[1][2]同时，浦口地区老山、珍珠泉公园、龙王山公园等丰富的自然资源，也吸引了一批追求生活品质的高收入阶层迁入。因此，居住空间分异逐渐显现雏形。

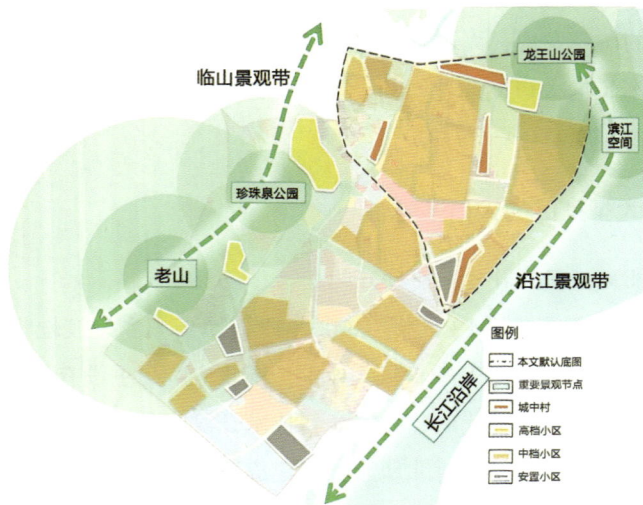

图 8–17　桥北地区居住空间拼贴格局

　　桥北地区最早建设了苏宁天润城（规划面积300公顷、居住人口8.7万人）、威尼斯水城（规划面积200公顷、居住人口7.8万人）和明发滨江（规划面积178公顷、居住人口4.6万人）三个超大型社区。截至2017年，这三个小区的占地规模达到整个桥北地区建成用地的55%（近600公顷），居住人口占桥北地区总人口的比例达69.7%（12.3万人）。其中，2002年威尼斯水城开始建设，第一、二街区住宅既包含别墅、小洋房等改善型住宅类型，也包含大量"刚需型"普通住宅。由于这时期公共配套设施建设滞后，浦口与南京主城区联系的过江通道和地铁也尚未建成，唯一

　　① 唐凤玲, 赵克进, 朱喜钢, 等. 分化与演化：大都市郊区中产阶层的居住分异研究——以南京市威尼斯水城为例[J]. 城乡规划, 2018(4): 81-90.

　　② 唐凤玲. 大城市郊区大型居住社区的社会空间演化研究[D]. 南京：南京大学, 2019.

的过江通道——南京长江大桥的交通压力巨大，生活和交通不便在一定程度上制约了桥北地区的发展。

2015年，国务院正式批准设立南京江北新区（国家级新区），桥北地区被划入江北新区直管区范围，多层级政策红利驱动该地区走向快速发展的新时期。纬三路、长江隧道、地铁3号线、S8号线、大桥快速路相继建成，显著改善了桥北地区与主城区的交通联系；弘阳商业广场等商业设施以及南京市第二十九中学分校、琅琊路小学分校、鼓楼医院分院、桥北文体中心等重要公共设施逐步建成，桥北地区对于主城区人口的吸引力进一步提升（图8-18）。2014年到2016年，浦口地区"刚需型"住房（户型面积低于144平方米）的比例逐年上升，而改善型住房（户型面积高于144平方米）的比例却持续下降，从侧面反映出房地产开发进一步聚焦于年轻中等收入购房群体，而对高收入群体的吸引力反而下降（图8-19）。早期威尼斯水城由于房源充足、租金更宜，成为大量外来流动人口落脚城市的第一站。过云二十年，随着桥北地区常住人口规模迅速增长，威尼斯水城入住率快速提高，逐渐成为成熟的居住区。

调研发现，桥北地区的居住人口以青年与老年人口居多，"新南京人"和外来流动人口较多，家庭结构原子化，居住人口的正规就业程度高，并且存在明显的职住分离（表8-2）。威尼斯水城的居住人口与整个桥北地区居住人口呈现出相似的特征。

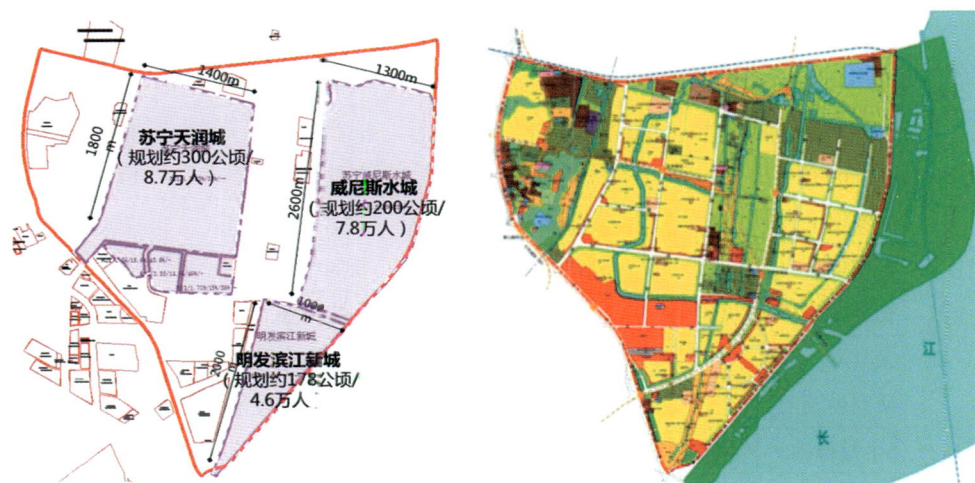

图 8-18　桥北地区建设用地现状图（2017 年）

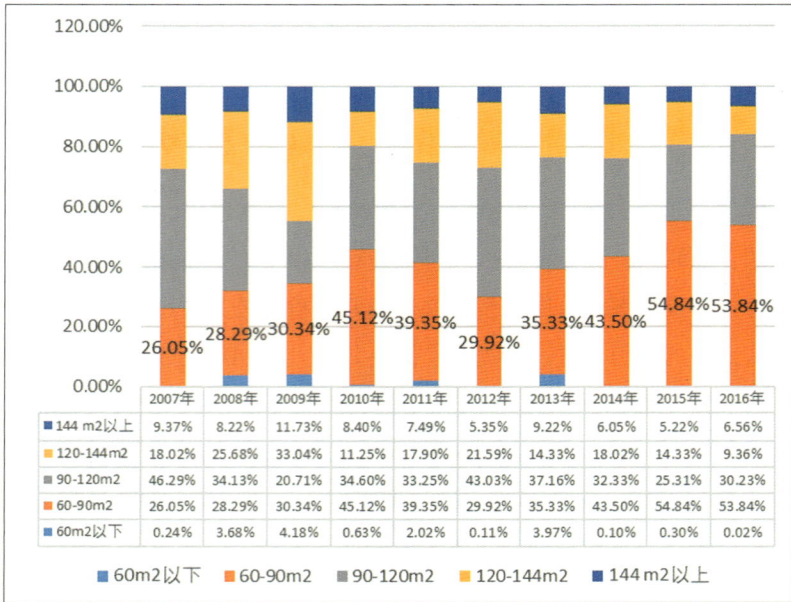

图 8-19　2007—2016 年浦口地区商品房分面积段上市数量占比汇总表

表 8-2　桥北地区居住人口特征

属性	项目	桥北地区比例	样本比例	属性	项目	桥北地区比例	样本比例
年龄结构	20岁以下	4%	2%	职业构成	公务员	5%	8%
	20—30岁	20%	15%		事业单位人员	6%	4%
	30—40岁	21%	22%		交通运输	9%	4%
	40—50岁	19%	24%		生产制造	9%	13%
	50—60岁	15%	12%		餐饮旅游	14%	8%
	60岁以上	21%	25%		建筑工程	7%	13%
受教育程度	初中以下	12%	5%		新闻出版	3%	1%
	初高中	13%	24%		卫生从业	6%	0%
	大学	45%	62%		文教工业	9%	13%
	研究生及上	10%	9%		商业（批发零售）	20%	28%
居住时长	6个月以内	14%	11%		治安人员	6%	0%
	6个月—1年	14%	19%		自由职业	3%	5%

续　表

属性	项目	桥北地区比例	样本比例	属性	项目	桥北地区比例	样本比例
居住时长	1—3年	17%	21%	职业构成	军人	1%	0%
	4—6年	19%	20%		其他	2%	2%
	7—9年	15%	12%	通勤时长	15分钟以内	26%	16%
	10年以上	21%	17%		15—30分钟	19%	18%
户籍结构	外地户籍	46%	49%		30—45分钟	20%	18%
	桥北本地户籍	30%	26%		45—60分钟	21%	25%
	南京户籍（非桥北本地）	24%	25%		60—75分钟	10%	21%
					75—90分钟	3%	2%
家庭成员年平均收入	小于3万	—	6%		90—120分钟	1%	0%
	大于等于3万，小于5万	—	38%		2小时以上	0%	0%
	大于等于5万，小于8万	—	33%	出行方式	自驾	29%	33%
	大于等于8万，小于12.5万	—	17%		地铁	23%	25%
	大于等于15万	—	6%		公交	17%	18%
家庭模式	单身	15%	22%		自行车	6%	4%
	核心家庭	54%	58%		步行	3%	2%
	主干家庭	24%	19%		出租车	1%	1%
	联合家庭	5%	1%		摩托车	7%	3%
	其他	6%	0%		电动车	13%	14%
					其他	1%	0%

资料来源：南京市规划与自然资源局

（二）以多样化住房供应引导混合居住

威尼斯水城分为20个街区，自2005年开始从南向北分期建设，第1至第14街区的住房类型包括低层、多层、小高层和少量高层，第15至第19街区则不再有别墅、花园洋房，全部为高层住宅。街区占地规模为5—12公顷，不同街区由城市道路划分区隔，各街区内部道路并不连通；街区内部以组团为单位设置门禁，组团之间相互隔离。滨江的第3、第11、第12、第16以及最北部的第13、第15、第18街区容积率超过2.5，以高层住宅楼为主（图8-20）。

威尼斯水城的住房类型随着开发愈发单一化：早期建设的街区内住房结构为以"刚需型"住房为主，以改善住房和投资住房为辅，而后期建设的街区里几乎全部为普通"刚需型"住房。这也从侧面反映出威尼斯水城建设中后期的目标业主客群逐渐从中高收入阶层居民，进一步聚焦在年轻中等收入群体，不再将高收入阶层纳入目标客群。换言之，随着时间推移，威尼斯水城这种超大型社区对高收入阶层的吸引力有所下降。

威尼斯水城内部各个街区的建成环境和公共服务供应水平并不均衡，比较而言，南部街区优于北部街区。第1、第2、第4、第5街区位于柳州东路地铁站的步行范围内，商业设施和中小学、幼儿园等配套设施相对完善，因而尽管这四个街区的住房建设时间较早，建筑存在一定程度的折旧，但是其二手房价格仍然明显高于北部、东部的新建街区（图8-21）。此外，威尼斯水城以街区为单位由苏宁环球集团统一进行物业管理，但是由于出租房数量较多，流动人口较多，社区内部邻里矛盾、盗窃、传销等社会治安问题较为频发。

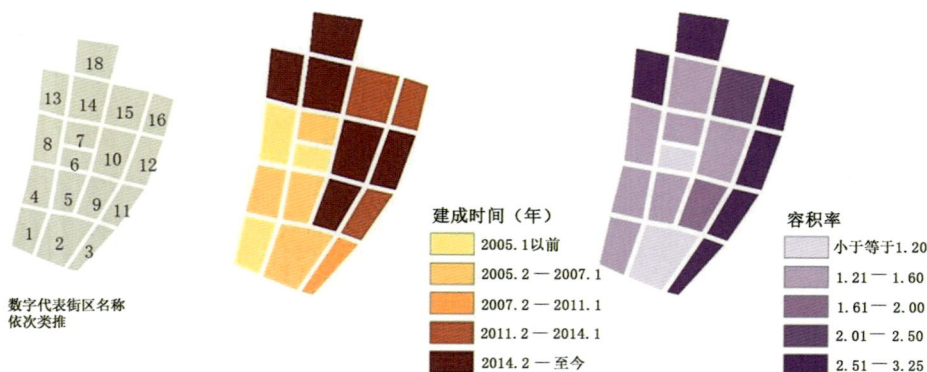

数字代表街区名称
依次类推

建成时间（年）
- 2005.1以前
- 2005.2 — 2007.1
- 2007.2 — 2011.1
- 2011.2 — 2014.1
- 2014.2 — 至今

容积率
- 小于等于1.20
- 1.21 — 1.60
- 1.61 — 2.00
- 2.01 — 2.50
- 2.51 — 3.25

左：街区分布示意图　　中：社区分期建设示意图　　右：社区房价分布差异图

图 8-20　威尼斯水平各街区的分布、建成时间与建筑容积率（2017）

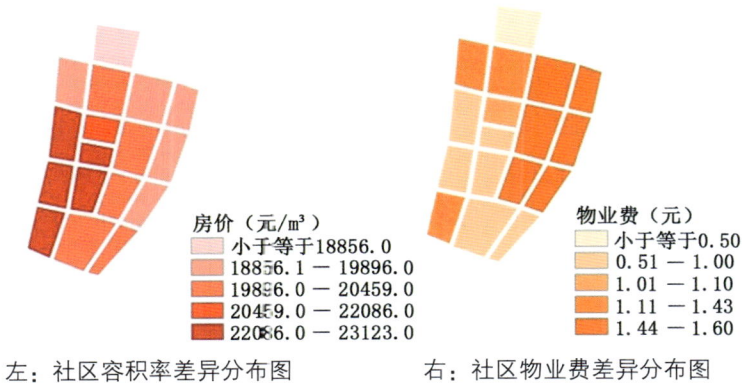

<table>
<tr><td>房价（元/㎥）</td><td>物业费（元）</td></tr>
<tr><td>小于等于18856.0</td><td>小于等于0.50</td></tr>
<tr><td>18856.1 — 19896.0</td><td>0.51 — 1.00</td></tr>
<tr><td>19896.0 — 20459.0</td><td>1.01 — 1.10</td></tr>
<tr><td>20459.0 — 22086.0</td><td>1.11 — 1.43</td></tr>
<tr><td>22086.0 — 23123.0</td><td>1.44 — 1.60</td></tr>
</table>

左：社区容积率差异分布图　　　　右：社区物业费差异分布图

图 8-21　威尼斯水平各街区的二手房价格与物业费（2017）

（三）"新、老桥北人"的混合居住

2017年，抽样调查发现，威尼斯水城超过26%的居民拥有南京主城户口，56%的居民年收入大于5万元，71%的居民接受过大学本科及以上教育（远大于南京市接受过大学本科及以上教育的平均比例26.1%），约65%的居民从事正规的专业化工作。进一步分析，可以将威尼斯水城的居民归纳为四类主要人群（表8-3、图8-22）。

（1）"老桥北人"

即具有南京户籍的就地城镇化人口。此类居民多为原居住在浦口农村地区的农民或工人阶层，因负担不起主城区的住房而选择房价可支付、熟悉且依赖度高的桥北地区。这类人群的比例约占社区总人口的10%，他们基本拥有住房产权，一般在本地居住时间超过10年，且年龄大多超过60岁，在社区附近从事收入较低的普通职业。其中，一部分"老桥北人"的成年子女在工作或结婚后，也同样倾向居住在威尼斯水城。

（2）"新桥北人"

即居住在此的原非宁户籍人口。此类居民多为在南京高校毕业的新就业人员，年龄为25—35岁，受教育程度和从事正规专业化工作的比例很高。他们通过购置威尼斯水城的住房获得南京户籍，属于成长中的新中产阶层。这一群体将桥北地区视为"留宁"起点，同时视其为进入中心城区的"跳板"，当家庭财富积累到一定水平，便会选择更好的居住条件。即使一部分刚毕业的年轻人按照"先租后购"的顺序落脚大城市，由于其较高的受教育程度和收入，未来在南京置业并获得城市户籍并不困难。

这一群体的工作地点多集中在长江以南的主城区，出行主要依赖地铁或公交，通勤时间基本超过1小时。他们的社会网络主要涵盖同乡、同事和同学，对于桥北地区并没有太多归属感。刘春卉认为，这种低收入毕业生群体属于"边缘白领"，虽然已经具备中产阶层的特征但收入水平尚不达标，未来有实现向真正中产阶层转化的潜质。[1]他们居住在被高档住宅区所区隔的边缘空间，牺牲了对公共产品与公共服务高水平供给的诉求。

（3）主城区迁居人口

即基于提升居住品质或资本投资的需求，从主城区迁往桥北的人口。这类群体基本具有南京户籍，年龄约为45—60岁，学历普遍较高且多是企业中高层管理人员，所购房产集中在2015年以前建成的第1至第6街区。威尼斯水城的住房不是这些高收入群体的首套住房，他们在威尼斯水城所购置的住房主要为大户型的别墅和花园洋房，通常作为第二居所兼资产投资。这类居民对于生活品质和社区安全要求较高，出行主要依靠私家车，公共交通使用频率不高，同时其社会交往也并不依赖于社区，甚至希望通过门禁和监控等方式与社区内工薪阶层保持距离。一部分投资客还会将所购房产托付给职业中介管理，其本人并不在威尼斯水城居住，与社区常住居民几乎不发生实质性社交。

（4）流动人口

即从事餐饮、零售、快递、销售等较低收入、非正规工作的外省流动人口。这一群体基本为长期或短期租客，年龄集中在40—50岁，大多是因为老乡或朋友介绍而选择租住在威尼斯水城。因为工作稳定性不高，所以这一群体的居住流动性很大，与社区内其他租客、业主也极少交往，难以形成真正的社区归属感。调研发现，近年来这一群体的数量增加较快，占社区总人口比例逐渐上升。

总体而言，基于对居住人口的社会经济属性分析可以发现，威尼斯水城既是一个超大型社区，同时也是一个居民身份异质性较高的混合居住型社区（mixed income community），尽管其各街区之间呈现出一定程度的居住隔离。

---

[1] 刘春卉. 大城市"边缘白领"的社会空间特征、机制与效应研究——以南京低收入大学生为例[D]. 南京: 南京大学, 2018.

表 8-3　威尼斯水城居民类型

人群类别		工作状况	居住特征	居住形式	产权状态
原住民	桥北人	—	在威尼斯水城建设（2005年）前就定居在桥北，数量较少，就近工作，非正规二作居多。	长住	有产权
非原住民	新桥北人	正规就业居多	新桥北人指的是除却南京本地人以外，近期定居在桥北地区的人。多为在南京工作的毕业生，已取得或有条件申请南京户口。视居住在此是进入市中心的跳板。	长住/长租	有产权/无产权
	外来务工人口	正规就业	多买自苏北和安徽地区，从事体力劳动或简单脑力劳动，如房地产经纪人、保安、快递员、企业后勤等工作。	长租	无产权
		非正规就业	除却苏北和安徽地区，来自更广泛的内陆地区，如河南、四川等，尚无正式职业，以开餐馆、零售小摊、贴膜、销售雇员等卫生。	长租	无产权
	主城市民	正规就业居多	有南京户口，普遍学历较高，为寻求改善住房居住于此，有多套住宅	不常租	有产权
			有南京户口，社区住房主要作为投资住房，有多套住宅可供出租，实际上亍不居仼于此。	几乎不住	有产权

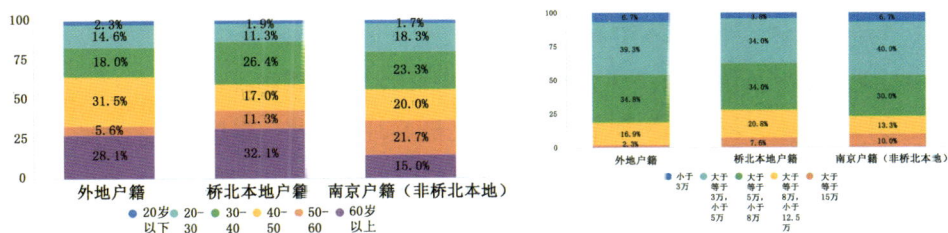

图 8-22　威尼斯水平户籍结构与居民年龄交叉统计（左）与户籍结构与家庭成员收入交叉统计（右）

四、居住迁移诱发社区同质化

（一）以街区为单元的居住隔离

（1）不同街区的居民结构存在差异

调查分析发现，从第1至第18街区，威尼斯水城的中高收入阶层的居民比例逐渐减少，低收入阶层的居民比例略有上升。根据居委会的人口统计数据，第1、第2、第4街区的南京本地户籍居民的比例相对较高（约55%），主要包括企事业单位中高层的退休职工；而第14、第15和第16街区的外来流动人口比例相对较高，多为制造企业或从事第三产业的普通职工。威尼斯水城在空间维度表现出"南北异质、邻里分隔"的特征。

（2）群际差异大于群内差异

在威尼斯水城，绝大多数居民之间仅维持较浅的社会交往关系，即使是"老桥北人"，也因为住进楼房而失去原先村集体的社会网络。同时，业主为了共同利益会形成一定的团结意识和联合行动，例如业主集体要求开发商（苏宁环球集团）兑现购房时候承诺的配套小学，联合提出"涨价倡议"从而抵制个别业主低价卖房行为。另外，高收入业主对低收入流动租客仍有不同程度的排斥态度，无论从语言还是门禁管理上，对外来务工的租客仍然保持一定距离。大型社区内部既存在街区尺度的物理空间隔离，也存在不同群体之间明显的社会距离。

（二）居住迁移诱发人口同质化

威尼斯水城虽然规划设计为混合居住型社区，在早期建设中也的确通过住房类型的多样化吸引不同收入阶层的业主，但是随着时间推移，居民越来越呈现出同质化的趋势。近十年来，威尼斯水城的居住人口流动性较强，房产买卖或租赁频率很高。中产阶层业主具有较强的经济基础，能够支撑其相对自由的居住迁移；中低收入业主或租客，尤其是外来务工人员和"新桥北人"，则因职业变化或经济收入变化常常需要重新选择住房，居住不稳定性偏高。根据202份居民问卷调查，我们尝试分析居民个体的社会经济属性对其未来迁居意愿的影响（表8-4）。

（1）居住时间对社区居民迁居意愿的影响

居住时间较长的老居民较居住时间短的新居民具有更加强烈的迁居意愿（图8-23）。在威尼斯水城居住4到9年的居民迁居意愿最强，这些年轻、中高收入的

"新桥北人"随着财富的积累，其经济能力逐渐提高，促使其自身择居能力提升。随着他们结婚生子，家庭结构出现变化，有更高的意愿，希望通过迁居提高住房条件、靠近优质中小学校以及缩短工作通勤距离。相反，土生土长的"老桥北人"则因为受教育程度低和职业选择的限制，以及对浦口地区的依赖，表现出强烈的归属感，迁居愿望极低。

（2）收入水平对社区居民迁居意愿的影响

收入较低的家庭迁居意愿相对较低，而收入较高的家庭迁居意愿更加强烈。调查结果显示，四成高收入家庭，即家庭成员年均收入为15万以上的家庭表现出强烈的迁居意愿（图8-24）。

表 8-4 威尼斯水城居民迁居意愿调查

	居民居住时长（平均值 ± 标准差）						F	p
	6个月以内	6个月—1年	2—3年	4—6年	7—9年	10年以上		
居民年龄	3.32 ± 1.62	3.47 ± 1.45	4.33 ± 1.44	4.08 ± 1.35	4.56 ± 1.36	4.40 ± 1.24	3.89	0.002**
居民受教育程度	2.80 ± 0.56	2.71 ± 0.73	2.81 ± 0.71	2.83 ± 0.64	2.64 ± 0.64	2.69 ± 0.8	0.481	0.79
居民户籍结构	2.05 ± 0.84	1.97 ± 0.88	2.05 ± 0.91	1.65 ± 0.83	1.44 ± 0.58	1.91 ± 0.82	2.597	0.027*
居民家庭成员年平均收入	2.00 ± 1.02	2.61 ± 0.79	2.98 ± 1.12	3.15 ± 0.92	3.08 ± 0.86	2.63 ± 0.88	5.587	0.000**
居民家庭模式	1.91 ± 0.61	2.13 ± 0.53	1.98 ± 0.68	2.00 ± 0.78	1.84 ± 0.62	2.00 ± 0.73	0.657	0.656
居民通勤时长	3.45 ± 1.37	3.29 ± 1.31	3.14 ± 1.56	3.66 ± 1.61	2.76 ± 1.09	2.91 ± 1.42	1.721	0.131
居民出行方式	3.27 ± 2.19	2.89 ± 2.40	2.86 ± 2.38	2.80 ± 2.31	2.92 ± 2.33	3.37 ± 2.68	0.33	0.895
居民产权	1.77 ± 0.43	1.74 ± 0.45	1.74 ± 0.45	1.60 ± 0.50	1.60 ± 0.50	1.51 ± 0.51	1.558	0.174
居民迁居意愿	3.64 ± 1.05	2.79 ± 1.09	2.95 ± 1.15	3.08 ± 1.25	2.88 ± 1.42	4.06 ± 0.84	6.476	0.000**
居民未来购房计划	3.18 ± 0.91	2.87 ± 1.02	2.90 ± 0.96	2.65 ± 1.00	2.72 ± 1.28	3.03 ± 1.18	0.998	0.42

*p<0.05**p<0.01

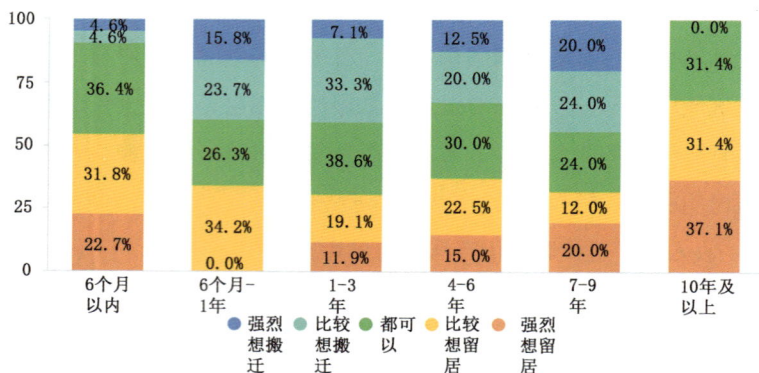

图 8-23　居住时长和迁居意愿交叉统计图

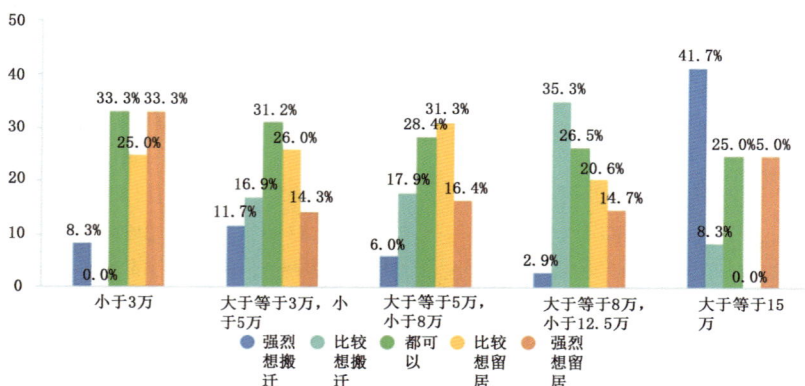

图 8-24　居民收入和居民迁居意愿交叉统计图

我们搜集了安居客网站中有关威尼斯水城二手房的挂牌信息，共计540条，其中有效数据526条。通过ArcGIS核密度分析，可以发现第1、第2、第4、第5、第6街区的二手房交易最活跃，南部街区总价为200万元以上普通中等户型二手房的数量明显高于北部。通过电话访谈业主发现，绝大多数"新桥北人"在威尼斯水城居住时间为3—5年，卖掉本套住房的增值收入加上三五年内的家庭存款，有能力选择面积更大、交通条件更好的住房。这一群体倾向于选择长江以南、靠近工作地点或方便子女就学的住房作为下一个居住地。相应的，这些中高收入群体迁出威尼斯水城之后，其住房会自然过滤到收入相对较低的业主或租客手中。此外，别墅和花园洋房等高档住房的业主也表现出较明显的迁出意愿——威尼斯水城超过三分之一的别墅正在挂牌转让，其余大多为空置，少有富人真正居住在此。

威尼斯水城作为一个超大型社区，正呈现出"富出穷进"人口结构演变特征。收入相对更高的家庭更倾向搬离社区，向主城区寻找更优的居住条件，而收入相对较低的家庭则会迁入，承接原迁出家庭过滤的住房。虽然在建设初期通过多样化的住房设计与供给，试图引导不同收入群体混合居住，但是在资本市场逐利的导向下，单一化住房供应正在加速大型社区迁入居民的单一化，未来随着住房过滤和居民的人口流动（"富出穷进"），最终将导致超大社区居民同质化，甚至带来社区整体社会阶层加速下沉。

（三）从"被动混合"到"主动分异"

1990年代末，中国城镇土地制度与住房制度改革共同推动房地产市场快速发展，城镇人口增长及其产生的大规模住房需求是大城市郊区化的核心动力。从个体角度看，城市中心区不断飙升的房价导致广大中低收入群体（包括新就业大学生、流动人口、企业工人等）不得不选择房源充足、价格可支付的郊区住房，加入"被动郊区化"运动之中。与之同时，城镇化过程中原乡村地区撤村并点和土地流转行动加速了农村人口的城镇化，农村人口实现就地城镇化，这一群体以及他们的子女往往也是郊区大型社区的最早入住居民。建设初期的郊区大型社区居民结构多元化，多种类型住房满足了不同人群的住房需求。但是，大型社区的建成中后期，开发商以及物业管理者并没有通过积极的引导促进不同阶层居民进行邻里交往，混合居住的真正意义并没有得到实现。相反，随着大城市房地产市场过热，供应的住房类型逐渐单一化，加速了住房投资和人口结构的单一化。

社区演化的本质是社会阶层的变迁过程，由一系列个体的迁居和住房过滤行为组成，是人口演替的过程。郊区大型社区人口结构的变动，一方面是开发商通过住房和居住服务供应直接筛选购房者的结果，另一方面是由居民的主动迁居所致，这是随着居民社会阶层流动和家庭生命周期演进而形成的住房需求分化和迁居能力分化共同驱动的结果。从某种程度上看，混合社区似乎并不能通过不同收入阶层居民混合而实现社会阶层融合，它无法满足高社会阶层相应较高的居住品质需求。如果没有外部措施干预，混合社区最终将无法留住中高收入群体，也将不可避免地走向同质化。

五、中产化导向的社区治理建议

时至今日，南京三大郊区新城包括浦口地区的公共服务设施和就业岗位供应，仍不能与其居住人口的需求匹配，桥北地区仍然没有彻底实现从"卧城"向综合新城转型，对主城依旧表现出强烈的功能依赖性。因此，大量郊区居民面临严重的职住不平衡问题，即使新增多条过江通道，工作日上下班高峰期间拥堵的潮汐交通仍然不可避免。占地规模巨大的大型居住社区呈现出马赛克式的拼贴形态，"大街区、宽马路"在一定程度上阻碍了城市交通网络发展，不仅不利于步行，还导致逐渐形成以街区为尺度的社会和空间双重隔离。由于区位交通、公共服务设施以及就业机会不足等问题，郊区大型社区的中高收入居民正在逐渐迁出，社区的人口多样性下降，不利于社区长期稳定健康发展。

中产阶层是一个国家或社区社会经济稳定发展的中坚力量，是一个包容性城市或社区的重要组成。中国大城市郊区的大型社区在建设初期着眼于年轻新中产阶层或边缘中产阶层（中产阶层的中下层），凭借郊区相对可支付的住房满足其落脚城市的基本需求，但是当这一群体通过自身努力成长为成熟中产阶层之后，如果郊区仍然无法满足其更高的居住需求以及全面发展的需要，那么这些具备更高经济能力的中产阶层便会"用脚投票"——迁出郊区大型居住社区。[①]最终，郊区大型社区乃至整个郊区可能将面临中产阶层流失，甚至出现"社会结构空心化"的问题。因此，为实现更加包容、混合、多元、可持续的郊区化发展，首先亟须补充优质的公共服务设施，如教育、医疗、文化、体育及商业休闲等，以满足人民日益增长的美好生活需要，降低郊区与主城区在城市综合服务职能和居住品质两方面的差距，从而减少郊区中产阶层的人口流失，增强中产阶层对郊区的依赖性和归属感。当郊区的物理建成环境无法轻易改变时，必须积极干预社区的物业管理与社区治理，促进不同社会阶层居民之间的邻里交往，增强居民的社会资本累积。此外，还应积极发挥中产阶层的社会"稳定器"作用，主动构建多种类型的社区社交网络，如社区党支部、社区互助小组等平台，协调不同利益主体之间的矛盾、冲突，发挥中产阶层的行为示范作用，真正发挥混合居住的社会融合价值。

---

① 张艳, 姚欣悦. 居住郊区化背景下职住关系的人群分异——以北京市天通苑地区为例[J]. 北京联合大学学报, 2018, 32(2): 17-27.

下篇　中产化政策研究

第九章 推动中产化发展的政策与路径

第一节 中产化导向的大都市发展策略

一、推进中产化发展的目标

城镇化是一个国家走向现代化的必经之路，而中产化则是城镇化后期进入高质量发展阶段、成为高收入发达国家的必由之路。21世纪以来，中国经济持续高速发展，国内生产总值从2000年的人民币10.03万亿增长至2021年的114.37万亿，排名从世界第六上升到世界第二；2000年中国人均GDP仅有7942元，居世界第134位，是典型的低收入国家，而2021年中国人均GDP达到80976元，超过世界人均GDP水平，达到初级发达国家的标准，接近高收入国家门槛。党的十九大报告指出："中国特色社会主义进入新时代，我国社会主要矛盾已经转化为人民日益增长的美好生活需要和不平衡不充分的发展之间的矛盾。"这一方面说明，随着社会经济发展，中国中等以上收入群体规模不断增大，人民的基本生活需求逐步上升为人的全面发展需求；另一方面说明，供给不平衡、不充分正在抑制中等收入群体的扩大。

中产阶层群体的成长壮大是中产化的前提基础，释放中产阶层效能是中产化的最终目的。目前，中国中等收入群体的规模超过4亿人，人民生活已经进入相对殷实富足的阶段。但是，绝大多数中等收入群体仍处于中产阶层的中下层，中产阶层的基础仍不牢固，仍需进一步深化户籍、土地、教育、收入分配制度改革，提高中低收入群体收入水平，培育壮大中等收入群体的规模。必须积极促进大都市中产化，坚持产业供给侧改革，激发和满足中等收入群体日益增长的美好生活需要，扩大内需，增强社会经济发展内循环的动能。同时，必须合理管控大都市中产化，扎实推进产业转型升级和基本公共服务均等化，加大对落后地区、薄弱环节、困难群众的倾斜力度，缓解发展不充分不均衡的现状。坚持共享发展的基本理念，努力让全体人民在高质量发展中享有高质量的生活，提升全体人民的幸福感和获得感。

二、推进中产化的基本思路

（一）发挥市场在资源配置中的决定性作用

当前，中国大都市已经迈入城镇化中后期，积极推进以人民为中心的新型城镇化与推进中产化的内涵具有一致性。积极推进大都市中产化，从根本上发挥市场在资源配置中的决定性作用，更好地发挥政府作用。通过价格机制、供求机制、竞争机制以及激励和约束机制，实现市场决定资源配置。以利润为导向引导生产要素流向，以竞争为手段决定商品价格，以价格为杠杆调节供求关系，使社会总供给和总需求达到总体平衡。聚焦中国大都市发展，积极制定优惠政策，营造宽松市场投资环境，吸引资本或各类市场主体并建立良好的多方合作伙伴关系。遵循市场配置资源的机制，提高大都市社会经济发展的效率。提升城市人居环境品质，优化公共服务供给，繁荣创新地方文化，持续吸引培育社会中产阶层，为创新发展提供智力支撑。通过科学的宏观调控与治理，保障公平竞争，加强和优化公共服务，加强市场监管，维护市场秩序，从而防范市场失灵，促进共同发展，减少贫富差距，防止两极分化。

（二）发挥政府兜底作用，平衡不同群体利益

在推动中产化进程的行动中，应充分保障中低收入群体利益，均衡布局城乡住房、医疗、教育、养老等基本公共服务设施，加强基本公共服务兜底保障，确保低收入群体平等使用城市空间资源的权力。例如，在棚户区、城中村改造等城市更新行动中，合理选择原住民拆迁安置的方式，优化保障性安置住房的选址，同步规划建设保障性安置住房和公共服务设施；制定就业岗位供应政策，促进城市更新项目为当地居民创造就业岗位；设立地方就业发展基金，援助低收入群体接受继续教育和技能培训，帮助其提升文化素质与就业技能；建立规划得益制度，平衡多方利益，提倡建设混合居住社区，扩大供应共享公共空间。

在中国地方政府主导的自上而下的城市绿化运动中，虽然已经在加快城市绿地

建设的发展速度，但是如果没有合理的参与机制，本地居民特别是弱势群体很难参与绿色空间的开发决策和利益分配。在推进地区环境改造和土地再开发过程中，需要为被置换的弱势群体提供居住权益的保障。建议各地政府采取货币化补偿与实物安置相结合，将住房保障与环境品质提升规划整体对接，容纳一定比例的原有居民回迁。在土地出让阶段，将配建保障性住房纳入土地出让条款中，保障低收入居民的绿色空间享有权。

（三）发挥中产阶层示范作用，强调共治共享

坚持以人为本，强调人人参与、人人尽力以及人人享有。注重不同主体与宏观社会经济发展的互动关系和成长性，充分发挥中产阶层较高经济资本、社会资本以及文化资本的"稳定器"作用，使之成为政府权威部门和当地居民之间的纽带。在实施乡村振兴战略行动中，尤其应注重引导大都市中产阶层个体与群体下乡，为乡村建设、产业振兴、社会和谐以及文化复兴发挥示范与引导作用。例如，《乡村振兴战略规划（2018—2022）》提出"以乡情乡愁为纽带，引导和支持企业家、党政干部、专家学者、医生教师、规划师、建筑师、律师、技能人才等，通过下乡担任志愿者、投资兴业、行医办学、捐资捐物、法律服务等方式服务乡村振兴事业，允许符合要求的公职人员回乡任职"。这些举措鼓励中产阶层人才投身乡村建设，以城市反哺乡村，凭借财力、知识、技术以及组织能力，切实带动乡村、落后地区发展。

充分发挥中产阶层群体在社区治理方面的积极作用。中产阶层群体在观念意识上具有一定的先进性，能够辅助政府部门进行城市发展政策的宣传和地方居民的生态环境教育，其自身行为与文化亦会对当地社区居民形成良好示范，对地方环境改善实践有积极作用。中产阶层群体的社会资源和专业技术能够提升社区固有资本，如中产阶层能够成为社区"代言人"，正确、合理、有效地表达社区居民的态度和需求；低收入居民通过与中产阶层建立联盟，可以借助中产阶层群体的社会、文化和政治资本维护自身利益。

第二节　乡村振兴与乡村中产化

习近平总书记在党的十九大报告中指出："农业农村农民问题是关系国计民生的根本性问题，必须始终把解决好'三农'问题作为全党工作重中之重。"全面实

施乡村振兴战略，不仅需要紧密围绕乡村资源开发发挥中产阶层带动作用，而且需要保留乡村记忆与生活传统，坚持农民主体地位和身份。

一、促进乡村资源市场化开发

乡村资源市场化开发利用是乡村振兴的关键路径。发展现代农业、乡村旅游业，能够给乡村原住民带来经济收益，是调动农民积极性最有效的方式。但是，乡村过度商业化是空间、文化资本向经济资本单方向过度转化的过程，其结果可能导致乡村空间被消费文化充斥，乡村原本的文化氛围被侵蚀殆尽。乡村旅游效益持续攀升，以南京不老村为代表的一大批旅游型乡村的商业化程度明显提高。随着城市游客数量的增多，攀岩、射箭场、房车营地等游乐设施的增加昭示着城市中产阶层游客主导的消费文化在不断滋长，其本质是以游客的消费偏好为导向的文化异质化。乡村中产化过程中政府对原住民利益的维护以及提供的城镇安置住房，虽然避免了原住民被直接排斥的负面结果，但却无法避免另一种社会隔离——搬迁原住民被永久地、彻底地排斥在乡村之外，已搬迁的原住民没有权限和途径再重回自己的土地。

促进乡村中产化需要加强乡村建设空间管控，严格控制随意改建、扩建行为，尽量保持乡村空间的原真性。具体空间管控措施应实施于建设前后的全部过程。在进行空间建设之前，政府确定的规划方案内容应在空间布局的基础上，给出详细的设计指引，以控制指标的形式严格限制过度改造；中产阶层根据自我审美进行空间设计与改造时，管理中介应实时监督，及时发现和制止破坏乡村性的设计；空间建设完成后，管理中介需长期介入，秩序和环境卫生的维持只是最为基础的空间管理，空间价值有待进一步挖掘，以实现内涵管控。

适当改变乡村人口准入政策。在旅游市场持续扩张的趋势下，企业投资者越来越多，如若不加以控制，过度商业化将无法避免。因此，管理部门在进行资格审查的基础上，还应该适度平衡不同人群的构成比例，控制投资群体总量，并进一步降低艺术家群体的迁入门槛，从而维护乡村本土文化氛围。适当打开已迁出农民回归乡村的途径，在准入资格审查过程中，给予部分有发展能力的原住民重回乡村的机会，组织经营技能培训，实施有针对性的帮助扶持措施。

二、发挥中产阶层的能动性

专家预测，乡村养老、乡村创业和候鸟型休闲度假这三股城市中产阶级人群的到来，将使中国乡村增加1.8亿中产阶层群体，相当于现有乡村人口总数的30%，他们将是实施乡村振兴战略最不可或缺的"加速器"。因此，必须创新市场机制，大力推动以中产阶层为主的城市退休养老人群"下乡"，开辟乡村田园养老的渠道。借助远程办公和电商等的迅猛发展，利用乡村生活和创业成本低、房价低、压力小、不拥挤的优势，吸引城市年轻白领回乡创业。整治盘活空心村、宅基地等闲置农村住房，为中产阶层返乡提供适宜、低成本的生活和创业集聚地。例如，南京、武汉等地通过农村空闲房屋出租搞起的市民下乡、能人回乡、企业兴乡的"三乡工程"，已吸纳百亿元资金投入农村，帮助农民增收致富。鼓励城市养老人群按照市场和自愿的原则到乡村养老，以康养型田园综合体或乡村养老特色小镇的形式承载城市养老人群。南京都市圈、苏锡常都市圈、"通泰扬"（南通泰州和扬州）等发达地区，都是发展养老型田园综合体（或养老特色小镇）的极佳地区。实施乡村振兴的人才战略，吸引大量由乡村出去的大学毕业生、退伍军人和新型农民工回乡村发展和创业，打破城市流向乡村的诸多门槛，允许4亿城市中产阶层在城乡之间自由流动，到乡村田园自由生活和创业发展。

三、保留乡村记忆与生活传统

相比西方社会的中产化实践，中国的中产化因以政府为主导而与西方的自下而上的中产化现象明显不同，并在规避中产化负面社会空间效应上做出了有效的应对。依靠政治、法律、经济、技术、规划决策与实施等手段，中国中产化空间的演化发展最大程度上符合了人们的期望，空间的被构与被解机制具有强烈的国情适宜性。政府主导生产的乡村景观基本满足了不同观众的需求，体现了政府主导的有序性与合理性。然而，以权力和资本为主体的构建方式注定了地区身份和中产阶层的社会身份都是被表达和被引导的，虽然其整体上取得了较好的效果，但仍难免陷入错位与颠倒的困境。乡村作为村民居住、生活与工作的空间，其景观媒介首先是作为乡村集体记忆与生活经验的载体而存在的，其次才是城市的消费空间和个体个性化的创造。因此，保留记忆和构成景观场所的精神非常重要。这是一种个体社会交往层面的内容构建，其关键在于传承乡村日常活动并保留村庄的传统记忆。在现代化与中产化的过程中，最为常见的冲突往往就在于原住民的生产生活空间被不断挤压和边缘化，乡村作为一种居住社区，其公共空间反而被城市新型消费空间所取代，而消费空间的外观又往往表现出高高在上的排斥性，致使乡村景观与原住民产生极大的疏离感，乡村集体记忆失去了空间载体，难以延续和传承。村庄的传统记忆通过物质或者非物质的形式记录与保留，如桦墅村所做的"乡村百艺"摄影，记录逐渐湮灭在现代化进程中的各种传统手艺，篾匠、木匠、剃头匠的工具与生产场景得以再现，而这同时也是一种地方身份再确认的过程。这种单向的激发必须深入景观空间与个体的互动，不断生产新的集体记忆以持续发挥作用。乡村景观的设计需要转向记忆的再创造，而不仅仅是观看的联想。此外，需要强化公众和社会团体参与的景观自构路径，帮助居民增强对当地景观的理解，加强对景观变化的管理、监督与反馈，增强当地原住民的归属感和社会凝聚力。

四、坚持农民主体地位和身份

在推动乡村振兴的各项工作中，必须始终坚持农民主体地位不动摇，始终把农民的切身利益摆在首位，绝不能牺牲农民的利益来换取乡村的繁荣发展，绝不能让乡村各项资源变成企业家攫取利益的工具。利用宣传单、宣传标语横幅、新媒体等多种载体平台，全覆盖加强对村民能力素质的"再教育"，不断增强农民的"主体地位"意识，使其在乡村振兴事业发展中敢于积极主动争取，能够积极参与各类职业教育、就业培训，增强创造财富的意识和思维。在乡村撤并、土地流转、乡村旅游开发等关键事务中，听取并尊重农民意愿，平衡农民发展的利益诉求和企业发展诉求。加大对农村地区致富带头人、种田大户的创业培训，扩大创业培训规模，鼓励返乡农民工创业带动就业，挖掘一批"田秀才""土专家""乡创客"和能工巧匠。

第三节　建设国际消费中心城市

大国经济的最大优势在于内部可循环。当前，中国拥有14亿人口，中等收入群体规模达到4亿，是全球最大、最有潜力的消费市场。十九届五中全会指出，要"形成强大国内市场，构建新发展格局。坚持扩大内需这个战略基点，要畅通国内大循环，促进国内国际双循环，全面促进消费，拓展投资空间"。深入实施扩大内需战略，增强消费对经济发展的基础性作用和投资对优化供给结构的关键性作用，建设消费和投资需求旺盛的强大国内市场。积极推动商业中产化，是扩大内需、刺激消费，助力建设消费中心城市和国内大循环格局的重要战略举措。

一、以城市更新推动消费空间硬件升级

积极出台城市营销与税收激励政策，鼓励各类社会资本参与城市更新，挖掘存量土地和资源的潜在市场价值。通过投资基础设施建设与改善建成环境，提升城市衰败老旧工业区、老旧小区、老校区的形象，进而吸引企业、中产阶层和投资者进入，进一步激活土地价值，完成中产化导向的城市更新。坚持高品质城市规划设计、建筑设计以及景观园林设计，高质量建设改造存量建筑和场地，塑造丰富的消费场景，打造城市新地标，为消费者提供丰富多样的感官体验，响应高品质人居环境的需求。打造步行城市（walkable city），完善城市慢行系统，连通道路、商业场所、交通枢纽、桥梁等，提升城市中心区尤其是商业街区的开放性和步行友好度，满足婴儿车、轮椅、老年人助力车等特殊群体户外活动的特殊需求。以微改造和精细化设计提升城市街道景观品质，改善街道界面美观度，统一设计和管理街道店铺招牌、垃圾箱、地面铺装、绿化、护栏以及其他装置。促进消费空间向街道延伸，例如通过建筑入口户外空间、商业界面和街道界面相互渗透，激活街道空间、边角空间，拓展消费空间，提升城市空间活力，为社区居民提供高品质消费休闲空间。打破实体、封闭商业空间与城市户外空间的边界，塑造开放广场，激发公共活力；连通商业空间与轨道交通站点，优化商业空间的轨道交通可达性，为顾客提供舒适的步行体验，有效集聚客流和促进消费增长。

二、以新兴产业促进商业空间功能复合

当前文化消费观念盛行，体育、教育、医疗、康养、会展、宠物等新型消费领域快速发展。城市商业项目策划、建设与招商，应以商、旅、艺、文的深度融合为出发点，充分发挥项目基地内外的多重资源优势，满足市民尤其是中产阶层消费群体的多方位、多样化需求。以吸引客流和集聚顾客为导向，突出经营业态的丰富性、首创性和延展性；合理配比多种业态类型，满足人们多方位的需求，打造体现

文化艺术、新潮时尚、美学生活、人文风情、休闲娱乐等特性的圈层聚集地，使商业项目不仅是购物场所，更是城市新兴的旅游目的地。例如，南京水木秦淮项目坚持高起点规划定位，以艺术生活、艺术创作为主题，依托南京艺术学院专业资源，推进艺术文化和旅游休闲深度融合，打造全时域、多功能、开放式的国际潮流艺术街区、夜间文旅消费集聚区和标志性城市客厅；坚持高标准引入业态，引入省级示范基地"南艺双创孵化基地"，设立23个名师工作室、4个艺术培训机构、2个艺术展览馆和1个全民阅读空间，同步招商引入喜马拉雅、英国月巷儿童书店、胡桃里音乐餐吧等18家"网红"体验店、28家夜间文创集市和12艘观光游艇，丰富文旅产品供给；坚持高水平运营管理，举办龙舟精英赛、"520"时装秀、足球嘉年华、国际音乐节、海棠艺术展等活动，以节展赛会吸引人气，提升品牌影响力。改造后的南艺后街被评为2021年度南京市夜间文化和旅游消费集聚区、江苏省旅游休闲街区培育单位，街区年接待游客约120万人次，营收约5亿元，成为年轻人喜爱的"网红打卡地"（图9-1）。上海旭辉天地项目位于新天地商圈黄金地段，项目不满足于传统纯商业零售运营模式，基于新时代生活工作方式的转变，"前店后企"，整合商业办公资源，形成自我循环的商业+办公生态，打造全新的商办同圈工作休闲生活方式。

图 9-1 南京市水木秦淮商业街区的复合文化空间

三、以文化艺术提升商业空间文化品位

打破艺术与商业的固有边界，多渠道促进商业场景与艺术交融。布置精心设计的创意街道家具、街头艺术雕塑、标志、展品等，美化城市商业空间，装点城市开放空间，提高地区的视觉识别度，彰显地区文化品位和时尚氛围。提高建筑设计、景观设计、室内设计的艺术性和创意性，例如利用开放性中庭、屋顶花园、户外广场、观景平台等开敞空间，为社交聚会、艺术展演以及多样化商业活动提供场所。以高辨识度的建筑形象汇聚注意力，增强商业项目的市场传播力，打造独特的IP形象，赋予商业项目独特时尚感和个性魅力。加强历史文化资源的活化利用，充分挖掘城市文化IP资源，例如北京隆福寺商圈在建筑环境改造中将现代简约的建筑设计元素融入历史街区，围绕国际消费中心城市建设，拟于二期引入以演艺为核心的音乐产业相关业态，以博物馆、书店为核心的文化体验业态，以美术馆、衍生品商店、艺术衍生品时尚画廊为核心的"艺术+"商业品牌，以潮玩、动漫、电子竞技为核心的潮流业态四大类，尝试将隆福寺打造成年轻人喜欢的文化消费商圈，与故宫和王府井组成首都"文化金三角"，以"文化+商业"的模式推动区域经济发展。目前，隆福寺商圈集聚大量"网红"潮店，并通过木木艺术社区文化IP成为商圈新贵。2021年下半年，隆福寺开展大英博物馆合作展览、时装周、国潮书市、"大妙烩—传统X潮流文化艺术活动"、"Follo风螺帐—城市露营计划"等活动，打造复合型艺术社区，吸引了更多年轻消费群体前往。

四、以人性化设计提高商业街区包容性

能否通过建筑设计提供简约时尚的公共空间，关注低社会阶层和低收入群体，考虑低成本出行方式、非正式商业和各类社会活动的需求，体现了规划与管理的关怀。鼓励发展"公共交通+慢行交通"方式，鼓励分时交通出行管制，适度限制私人小汽车出行。支持在城市中心区商业街区实施交通稳静化（traffic calming），促进多种交通方式平等享用街道空间，实现街道对各类交通方式的包容。对非正式商业采取更加包容的态度，为非正式商业提供一定的空间，满足低收入人群谋生发展的需求。引导街道流动摊贩至相对固定场所，允许其在固定的时间经营，精细化管理其经营内容。例如，在城市指定区域的街道两侧划出固定摊位空间，供小商贩申

请摆摊，进行分时经营管理；为流动商贩发放执照，并进行登记考核（图9-2）。引导金融机构加大向小微企业、个体户的信贷资源倾斜，继续用好普惠小微贷款支持工具、再贷款和再贴现等政策，合理提供贷款展期或续贷安排等，助力商业街中小企业和个体户。扩大房屋租金减免范围，为各类市场主体纾困解难，恢复线下购物中心活力。

图9-2　商业街夜市

五、以技术赋能扩大商业空间消费潜力

随着互联网技术突飞猛进，中国消费领域数字化趋势显著，数字化赋能消费市场的贡献巨大，前景十分广阔。电子商务与数字化经济联合，催生一批新型消费场景和消费模式。主动适应线下消费向线上消费转变趋势，积极举办网上年货节、双品网购节、"618"大促等线上促销活动。适应直播电商发展趋势，培育直播电商基地、直播电商机构，开展直播销售培训，带动中小商户应用新媒体营销。加强文化体验消费的科技化、数字化、智能化建设，利用人工智能、人机交互等技术，打造文化科技融合体验中心。加快千兆固网和5G网络建设，早日实现市级重点商圈、市内重点景区等区域5G网络全覆盖。重点商圈试点建设智慧商店、智慧街区、智慧商圈，加大AR虚拟试穿、VR虚拟购物等体验式消费场景应用，逐步实现商圈核心业务在线化、运营管理数字化、消费场景智慧化，促进传统商圈向体验式、参

与式、互动式转变。推进商超、便利店、餐饮等线下商业网点拓展数字化、规范化营销新渠道，实现消费渠道、流量、信息、数据的智能融合。持续拓展无接触消费体验，在办公楼宇、住宅小区、旅游景区布局建设一批智慧超市、智慧驿站、智慧书店。应用区块链、大数据、云计算、物联网、人工智能等现代信息技术，积极推进智能制造、反向定制、数字零售、社交电商、在线健身、在线诊疗、云旅游、云展览、云演出等数字经济新模式。推进数字人民币在交通出行、餐饮住宿、购物消费、旅游观光、医疗卫生、通信服务、票务娱乐等重点场景的应用推广，通过创新便捷支付方式为传统商业赋能。

第四节　旅游业高质量发展政策

"十三五"期间，中国城镇居民年人均出游超过四次，旅游成为新时代人民美好生活的刚性需求，旅游业作为国民经济战略性支柱产业的地位更为牢固，旅游也成为促进经济结构优化的重要推动力。在打赢脱贫攻坚战和助力乡村振兴战略的过程中，旅游业发挥了重大作用。进入新发展阶段，旅游业面临高质量发展的新要求，人民群众旅游消费需求从低层次向高品质和多样化转变，由注重观光向兼顾观光与休闲度假转变。构建新发展格局既有利于旅游业发挥独特优势，也对旅游业提出了扩大内需的重要任务要求。

一、以城市更新完善旅游服务功能区

旅游业作为劳动密集型第三产业，对于扩大内需、刺激消费、创造就业、提升居民收入水平、促进城市经济发展而言意义重大。因此，政府应进一步进行体制机制创新，为旅游业的发展提供更好的政策环境，充分调动社会闲置资源，积极引入优质文旅项目，推进旅游中产化发展。创造宽松的金融环境，吸引社会资本投入，扩大旅游资源开发的资金来源。优化城市交通与公共服务设施配置，完善公共文化设施的旅游服务功能。加快城市更新步伐，积极改造、再利用存量用地或低效建设用地，进一步完善城市基础设施，大幅提升道路、对外交通、公共交通、慢行系统、绿道等交通基础设施，提升风景区、度假区、公园、文化场所、酒店民宿等公共服务设施的旅游接待能力，保障旅游业发展要素配置。优化旅游空间布局，促进城乡、区域协调发展，建设一批旅游城市和特色旅游目的地。推动传统商业综合体

转型升级为文体商旅综合体，打造新型文化和旅游消费集聚区。支持博物馆、美术馆、科技馆、非遗馆、演艺剧院、书店等文化场所增强旅游休闲功能，促进一般展演功能与游客互动，鼓励各地区利用工业遗址、老旧厂房、大学校园、文创园区、特色花市等开设文化和旅游消费场所。结合城市街道更新，打造一批夜间消费集聚区、"网红打卡点"。加强旅游景区治安、交通、城管、食品安全、卫生秩序管理，引导经营主体加强行业自律自治，提升服务质量和水平。积极规划建设户外露营地、房车营地、游艇泊位、无人机飞行区等新型旅游项目需要的场所，并制定相应管理制度引导其健康发展。规划设计一批特色城市旅游线路、旅游巴士线路，串联城市主要旅游景点景区，与城市居民日常通勤出行尽量错开。

二、以"旅游+"和"+旅游"促进产业链延伸

旅游发展涉及的产业门类广、联动强，积极推动旅游业高质量发展，释放"一业兴、百业旺"的乘数效应，创造更多就业、创业机会，更好地服务社会经济发展。加快旅游业供给侧结构性改革，加大优质旅游产品供给力度，激发各类旅游市场主体活力，推动"旅游+"和"+旅游"，形成多产业融合发展新局面。发挥旅游市场优势，推进旅游与科技、教育、交通、体育、工业、农业、林草、卫生健康、中医药等领域相加相融、协同发展，延伸产业链，创造新价值，催生新业态，形成多产业融合发展新局面。充分结合文化遗产、主题娱乐、精品演艺、商务会展、城市休闲、体育运动、生态旅游、乡村旅游、医养康养等，打造核心度假产品和精品演艺项目，发展特色文创产品和旅游商品，满足新时代人民日益增长的美好生活需要。合理制定旅游旺季城市交通出行、公共场所使用规划，错峰安排，灵活供给，在促进城市旅游业发展的同时尽可能降低旅游发展对本地居民日常工作生活的冲击。

三、以新型技术赋能推进智慧旅游

打造一批旅游景区、度假区、旅游街区，培育一批智慧旅游创新企业和重点项目，开发数字化体验产品，发展沉浸式互动体验、虚拟展示、智慧导览等新型旅游服务，推进以"互联网+"为代表的旅游场景化建设，建设一批新型健康的主体娱乐区、游乐园。推动智能旅游公共服务，旅游市场治理"智慧大脑"，交互式、沉

浸式旅游演艺等技术研发与应用示范。支持重点景区积极建设智慧停车系统、道路管控系统、客流监测系统、资讯服务系统、安防监控系统、景区视播系统、内容管理系统、景区综合管理系统等。通过人工智能进行智慧化管理，提升景区工作人员管理效率，实现数据分析、流控智能化，提升整个景区响应处置能力。结合旅游信息大数据分析形成旅游预测预警机制，提高应急管理能力，保障旅游安全。实现对旅游投诉以及旅游质量问题的有效处理，维护旅游市场秩序。利用微信小程序、直播台等形成多平台联动，有效宣传旅游景区与旅游活动。利用新媒体传播特性，吸引游客主动参与旅游的传播和营销，并通过积累游客数据和旅游产品消费数据，逐步形成自媒体营销平台。线上线下相结合，进行云游直播、"网红"直播、采访直播、活动直播等多元化互动。

四、以政策保障弱势群体利益

出台相关办法，使得旅游中产化的"红利"能够更多地惠及相对弱势的群体。加强旅游景区、商业街区空间管控，探索相应的租金补偿办法和业态准入制度，保障中小商户、创意阶层的生存空间，同时推动地方产业和空间品质持续提升。对处于市场竞争弱势地位的传统商业、个体户，政府应积极出台相关补偿办法保障其生存空间，例如减免税收、降低租金等，保障市场竞争公平，促进市场良性健康发展。充分利用好各项扶持政策，切实为旅游市场主体纾困解难，积极探索支持市场主体发展的新思路、新举措。通过仲裁、业主租户年度会议等方式调节商业街区商铺租金，向富有创意内涵以及体现地方文化特色的商户提供租金减免等补贴政策。通过组建业主联盟等方式，严格审核商户的准入资格。激活地方创意底层的文化资本，使其在城市文化创意产业发展、文化旅游、城市营销中发挥正面作用。

对于旅游中产化进程中被直接置换至城市外围地区的低收入居民，应更加关注中产化对低收入原住民就业、生活带来的影响，制定相关的政策或法规，为该群体提供更多的选择方案。例如，妥善安置因旅游项目开发而被拆迁的本地居民，合理选址建设安置房，用多样化的安置方式缓解旅游中产化造成的低收入群体被排斥问题；必要时可为利益受损的原住民提供经济补贴，维护社会公平正义。在吸引游客的同时，尊重城市普通居民诉求，考虑将其日常的生活空间、消费空间等与旅游中产化空间融合，保障本地居民在旅游中产化进程中的话语权和参与度。

针对旅游中产化正在产生的排斥——民宿兴起推高房价、噪声扰民等现实问题，根据《中华人民共和国民法典》第二百七十九条的规定，"业主不得违反法律、法规以及管理规约，将住宅改变为经营性用房"，"业主将住宅改变为经营性用房的，除遵守法律、法规以及管理规约外，应当经有利害关系的业主一致同意"。应该参照旅馆业，对民宿业实行行政许可审查，引导旅游民宿行业加强自律自治，支持旅游行业组织制定行业标准、公约，推进行业征信管理，加强行业自我管理与监督。政府及相关部门应当根据本地实际，加强对住宅小区内开展民宿等住宿服务活动的管理和监督。

第五节 中产化导向的住房发展政策

一、"住房中产化"理念的提出基础

昆明是云南省省会，滇中城市群中心城市，是国务院批复确定的中国西部地区重要中心城市之一，也是中国重要的旅游、商贸城市。作为面向南亚、东南亚的区域性国际中心城市，昆明的资源优势、区位优势、生态优势以及开放优势明显，并且这些优势将在"以国内大循环为主体、国内国际双循环相互促进"的新发展格局中进一步放大。"十三五"以来，云南省城乡人口持续向省会集中，昆明市首位度不断提高。2020年，第七次全国人口普查数据显示，昆明市常住人口为846万，与2010年第六次全国人口普查的643万人相比，增加了202万人。其中，城市功能核心区人口534万，昆明已成功迈入特大城市行列。"十三五"以来，昆明旅游、健康、商贸、会展等优势产业快速发展，昆明对海内外中高端人才的吸引力不断提高。2021年，昆明市地区生产总值达到7222.5亿元，人均生产总值85146元，城镇居民人均可支配收入为52523元，中高收入群体达到较大规模。

昆明市房地产业持续稳定健康发展。"十三五"期末，昆明市人均住房面积达到47.42平方米，比"十二五"期末增加5.42平方米，高于全国平均水平（39.0平方米）。随着城市居民生活水平的提升，改善型住房、度假居所、养老居所的市场需求逐步增多，城市住房发展要求经历了从"有居"到"宜居"再到"乐居"的递进。城市居民对居住环境以及配套设施要求的逐步提高，有利于促进改善型住房需求提前释放，加快绿色建筑技术、智慧技术、数字化、区块链等技术应用。因此，

住房作为新时代人民日益增长的美好生活需要的重要物质消费，在"十四五"时期中产化应成为住房事业发展的重要目标导向，在《中华人民共和国国民经济和社会发展第十四个五年规划和2035年远景目标纲要》引领下，从规划发展目标、重要任务、保障实施机制等方面，具体落实中产化的发展政策。

2020年，受云南省昆明市住房和城乡建设局委托，本书研究团队负责编制《昆明市住房发展"十四五"规划》（以下简称《规划》）。在规划编制过程中，团队深入探索昆明市住房发展基础与未来形势，并将积极推动中产化的理念贯彻其中。研究认为，昆明具备积极推动中产化的资源禀赋和社会经济基础，而住房领域是推动中产化的重要抓手，可从住房发展理念、住房建设技术标准、住房事业保障与管理三个方面重点规划应对策略。

二、中产化目标的规划落实

（一）规划理念：响应住房消费升级的需要

《规划》提出，至2035年，昆明立足云南全省国民经济与社会发展排头兵、火车头的角色，围绕建设区域性国际中心城市的目标，建立多主体供给、多渠道保障、租购并举的住房制度，形成"高端有市场、中端有支持、低端有保障"的住房供给格局，实现城镇居民从"有居""宜居"到"乐居"的美好生活追求。将高质量发展、共享发展与共同富裕的理念落实于住房发展，一方面，强调利润导向的市场配置资源机制，市场供应中高端住房，满足中高收入群体日益增长的美好生活需要；另一方面，强调对低收入群体的基本住房保障，以符合梯度住房消费的基本规律。

《规划》认为，未来城市人均住房面积增长幅度已经不大，住房物业服务水平、绿色建筑水平、建筑装配水平以及住房装修水平体现并决定了能否满足人民未来的美好生活需要。具体到2025年住房发展目标的制定，《规划》进一步提出稳步提高人均住房面积、大幅提升人居环境品质、扩面提质保障性住房和促进住房产业绿色发展等的细化指标要求。《规划》纵向总结昆明住房发展基础和趋势，横向比较昆明与国内一、二线城市以及发达国家住房发展水平的差距，综合确定具体指标，从而满足中等收入群体对住房消费的期待，并引领其住房消费升级迭代。例如，《规划》提出"至2025年，城镇人均住房面积力争达到49平方米，新建城镇住房成套率达到100%；力争实现商品房开发应用装配式技术的建筑面积占新建商品房建筑面积的比例达30%，新建住房绿色建筑占比达到100%，新建住房全装修比例达到80%以上，新建住宅小区物业服务覆盖率力争达到100%；完善中小学、医疗、养老、商业、绿地等公共设施配套，打造一批'15分钟生活圈'示范项目"。立足住房产品供需匹配的目标，适度拔高住房发展的技术指标，充分发挥规划的前瞻性、指引性作用。

（二）技术标准：需求导向的住房产品定制

《规划》提出，要"适度增加中等规模以上、品质型、适老型、康养型住房供应"。结合住房和城乡建设部发行的《住宅设计规范》（GB 50096—2011）、《健康住宅评价标准》（T/CECS 462—2017）、《住宅项目规范》（征求意见稿），从居住环境、建筑空间、电梯设置、室内环境等方面，修订昆明城市住宅项目设计的标准。

从完善公共设施建设方面，《规划》为破解供给不充分不均衡的困境提出建议。例如《规划》提出："推动城市中心区高水平医疗机构支持县（区）级医院发展，促进新区、郊县医院（含中医院）达到三级医院设施条件和服务能力。新建、改扩建体育公园，建设户外运动、健身休闲等配套公共基础设施。商品房小区根据市场需求，主动提供个性化、品质化、定制化物业服务产品，提高居民生活的舒适度、便捷性。"

文化消费和审美品位是中产阶层群体区别于低收入群体的重要特征，也是构建中产阶层身份的重要依据。因此，"高颜值"的城市形象、舒适的环境、特色的地方文化，必然成为住房需求的重要附加需要。《规划》提出："住宅建筑设计需要体现云南本土建筑、少数民族建筑的风貌特征，适应昆明亚热带高原季风气候，传承地域建筑基因，融合现代建筑技术，严控建筑高度、容积率、绿地率指标，提升住宅建筑体量、外立面色彩和建筑风格设计水平，与城市风貌、自然山水景观保持协调"。同时，《规划》还提出在昆明市翠湖、东风广场、东白沙片区、西北新城等重要窗口地区，也是中高收入阶层最集中的地区，"打造一批房地产精品力作，让高品质房地产项目成为城市经营的加分项，彰显春城、花都城市特色"，实现住房产品与客群的匹配。

此外，《规划》提出，在翠湖、滇池旅游度假区、自贸区、空港经济区等外籍人士较集中的地区，试点建设一批高标准国际化人才社区。住宅建筑采用最先进的绿色建筑科技、5G、物联网等智慧技术，小区内部提供24小时管家式服务，配套国际化幼儿园、学校、医院、餐厅、运动场所以及便民服务设施。以国际化人才社区建设为抓手，全面提升本地房地产业高端化发展水平，增强对海内外中高端人才的吸引力。《规划》认为，立足昆明建设区域性国际中心城市、世界一流健康目的地的远大目标，昆明有较大可能成为西南地区中高端人才的聚集地，故适度超前提出积极建设国际化人才社区的建议。

表 9-1　城市住宅项目设计规范修订、补充建议

	城市住宅项目设计规范修订、补充建议
1	控制住宅建筑层数：县城新建住宅以6层为主，6层及以下住宅占比应不低于75%；县城新建住宅最高不超过18层
2	控制住宅建筑层高：（1）新建住宅建筑的层高不应低于3.00 m；（2）卧室、起居室的室内净高不应低于2.50 m，局部净高不应低于2.10 m，且局部净高低于2.50 m的面积不应大于室内使用面积的1/3；（3）利用坡屋顶内空间作卧室、起居室时，室内净高不低于2.10 m的使用面积不应小于室内使用面积的1/2；（4）厨房、卫生间的室内净高不应低于2.20 m
3	提高电梯设置标准：新建住宅建筑电梯设置应符合下列规定：（1）入户层为二层及二层以上的住宅建筑，每单元应至少设置1台电梯，且轿厢深度不应小于1.40 m，宽度不应小于1.10 m，呼叫按钮的中心距地面高度应为0.85—1.10 m；（2）入户层为四层及四层以上，或入户层楼面距室外设计地面的高度超过9 m的住宅建筑，每单元应至少设置1台可容纳担架的电梯
4	优化住宅户型设计：（1）住宅建筑应按套型设计，每套住宅应有卧室、起居室、厨房和卫生间等基本功能空间；（2）卧室使用面积不应小于5 m²，住宅套型不设起居室时，卧室使用面积不应小于9 m²；（3）厨房的使用面积不应小于3.5 m²；（4）每套住宅应设卫生间，便器、洗浴器和洗面器集中配置的卫生间的使用面积不应小于2.5 m²
5	强化室内外无障碍设计：应与住宅单元出入口、老年人和儿童活动场地无障碍联通，并应与城市或镇区道路的人行道联通形成无障碍步行系统
6	提高智能化水平：（1）住宅建筑应设通信系统，在公用电信网络已实现光纤传输的地区，住宅建筑的通信设施应采用光缆到户方式；（2）住宅建筑应设有线电视系统，有线电视设施应采用光缆或同轴电缆以独立专线方式建设；（3）新建住宅项目的智能化系统设备用房和室外地下智能化系统管道应与住宅项目同步建设

（三）住房政策：政府扶持兜底的住房保障政策

《规划》提出，扩大住房保障的覆盖范围，将年轻新就业群体、大学生纳入住

房保障范围。同时，适度提高住房保障的水平，将保障房人均住房面积从45平方米提高到不超过70平方米，具体标准结合地方实情决定。《规划》从促进保障对象职住平衡的原则出发，提出应"结合昆明市各县（市、区）人口和产业分布情况，科学合理确定保障性租赁住房供应规模和空间布局，主要在人口净流入较多、房价较高的主城区供应保障性租赁住房，重点布局在产业园区、轨道交通站点附近和城市建设重点片区"。

针对"抢人大战"的城市竞争，《规划》为昆明市人才住房政策提供切实可操作建议——按照引进人才的层次、工作类型和住房情况现状，制定详细的人才住房政策，确定合理的人才住房标准。按照本科生、硕士研究生、博士研究生三个等级，对符合条件的在昆就业高校毕业生发放一定额度的租房补贴；按照人才层次，对于在昆创业的博士、硕士，无自有住房且购买首套商品住房的分别给予一定额度的一次性购房奖励；按照工作服务年限，对来昆就业创业的具有较高专业技能的"银龄人才"（退休教师、医生、技术工程师等）奖励1年至20年不等的康养住房使用权。这些青年人才、老年人才是昆明乃至云南省高质量发展的"中流砥柱"，政府扶持兜底的住房保障政策是未来城市中产阶层在城市长期工作生活、与城市同呼吸共命运的基础条件，应以直接的经济补贴方式为未来中产阶层的资本积累奠定基础。

（四）社区治理：多元参与市民社会形成

中产阶层是社会的"稳压器"，是市民社会的基石。长期以来，中国城市建设发展采取"政府主导、市场实施"的模式，社会力量未被充分发挥。如今，为促进市民社会的建设和社区自治力量的崛起，有必要充分发挥中产阶层的社会动员作用。因此，《规划》提出，鼓励社区规划师、高校学者及团队、规划设计公司、艺术家、志愿者组织等第三方参与老旧小区改造。积极引入社会资本，鼓励多元参与，建言献智。借助多样化手段，宣传新政策，提倡"早改造早受益，谁改造谁受益"，充分调动群众主动参与的积极性。此外，《规划》还提出，大力推广居住社区（重点是改造后的老旧小区）"红色物业"的经验，探索"党建+物业"治理模式，形成党领导下的政府治理、社会调节、居民自治的共建共治共享小区治理格局。中国共产党党员是市民中的先锋模范，是具有高度政治责任感和社会使命感的群体，也是社会稳定发展能够依赖的群体。

第六节　青年友好城市与学生化政策

《中长期青年发展规划（2016—2025年）》明确提出："青年是国家经济社会发展的生力军和中坚力量。党和国家事业要发展，青年首先要发展。"2020年以来，全国不少省市主动探索建设"青年发展型城市"或"青年友好型城市"。青年大学生是中国特色社会主义事业的建设者和接班人，也是社会中产阶层的后备军；是青年友好城市建设的服务对象，也是建设主体。亟需围绕大学生生活空间、成长发展需求，释放学生化的积极效应，多措并举化解年轻学生的城市住房需求。

一、以学生化文化效应促进地区更新

一直以来大学被视为"象牙塔"，与世俗世界相对隔离，在当前中国城市更新中容易被忽视。名校往往被视为城市的"文化高地"和精英摇篮。大学为教育者和受教育者提供创造和积累社会资本、经济资本、文化资本的机会与场所，能够促进大学生的社会化；各类官方、非官方组织在大学进行文化活动，大学与大学生的文化再生产对地区与城市的经济、社会与文化做出了积极的贡献。大学周边地区的变迁则反映出中国学生化特殊的文化效应及其被商品化的过程。如何将学生的文化再生产能力释放出来，使之在城市更新中发挥积极作用是一个重要问题。目前，诸多大学周边出现独立书店、咖啡馆、文艺小店等文化商业场所，这种良好的转型趋势也给老校区自下而上、微创式、自主更新式的旧城更新提供了启示。

针对大学周边老旧小区改造，应填补城市设施欠账，增加公共空间，改善出行条件，修补城市功能，提升环境品质。积极发挥学生群体的文化资本作用，激发其参与社区规划的意识。将各种有意义的大学生活动策划为整个地区的"大事件"，带动地区的文化活力，吸引资本再投入，推动物质环境更新，为滋养青年亚文化创造宽松环境。保障学生群体在城市更新后的"新"小区生活的权力，防止空间过度商品化，保持年轻有活力、包容且多样化的人文氛围。激发城市活力，使广大青年获得感、幸福感、安全感、认同感更加充实、更有保障、更可持续，实现青年与城市共发展。

二、多部门协作，加强学生化社区管理

面对大学生群体对廉价、灵活住房不断增长的需求，应通过疏堵结合的方式逐渐解决"日租房"问题，劝导房主将短租改为长租，最终取缔"日租房"等非正规经营方式，提高居住的稳定性。规范大学城和高校周边违规合租房的供给，强化对房东的规范化管理；要求建立正式的租房登记机制，增加室内消防设施、监控设备等。

借助城市更新契机，挖掘大学校园存量建设用地或建筑，通过新建、改建或改造等方式，增加宾馆、酒店以及学生公寓供给，满足学生群体的住房需求。建议特大城市将年轻大学生尤其是高校不提供宿舍的专业型硕士研究生纳入城市住房保障覆盖范围，合理有序提供学生校外住房保障。鼓励租房平台和品牌公寓型长租企业抓住学生住房租赁需求逐渐增多的市场机遇；通过改建、收储等渠道筹集社会闲置房源，重新装修改造为适合年轻大学生的租赁住房，打造以大学生为主要住户的学生之家、学生化社区。劝说引导或强制关闭违法犯罪、卫生条件不达标的零售商业、网吧、酒吧、日租房等以年轻大学生为主要顾客群体的消费场所，营造健康有序的社会风气。

三、多举措促进学生租客融入社区

大学生群体具有较大的社会包容性和行为举止的示范作用，小区管理应该充分发挥学生的社会联合作用，打造具有较强包容性的混合社区，消解居住空间的隔离，从而降低对外来流动人口、城郊失地农民、低收入人群的排斥。发挥大学生作为年轻知识分子的文化资本，为小区管理和活动组织出谋划策；利用大学生阳光、积极、诚信的积极正面形象，引导、示范小区中"问题"住户；发挥大学生的志愿者作用，帮扶地区孤寡老人、单亲家庭、残疾家庭等困难户，发挥精神模范作用。帮助大学生更好地了解社会、认知社会，培育大学生社会生活技能；将学校所学的理论知识与实践需求相结合，提高大学生知识水平与运用能力。借助各类社交平台，拓宽大学生租客了解社区的渠道，鼓励大学生以及青年租客参与社区公共活动，促进邻里结对共建。

四、完善高校住房供应与管理制度

高校需要坚持以人为本，从学生需求角度出发，适当借助社会资本，及时更新、改善高校住宿条件，新建学生宿舍，提高住宿服务质量，制定人性化的宿舍管理制度，打造良好的学生宿舍社区环境。通过更新改造旧宿舍改善学生住宿条件，建立相对灵活的管理制度，例如"夫妻房""考研宿舍"等，尽可能满足学生多样化的住房需求。为特殊类型学生适度提供特定住宿类型，如残疾人宿舍或传染病独立宿舍等。

学校应尽力维持一个可普遍接受的住宿收费标准，减轻学生及其家庭的经济负担。适度减免贫困学生的住宿费，帮助其降低生活成本。拓宽大学生勤工助学和创业实践的渠道，为大学生兼职和创业提供指导与场所。

学生的校外租房需求应该得到校方的尊重和允许，不应该"一刀切"禁止，可提供适度帮助，如为学生校外租房提供房源资讯，帮助租客和房主建立联系，发挥第三方服务与监护作用。

针对新就业大学生，继续完善青年"安居"政策，扩大城市人才住房工程覆盖范围。通过大规模建设人才公寓和产业新城配套租赁住房、整合现有存量房产等多种方式，建立一套多渠道的人才住房房源供应体系。把握公租房、保障性住房体系中的人才公寓定向倾斜和普惠性的平衡，保障新市民群体的权益，杜绝冠以"人才公寓"旗号的高档商品房出现。

第七节　生态文明与绿色治理政策

一、贯彻落实"绿色治理"理念

习近平总书记强调："我们既要绿水青山，也要金山银山。宁要绿水青山，不要金山银山，而且绿水青山就是金山银山。"经济发展与生态环境保护的关系，就是"金山银山"与"绿水青山"之间的辩证统一关系，必须在保护中发展，在发展中保护。进入生态文明建设的新时代，中国正通过一系列改革创新，把生态产品价值转化为提升人民生活水平的经济价值。绿色消费是一个国家进入较发达水平后，中产阶层群体的重要消费取向和消费内容。随着中国社会经济发展水平的提升，逐渐壮大的中等收入群体正在形成绿色消费意识，生态环境的社会经济效应不断释放。我们认为，科学对待社会经济发展与生态环境保护两者的关系既要重视生态环境对地区发展的溢出效应，扩大良好的生态环境对城市发展的触媒作用，稳步推动环境中产化；还要增加对社会公平正义的考量，树立全民共享的绿色价值观，关注生态环境改善成果的公平性和均衡性，杜绝把生态环境产品看作单一经济生产要素。更加均衡、充分地推进生态文明建设，完善生态环境设施建设和修复，力争实现经济、社会、绿色三个维度的共同可持续发展，彰显"绿水青山就是金山银山"的真正内涵，助力"双碳"目标实现。城市规划在提出绿色发展战略规划时，既要重视经济增长目标，也需要重视当地人民生活需求与愿景。城市生态修复策略倡导清理污染河流、补充绿色空间，不能仅仅盯着房地产进行投机性开发。城市规划应倡导建设"所有人的绿地"，而不只是建设"富人的花园"。倡导建设创造更加包容、符合大众群体审美、邻里互动的公共绿地，增加绿色福利的溢出效应和普通大众参与城市公共事务的积极性。

二、加强城市设计引导与管控

在绿色空间的开发建设过程中，应因地制宜提升绿色生态环境基础设施的可达性、实用性与共享性。城市更新中优先建设"口袋公园""社区公园"及"小游园"等形式的小块棕地、边角空地或者低质量绿地，通过多点、小规模、分散化的公园绿地将富有生机的绿色环境引入城市。支持衰败地区棕地、低效用地重建，为社区居民提供更多休闲娱乐空间。在建筑密度高、新增绿地难度大的老旧地块，以屋顶绿化、垂直绿化等方式改善生态环境质量。加强大型绿地空间之间的连通、互动，引导生态景观效益的渗透；完善城市绿地系统和绿道规划，在更大范围实现城市绿色空间均衡分布。警惕临山、滨水地区高档房地产小区独占优质生态环境资源，杜绝优质景观资源俱乐部化。完善城市临山、滨水地区的城市设计，发挥城市设计在规划建设全过程的引导作用。严格控制临山、滨水等生态敏感地区城市建设用地的开发强度和密度，避免房地产开发过分追求经济效益而破坏天际线、生态环境以及其他居民接触城市绿地的机会。持续推进"城市双修"行动，挖掘城市存量空间，在城市绿地公园中植入更加多元的产业空间，满足尽可能多元的社会各群体的需求，提高绿地公园的包容性。

三、完善公共参与机制

建立"政府+企业+社区"的合作机制，利用环境中产化后的资产收益创造新的就业机会，为地区低收入居民提供教育培训和新职业发展机会。采取财政拨款等方式，支持低收入社区建设绿色基础设施，提高绿色空间的可达性。鼓励基层社会组织、NGO等非营利组织、环保志愿者介入城市绿色空间规划、建设与更新过程，向当地居民宣传生态环境保护和绿色空间的价值。倡导协商式规划，提供多元参与决策的途径，避免在绿地公园等公共空间的生产和使用过程中弱势群体的"失语"，提供满足多样人群需求的公共服务设施与场所空间，促进绿色实践更加高效而公平地发展。例如，上海持续开展120处社区花园营建行动，将众多社区废弃地成功改造为基层社区治理中心和邻里生态活动基地，不仅有力美化了社区生态环境，为全体居民尤其是儿童打造了亲近自然的都市田园，而且充分调动了社区业主参与公共事务的积极性。一系列的社区花园建设，带动一批环保志愿者、文化团体、爱心人士、学校、"创客"参与与合作，创造了更大的社会交往网络和社会价值，密切了人与自然、人与社会以及人与人的联系，创造了城市共享空间，推动了城市与市民的共同成长。这些绿色生态实践活动充分体现出中产阶层群体在绿色治理行动里"中流砥柱"角色和重要示范作用。

后记

本书源自国家社会科学基金重点项目"大都市中产化进程与政策研究"（17ASH003）的结题成果，同时本书出版受到江苏高校优势学科建设工程四期项目（南京大学城乡规划学）的资助。本书的出版得到各方面的支持和帮助，在此深表谢意。感谢国家社会科学基金评审专家对结题报告给予的充分肯定和宝贵意见，感谢南京大学建筑与城市规划学院吉国华院长、甄峰副院长、罗小龙副院长对本书出版给予的大力支持和鼓励。

在此，感谢南京大学城乡规划专业2014级博士生孙洁、2015级博士生刘风豹，2016级博士生周扬、李建树，2017级博士生余思奇，以及2014级硕士生刘蕾，2015级硕士生张叶琼，2016级硕士生王晨、郑文杰、郭雅兰、唐凤玲，2018级硕士生杨婧雯、谭小芳、金霜霜，他们在博士和（或）硕士研究生期间的扎实研究，构成了国家社会科学基金重点项目成果的主要内容，他们的辛勤工作与智慧为本书提供了丰富的素材；感谢孙洁助理研究员、朱天可副研究员在国家社会科学基金重点项目结题报告撰写以及本书写作的过程中，完成的卓有成效的工作；感谢2022级硕士生洪辰雨轩、赵桐、王志杰、吴仪婷、陈雨珂、赖敏聪六位同学，对本书文献整理、校对所做的工作；感谢2023级硕士生詹宇龙、陈静静、宋甘霖、朱燕峰、胡衡宇五位同学，对本书图片校对、重绘以及初稿校对所做的工作，为本书的最终完成做出了贡献。

最后，感谢南京大学出版社巩奚若编辑在本书出版过程中的大力帮助和辛勤付出。